Oper aktuell
Die Bayerische Staatsoper
1997/98

Abbildungen auf dem Umschlag:
Vorderseite: *Ariadne auf Naxos*, 2. Teil
Premiere 28. 10. 1996
Rückseite: *Venus und Adonis*
Uraufführung 11. 1. 1997
Fotos: Wilfried Hösl

Frontispiz:
Eugen Napoleon Neureuther:
Das neue Hof- und Nationaltheater
zu München, 1825
(kolorierte Lithographie, 278 x 341 mm)

© 1997 Gesellschaft zur Förderung der Münchner Opern-Festspiele e.V.
Alle Rechte vorbehalten
Verlag und Gesamtherstellung: Bruckmann, Verlag + Druck, München
Printed in Germany
ISSN 1431-8318
ISBN 3-7654-3006-4

Oper aktuell
Die Bayerische Staatsoper 1997/98

Anläßlich der Münchner Opern-Festspiele 1997
herausgegeben von der Gesellschaft
zur Förderung der Münchner Opern-Festspiele
mit der Intendanz der
Bayerischen Staatsoper

Konzeption und Zusammenstellung
Hanspeter Krellmann

Bruckmann

Inhalt

Essays

Udo Bermbach
Geburten aus der Krise Europas
Mythos Oper und Politik in Monteverdis
L'Orfeo und *L'incoronazione di Poppea*   10

Siegfried Höfling
Begehrlichkeiten in Beziehungen
Über Liebesformen in Mozarts Oper
Figaros Hochzeit   23

Kurt Malisch
Ein schwieriger Geniestreich
Entstehungs-, Aufführungs- und
Rezeptionsgeschichte von Mozarts *Idomeneo*   31

Das Bühnengeschehen noch faßlicher machen
Peter Konwitschny und Jürgen Schläder
über das Streben nach verständlichem
Theater   42

Heinz Friedrich
Ist die Oper noch zu retten?
Kunst durch Leben und Leben mit der Kunst   54

Elmar Fulda
Musiktheater in der Sinnkrise?
Plädoyer für eine unmögliche Kunstform   64

Eugenie Bongs-Beer
Thema: Metamorphose
Eine Bilderfolge – 1993 bis 1996   76

Wolf Wondratschek
Ich liebte die Oper
Von vergeblicher Berufswahl und
weiteren verpaßten Gelegenheiten   86

Ulrich Schreiber
Ein verhinderter Opernkomponist?
Eine nicht nur im 200. Jahr
nach Franz Schuberts Geburt notwendige Frage   94

Peter Heilker
Visionen von Liebe in Freiheit
Der Opernkomponist Alfredo Catalani   102

Andreas K. W. Meyer
Pettersson – wer war das eigentlich?
Der Versuch einer Einkreisung   114

Gerd Uecker
Wirklichkeit und Wandel
Einige Anmerkungen zum Verhältnis
Moderne/Postmoderne   126

Jochen Missfeldt
Klingling, bumbum und tschingdada
Militärisches, in Musik umgemünzt   136

Peter Halbsgut
Die Bühne im Licht
In eigener Sache: Unsere Hausabteilung
Beleuchtung   144

Die besondere Geschichte
André Krellmann
Wenn du heiratst, krieg ich dich doch   154

Die Münchner Opern-Festspiele 1997

Nationaltheater	162
Altes Residenztheater	172
Prinzregententheater	172

Rückblick auf die Spielzeit 1996/97

Premieren	177
»Die Kunst bleibt«.	
Daniel Spoerris Installation *Re-Naissance*	182
Akademiekonzerte	184
Sonderkonzerte	185
Kammermusik-Matinéen und -Serenaden	186
Liederabende und Liedermatinéen	187
Ballettwoche 1997	190
Einführungsveranstaltungen Oper	192
Einführungsveranstaltung Ballett	192
Lesung	192
Sonderveranstaltung	192
Opernstudio der Bayerischen Staatsoper	194
Aufführungsstatistik 1996/97	195

Vorschau auf die Spielzeit 1997/98

Premieren	198
Bayerisches Staatsballett	203
Akademiekonzerte	205
Kammermusik-Matinéen und -Serenaden	207
Liederabende und Liedermatinéen	208
Einführungsveranstaltungen	209
Klangspuren	210
Kammermusik Spezial	210
Kultur live aus der Bayerischen Staatsoper	210
Das Ensemble der Bayerischen Staatsoper	211
Gesellschaft zur Förderung der Münchner Opern-Festspiele	224
Autoren des Buches	228
Impressum	232

Münchner Nationaltheater: Blick in den Zuschauerraum mit einem Bühnenprospekt zur Oper *Ariadne auf Naxos*

Essays

Udo Bermbach

Geburten aus der Krise Europas

Mythos Oper und Politik in Monteverdis *L'Orfeo* und *L'incoronazione di Poppea*

Die Gattung Oper wurde vor 400 Jahren erfunden. Aus den Anfängen heraus erwuchs dem neuen Genre sogleich ein erster Meister: Claudio Monteverdi. Seine Werke sind bis heute im internationalen Repertoire vertreten. Nicht nur ästhetische, auch gesellschaftliche und politische Aspekte bestimmten ihre Herkunft und sicherten ihnen Aktualität. Monteverdis letztes Werk, die Oper L'incoronazione di Poppea, *ist ein beweiskräftiges Beispiel.*

I

Das 16. Jahrhundert war eine Zeit tiefgreifender Veränderungen. Die Erfindung des Buchdrucks, die Wende zum heliozentrischen Weltbild, die Entdeckung Amerikas und der einsetzende Kolonialismus, vor allem aber die Reformation mit ihren unabsehbaren Folgen für Europa und die Welt – das alles machte dieses Jahrhundert zu einem historischen Kulminationspunkt neuer Selbsterfahrung des Menschen. Die mittelalterliche Welt hatte ausgedient, ihr festes und von Gott verfügtes Weltbild konnte nicht länger mehr als eine über alle Zweifel erhabene Orientierung gelten. An die Stelle eines Gottes, der bisher alles verbindlich geregelt hatte, trat nun das sich selbst entdeckende Subjekt. Der Mensch entließ sich in eine ihm noch unbekannte Freiheit, doch diese Freiheit war unsicher, sie war prekär und gefährlich, wie nur allzu schnell deutlich wurde.

Vor allem die mit Gewalt und Brutalität geführten Religionskriege machten eindringlich klar, was Freiheit für den einzelnen auch bedeuten konnte, wenn ein machtpolitisch instrumentalisierter Religionsfanatismus weder externe noch interne moralische Schranken akzeptierte. Spätestens nach den brutalen Morden der Bartholomäusnacht von 1572 in Paris, die Tausende unschuldiger Hugenotten das Leben kostete, dämmerte es den intelligenteren Köpfen, daß die Entwicklung in eine verheerende Richtung lief. Denn in diesen religiösen Auseinandersetzungen zeigte sich, daß eine der zentralen Gefährdungen der anbrechenden Moderne im individuellen Zugriff auf die Religion und damit in der privaten Verfügung über die mit ihr verbundenen Wahrheitsansprüche lag. Es waren die politischen Denker jener Zeit, die überraschend schnell daraus den Schluß zogen, solcher Verfügung müsse entschieden gegengesteuert werden, und zwar durch die Schaffung einer starken und souveränen Zentralgewalt, die über allen religiösen Gegensätzen stand. Wenn gelegentlich bemerkt worden ist, alle politischen Begriffe seien ihrem Wesen nach säkularisierte Begriffe der

Theologie, so verdankt sich diese These jenen europäischen Erfahrungen religiöser Bürgerkriege, die erst durch die Einsicht wie die daraus resultierende Entschlossenheit aller Beteiligten, ihre religiösen Überzeugungen zu privatisieren und alle öffentlichen Angelegenheiten damit zu verschonen, am Ende beigelegt werden konnten. Eine Einsicht, die in Frankreich in der Mitte des 16. Jahrhunderts wohl auch wesentlich durch Jean Bodin befördert worden war, dessen Konzept eines gegenüber fundamentalen Ansprüchen neutralen und zentral organisierten politischen Staates gleichsam den Beginn der modernen Politik markiert.

II

Es ist gewiß kein Zufall, daß eben zu der Zeit, da mit der Neutralisierung religiöser Ausschließlichkeitsansprüche durch den entstehenden Staat die moderne Politik ihr konzeptionelles Profil gewinnt, auch die Oper als eine neue musikalische Gattung ins Leben tritt. Krisen haben die Tendenz, sich nicht auf einen einzigen Lebensbereich zu beschränken, sondern sie wuchern ins Ganze. Wenn die religiösen Auseinandersetzungen des 16. Jahrhunderts Symptom für einen sehr viel tiefer ansetzenden Strukturwandel in Europa waren, der in die Heraufkunft des neuen, bürgerlich-kapitalistischen Zeitalters mündete, dann kann beides, die Erfindung der Politik wie die der Oper, als eine je spezifische Reaktion auf solchen Wandel begriffen werden. In Frankreich, wo rivalisierende Fundamentalismen das Land zu zerreißen drohten, lag die Antwort auf diese Bedrohungen in einem zentralistischen Etatismus, der stark genug sein sollte, die religiösen Gruppierungen zu pazifizieren. In Italien dagegen, das aller politischen Zersplitterung zum Trotz ein katholisches Land geblieben war, bedurfte es einer solchen Lösung nicht. Gewiß gab es auch hier genügend Konflikte, aber sie entzündeten sich zwischen den Stadtrepubliken oder den sie beherrschenden Adelsfamilien, blieben damit eher partikular, waren nie so grundsätzlich wie jene in Frankreich. Italien im 16. Jahrhundert – das war ein Land mit vielen wohlhabenden Städten, Drehscheibe des Handels im Mittelmeerraum, führende Handelsmacht in Südosteuropa. Republikanische Traditionen wurden gepflegt, die Städte verglichen sich mit denen der Antike, beschworen damit eine große Tradition, in die sie sich als deren Erbe gestellt sahen. Im Traditionsverweis auf die Antike als unmittelbar geltendes Vorbild steckte zugleich auch ein Identifikationsverlangen, das schließlich dazu führte, antikes Theater wiederbeleben zu wollen.

So gesehen ist es nicht verwunderlich, daß im reichen Florenz die Oper erfunden wurde. Freilich: das Verlangen derer, die sich daran beteiligten, das antike Theater wieder zu erneuern, deutet darauf hin, daß die Florentiner Camerata sehr wohl wußte, was sie tat. Humanistisch gebildeten Gelehrten und Künstlern war bekannt, daß das antike Theater nicht nur Unterhaltung, sondern mehr noch Selbstauslegung der Polis, also Interpretation des gemeinschaftlichen Lebens gewesen war, in der Politik und Religion, Leben und Kunst, Alltag und kultische Feier miteinander verschmolzen. Wer sich darauf bezog, wollte dies bewußt zu neuem Leben erwecken, er beschwor die gesellschaftlich-politischen Implikationen des klassisch-griechischen Theaters, wollte sie für die eigene Zeit revitalisieren. Die Erfindung der Oper stellt sich so dar als

Titelkupfer der Fiori Poetici von 1644 mit dem Portrait Claudio Monteverdis

Entscheidung italienischer Intellektueller, Gelehrter und Künstler, auf die Krise der Zeit eine eigene Antwort zu geben, nicht die eines radikal neuen Konzeptes von Politik wie in Frankreich, sondern die einer intellektuell-ästhetischen Neuorientierung.

III

Mit Monteverdi war die Oper plötzlich da, voll ausgebildet in all ihren konstitutiven Elementen, welche die Gattung begründeten. Und, was wichtiger ist, mit jenen beiden Themen, welche die weitere Geschichte der Oper wie einen roten Faden durchziehen: Kunst und Politik.

Es ist ein starkes Symbol, das sich da in der Retrospektive darbietet: der Komponist, der als erster die gerade erst entstandene Gattung voll entwickelt hat, beginnt sein Schaffen mit einem Werk zum Mythos der Kunst, mit *L'Orfeo, Favola in Musica,* und er beschließt es mit einem zur Politik, mit *L'incoronazione di Poppea.* Während die Erfindung der Politik darauf abzielte, die gesellschaftlich-religiösen Konflikte durch direkte Intervention zu lösen, richtet die Erfindung der Oper sich auf einen ästhetischen Reflexionszusammenhang: Mit dem Orpheus-Mythos thematisiert die neue Gattung sich selbst, setzt sich zur eigenen Zeit different, um so auf der Ebene der ästhetischen Erfahrung existentielle Probleme des einzelnen Individuums darzustellen. Mit dem Griff in die römische Geschichte wirft sie die Frage der Politik und ihrer Bedeutung im Medium der Kunst auf. Es ist ein subtiles Spiel auf den unterschiedlichen Ebenen und Medien gesellschaftlicher Erfahrungen, das Monteverdi gleich anfangs betreibt, ein Spiel, in welchem die Politik nicht eben gut abschneidet. Der Eindimensionalität der Politik steht die Mehrdimensionalität der Kunst gegenüber, und wo Politik immer nur auf sich selbst verweisen kann, zeigt die Kunst am Beispiel des Mythos, daß sie ästhetische wie politische Fragen gleichermaßen zu behandeln weiß.

Von Beginn der Geschichte der Oper an markieren diese beiden Pole die politische wie ästhetische Reaktion auf existentielle Probleme des Menschen, extreme Möglichkeiten gesellschaftlicher Selbstthematisierung. Den durch Monteverdi erhobenen Anspruch der Oper, für die ästhetische Reflexion gesellschaftlicher und politischer Zusammenhänge zuständig zu sein, hat diese seither nicht mehr aufgegeben, vielmehr in ihren avanciertesten Werken stets als ein entscheidendes Spannungsverhältnis in Szene gesetzt und selten dabei offengelassen, daß die Sache am Ende zugunsten der Kunst ausgeht. Für Jahrhunderte hat Monteverdi mit seinen beiden Opern hier die entscheidende Vorgabe gemacht, denn mit *L'Orfeo* und *Poppea* sind zwei die Gattung thematisch prägende Archetypen formuliert, mit denen das Musiktheater auch in den folgenden Jahrhunderten auf vermeintlich extreme Anforderungen der Gesellschaft reagiert. *L'Orfeo* – das ist die utopische Vision von einer Kunst als der erlösenden Kraft im menschlichen Leben, als Ausweg aus unerträglich empfundenen Zuständen der Welt, wohingegen *Poppea* die Politik als ein Medium vorführt, dem nichts Positives mehr abzugewinnen ist.

Man mag es den Konventionen der Zeit zuschreiben, daß Monteverdi für seine erste Oper einen Mythos wählt; die Reichweite dieser Entscheidung für die Gattung ist damit noch nicht hinreichend erklärt. Denn die Wahl einer mythischen Erzählung für die Oper ist keine beliebige. Mythen sind von prinzipieller Symbolkraft, sie beanspruchen, anders als historische Stoffe, zeitübergreifende Geltung, sie behaupten, die Wirklichkeit in ihren grundsätzlichen Bedeutungen aufschlüsseln zu können. Wenn Monteverdi sich also den Mythos zu eigen macht, reklamiert er zugleich dessen Wahrheitsanspruch, und damit tritt die Kunst, so könnte man meinen, hier an jene Stelle, die bisher die Religion innehatte, eine Substitution, die dreihundert Jahre später Richard Wagner offen und offensiv propagierte.

Monteverdis *L'Orfeo* folgt tendenziell dieser mythischen Intention, wie schon der formale Aufbau des Prologs der Oper erkennen läßt. La Musica steigt vom Himmel herab, nimmt in ihren ersten Worten Bezug auf das Reich der Unsterblichen, verbindet dieses mit den Lebenden. Dann besingt sie die Macht der Musik, des Geistigen und Emotionalen, den harmonischen Ausgleich der Seele mit dem Universum und verweist darauf, daß Orpheus ein Beispiel solcher Übereinstimmung von Mensch und All, von Kunst und Glück, am Ende auch von Mensch und Natur ist. In diesem Prolog wird ein Bogen gespannt, vom Reich der Unsterblichen auf die Erde und wieder zurück, und am Ende sind beide, Himmel wie Erde, von arkadischem Frieden erfüllt. Der Mythos wird auf die Erde gebracht, er verbindet diese mit den mythischen Mächten und findet dann schließlich zu seinem Ausgangspunkt zurück – Kreisbewegung einer ästhetischen Vision, die von Monteverdi und seinem Librettisten Alessandro Striggio als vollkommen vorgestellt wird.

Darüber hinaus ist von größter Bedeutung,

Niccolò Machiavelli in einer zeitgenössischen Darstellung

Szene aus Monteverdis Oper *L'Orfeo* mit Adolf Dallapozza in der Titelrolle. Inszenierung: Rudolf Hartmann, Bühne und Kostüme: Thierry Bosquet. Eine Aufführung der Bayerischen Staatsoper 1968 im Cuvilliés-Theater

daß das Ende der mythischen Erzählung in der Oper radikal neu geschrieben wird. Während im antiken Bericht Orpheus entgegen dem Verbot der Götter nach Euridice zurückblickt und dafür sterben muß, wird er bei Monteverdi von dem zur Erde niedersteigenden Apoll zu den Göttern entrückt. Dort trifft er auf Euridice, und diese Vereinigung am Firmament ist Metapher dafür, daß die Kunst alles Elend der Welt zu überwinden vermag. Es ist eine aus der Ästhetisierung gesellschaftlicher Konflikte gewonnene Perspektive, die in der Apotheose des Protagonisten die Vision einer transzendenten Kraft entfaltet.

IV

Die genaue Gegenposition komponierte Monteverdi fast vierzig Jahre später. Mit der *L'incoronazione di Poppea* griff der hochbetagte, fast fünfundsiebzig Jahre alte Komponist erstmals einen historischen Stoff auf, und er rückte die Oper damit aus mythologischen Höhen an die unmittelbare Gegenwart heran. Es ist ein Stück finsterster römischer Geschichte, das da auf die Bühne gebracht wird, eine Mord- und Intrigenschlacht, im Verlaufe derer sich die handelnden Figuren und mit ihnen die Politik als das schlechthin Unmoralische erweisen.

Der Prolog wird von Fortuna, Virtù und Amor bestritten, von zwei Göttinnen und einem Gott, die für je eine das menschliche Leben bestimmende Eigenschaft stehen: für das Glück, das alle Menschen brauchen, um gut durch das Leben zu kommen; für die Tugend, die ein moralisches Leben ermöglichen soll; für die Liebe, die als alles bestimmender Affekt die Vernunft der Menschen durcheinanderbringt. Es ist gewiß nicht zufällig, daß diese Oper, in der die Politik eine so zentrale Rolle spielt, mit dem Disput dieser drei Gottheiten eröffnet wird, denn Monteverdi und sein Librettist Busenello nehmen hier Bezug auf eine Diskussion, die den Diskurs der Intellektuellen seit nahezu einem Jahrhundert beherrschte. So hatte schon Niccolò Machiavelli in seinem 1532 publizierten Werk *Il Principe* eine politische Handlungstheorie entworfen, die wesentlich durch die Faktoren Fortuna, Virtù und Necessità bestimmt wurde, drei Faktoren des politischen Lebens, die der individuellen Kontrolle sich zumeist entzogen, deren Zusammenspiel allerdings über Erfolg oder Mißerfolg entschied. Fortuna, das war der Einbruch des Sinnlosen und Zufälligen in die Geschichte, waren die Wechselschläge des Schicksals, auf die man sich nur schwer vorbereiten konnte, weil sie wie Naturkatastrophen als eine verheerende Macht über jeden hereinbrechen konnten. Und doch wurde Fortuna nicht als allmächtig vorgestellt, denn es gab Virtù, jene Energie des sich seine Zwecke setzenden Subjektes, die dem Menschen Tüchtigkeit und Stärke des Gemüts wie der Physis verleihen konnte. Virtù, das war die Fähigkeit, sich wechselnden Verhältnissen anzupassen, um zu überleben, sich einzustellen auf die Erfordernisse des Lebens und dabei, so gut es eben geht, Moral zu bewahren. Nur wo diese Virtù fehlte, hatte Fortuna ihre Chance, denn sie suchte sich die schwächsten Punkte eines Menschen, um in sein Leben einzufallen. Wer diesen Zusammenhang begriff, so glaubte Machiavelli, hatte auch Necessità, die Einsicht in die Notwendigkeit des Handelns, die Fähigkeit, im richtigen Moment das Angemessene zu tun. Im Widerspiel dieser drei entscheidenden Kräfte mußte der Mensch sich zurechtfinden, mußte die Politik ihre strategischen Überlegungen entwickeln. Die Qualität eines Menschen wie die Qualität der Politik bestanden gleichermaßen im erfolgreichen Austarieren dieser drei Kräfte, und dahinter verbarg sich bei Machiavelli die Überzeugung, Politik könne, allen Schwierigkeiten der Praxis zum Trotz, am Ende doch mit rationalem Kalkül erfolgreich betrieben werden.

Im Prolog der *Poppea* kommt diese Diskussion auf die Opernbühne, allerdings mit einer bezeichnenden Veränderung: Das Parallelogramm der Kräfte von Fortuna, Virtù und Necessità, mit dem Machiavelli den Handlungsraum der Politik bestimmt, wird nun ersetzt durch Fortuna, Virtù und Amor. Gewiß ist dies keine zufällige Abänderung, schon gar keine bedeutungslose, sondern eine im Gegenteil höchst charakteristische und entscheidende. Denn mit Amor, dem Gott der Liebe, tritt ein privater Affekt zu den gleichsam öffentlichen Tugenden der Fortuna und Virtù, noch dazu der stärkste, den die vielen Affektenlehren des 17. und 18. Jahrhunderts kennen. Amor bezeichnet den Einbruch des Irrationalen in ein auf Rationalität hin angelegtes Kräftedreieck, ist irrationaler Subjektivismus, den weder private noch öffentliche Vernunft zu kontrollieren vermag. Wenn Machiavelli mit seinem Tugenddreieck die Möglichkeit einer auf Vernunft basierenden Politikbeherrschung eröffnen wollte, so ist die Ersetzung der Necessità durch Amor bei Monteverdi die Absage an solchen Glauben einer rationalen Politikgestaltung. Denn mit Amor wandern die privaten Wünsche und Bedürfnisse in den Bereich des Öffentlichen ein, ja sie werden sogar, wie die Oper dann zeigt, diesen vorgeordnet und beherrschen das Denken und Handeln der Regierenden. Wo Amor die agenda imperii beein-

Orpheus von Carl Orff nach Monteverdis *L'Orfeo*. Münchner Nationaltheater 1980. Szene aus der Staatsopern-Inszenierung von Pierre-Jean Valentin im Bühnenbild und mit den Kostümen von Hubert Monloup

flußt, da ist die moralische Korruption der Regierenden unausweichlich vorgezeichnet.

Das macht der Prolog der Oper dann auch eindeutig klar. Fortuna beginnt, sie verspottet Virtù, erklärt ihr, daß sie, die einst Geachtete, heute ohne alles Ansehen sei. Virtù verteidigt sich nur zögernd, bleibt in der Defensive, und der kurze Disput der beiden Göttinnen wird durch die Intervention von Amor unterbrochen, der ihnen erklärt, daß einzig er inzwischen ausschlaggebend für das Handeln der Menschen sei. Unerwartet und überraschend schnell stimmen Fortuna und Virtù dem Liebesgott in seiner Selbsteinschätzung zu, der seinerseits daraufhin ankündigt, den Beweis seiner Behauptung unmittelbar erbringen zu wollen: noch am selben Tag werde er die Hure Poppea zu Roms neuer Kaiserin erheben.

Ein Spiel wird hier angekündigt, in dem die losgelassene Subjektivität der von aller Moral freigestellten Herrschenden ausschließlich den privaten Gefühlen folgt, in dem auch die öffentlichen Angelegenheiten durch die Affekte und Leidenschaften bestimmt werden. Im Grunde ist die Oper eine einzige Illustration der im Prolog verkündeten Thesen, und dies zeigt sich gleich anfangs, wenn die Soldaten vor Neros Haus den Verfall der Sitten und den Ruin der Politik beklagen. Von öffentlicher Mißwirt-

Schlußbild aus Monteverdis *Krönung der Poppea:* Ingrid Bjoner als Poppea, Richard Holm als Nero. Inszenierung: Heinz Arnold, Bühne und Kostüme: Andreas Nomikos. Cuvilliés-Theater München 1963

schaft ist da die Rede, davon, daß der Kaiser den Armen nimmt und den Reichen gibt, daß er einzig seinem Hofphilosophen Seneca vertraut, den die Soldaten, übrigens zu Unrecht, als korrupt und durch Verrat und Betrug vermögend geworden beschimpfen.

Das platonische Ideal des Philosophen als eines Vordenkers der Politik und des Staates verkehrt sich hier ins Gegenteil, wie auch mit wenigen Hinweisen die Vorstellung eines gerecht regierenden Kaisers ersetzt ist durch die Beschreibung eines liebestollen Egomanen. Von Anfang der Oper an sind alle Verhältnisse auf den Kopf gestellt, ist die Gesellschaft aus dem Lot geraten, sind alle Tugenden außer Kraft gesetzt. Diese Verkehrung aller Normen und Strukturen in ihr pervertiertes Gegenteil bildet das Grundmuster, nach dem die Oper funktioniert. Es gibt in diesem Stück niemanden, der so denkt und handelt, daß er Vorbild für eine allgemeine gesellschaftliche wie politische Ordnung sein könnte.

Das gilt für Nero, der ausschließlich seinen privaten Bedürfnissen lebt, sich um die Staatsgeschäfte nicht kümmert, sondern darüber nachdenkt, wie er Ottavia, seine Gemahlin, verstoßen und durch Poppea ersetzen kann. Das gilt für Poppea, die Neros sexuelle Hörigkeit für ihren Aufstieg nutzen will, gilt selbst für Ottavia, die an Nero nur festhält, weil sie ihre einmal erreichte Machtposition nicht aufgeben möchte.

Einzig Seneca paßt nicht in dieses Schema. In einem Zwiegespräch mit Nero verteidigt er gegen den Kaiser jenen neuen machiavellistischen Grundsatz der modernen Politik, wonach die Staatsräson den Vorrang vor allen privaten Wünschen haben müsse. Es ist ein erstaunliches Gespräch, das die beiden wohl nicht zufällig in der Peripetie des ersten Aktes führen, denn es baut Grundsatzfragen der politischen Philosophie der Zeit in ein Opernlibretto ein, retardiert damit die Handlung für eine ganze Weile und zwingt den Zuhörer zur staatsphilosophischen Reflexion. Zentrale Probleme der frühen Neuzeit werden da verhandelt, das Verhältnis von Staat, Staatsgewalt und Person des Herrschers unter dem Aspekt thematisiert, ob die auf allgemeiner Vernunft basierenden Gesetze von allen, auch vom Herrscher selbst, befolgt werden müssen, oder ob, wie die absolutistischen Staatstheorien des 16. und 17. Jahrhunderts es postulieren, der oberste Souverän von allen Gesetzen entbunden bleiben soll – legibus solutus, wie die Formel dafür lautet. Es ist eine alte Einsicht der Staatsweisheit, daß die Selbstbindung der Herrschenden an jene Gesetze, die sie für alle erlassen, Voraussetzung einer nicht nur legalen, sondern auch legitimen Herrschaft ist, und damit ist zugleich die Forderung verbunden, die private von der öffentlichen Sphäre zu trennen. Denn der Fürst als Privatperson hat hinter seiner öffentlichen Funktion zurückzutreten.

Seneca vertritt gegen Nero diese Position, die dem Kaiser naturgemäß völlig zuwider ist. In einem erregten Rezitativ-Duett, dessen sich zum Ende hin staccatohaft verdichtende Gesangslinien die Härte und Gegensätzlichkeit des Denkens musikalisch wirkungsvoll umsetzen, stehen sich beide unversöhnlich gegenüber. Seneca, Vertreter der Staatsräson, argumentiert gegen Nero, den Praktiker eines wildgewordenen Absolutismus. Fast alles, was Seneca wider den Imperator vorbringt, findet sich bei Machiavelli: daß Gefühle falsche Ratgeber sind, regelloser Wille nur Willkür, der auf Dauer die Bereitschaft zum Gehorsam zerstört; daß das Volk wie die politischen Institutionen zu achten sind und der Ruf eines Regenten zumindest nach außen tadellos zu sein hat; daß bloße Gewalt in Ohnmacht umschlägt, weil ohne Zustimmung niemand dauerhaft zu regieren vermag.

Mit solchen Thesen steht Seneca dem Kaiser im Wege, und Poppea, aus demselben Holz wie Nero geschnitzt, drängt darauf, den Philosophen zu beseitigen – ein Wunsch, den dieser durch seinen Selbstmord erfüllt. Doch Senecas Tod ist zugleich der Tod der Staatsräson, und damit geht Amors Versprechen zu einem ersten Teil in Erfüllung. Endgültig siegt der Gott, nachdem alle übrigen Personen, die der Erhebung Poppeas im Wege stehen, zur Verbannung verurteilt worden sind. Da hat die Liebe, jene maßlose Furie, wie sie Francis Bacon einmal genannt hat, ihr Ziel erreicht, und der opportunistische Bodensatz des kaiserlichen Hofes kommt herbei, um dem neuen Paar zu huldigen.

Das Spiel der Oper ist zu Ende, aber das

Claudio Monteverdi, *L'incoronazione di Poppea*. Bühnenbildentwurf von Paul Steinberg für die Festspiel-Inszenierung von David Alden im Prinzregententheater 1997

Ende ist alles andere denn moralisch einwandfrei. Was im Prolog angekündigt worden war, der Sieg der Liebe über die Vernunft, ist eingetreten. Doch das Skandalon dieses Sieges besteht nicht, wie zu vermuten wäre, in der Amoralität der nun auch öffentlich bestätigten Beziehungen von Nero und Poppea, sondern im Sieg der Liebe über die »ratione di stato« schlechthin. Denn mit ihrem Erfolg, so zeigt sich aus einer gesellschaftstheoretischen Perspektive, werden jene widerlegt, die auf Vernunft und vernünftige Selbstkontrolle der Herrschenden in Staat und Gesellschaft setzten. Monteverdi und sein Librettist Busenello erweisen sich hier als Anhänger eines politischen Skeptizismus, der dem Aufbruch in die Moderne mißtraut und darin, wie man heute weiß, recht behalten sollte.

Zugleich wird aber auch in der *Poppea* mit der Politik theatralisch abgerechnet, sofern – wie es der Zeit eigentlich entspricht – Politik als Hoffnung und Konzept einer rationalen Ordnung von Welt begriffen wird. Die Oper spricht eher davon, daß von der Politik nichts zu hoffen ist. Denn was an rücksichtsloser Privatisierung von Öffentlichkeit hier vorgeführt wird, ist kaum geeignet, den Zuschauer und Zuhörer eines Besseren zu belehren. Politik degeneriert, noch bevor sie sich überhaupt im modernen Sinne entfaltet hat, sie wird zum Mittel eines hemmungslosen Individualhedonismus, bei dem die Herrschenden nicht besser sind als ihre Untergebenen. Dazu paßt, daß es in dieser Oper keine eigentliche Hauptfigur gibt, sondern zwei große, zueinander gegenläufige Gruppierungen, aus denen niemand eigentlich übermächtig herausragt. Indiz vielleicht dafür, daß im Medium der Politik sich Persönlichkeit nicht wirklich herauszubilden vermag.

V

Um es zu wiederholen: mit *L'Orfeo* und *L'incoronazione di Poppea* ist ein Grundmuster des modernen politischen Denkens der Neuzeit gleich zu Anfang der Gattung Oper durch diese bezeichnet: Kunst steht gegen Politik, ästhetische Utopie gegen eine pejorativ abgewertete alltägliche Lebensbewältigung. Mit beidem trifft die Oper den Geist der Zeit, reflektiert sie die zeitgenössischen Theoriediskurse, setzt sie aber auch zwei Antipole, die für die weitere Gattungsgeschichte themenbestimmend werden. Wann immer die Oper nämlich in der Folge Sujets aufnimmt, die als politisch verstanden werden können, sind die negativen Konnotationen unverkennbar. Selten nur gibt es in Opern Hoffnung darauf, Politik könne nach moralischen Imperativen funktionieren und Politiker sich als aufgeklärt erweisen. In den Lieto-fine-Schlüssen mancher barocken Opera seria ist dieses Muster einer einsichtsvollen Selbstaufklärung des Herrschenden gelegentlich zu finden. Zumeist indessen passiert das Gegenteil, führt die Egozentrik der Mächtigen in unauflösbare Verstrickungen, bedeutet Beharren auf irrationalen Entscheidungen nicht selten den physischen Tod. Was Monteverdi am Anfang der neuen Gattung paradigmatisch gesetzt hat, das Erlösungsversprechen der Kunst gegen die Untergangsperspektiven der Politik, erweist sich als cantus firmus des Musiktheaters, in vergleichbarer Radikalität allerdings erst von Richard Wagner wieder aufgenommen, der aus dem Versagen der bürgerlich-demokratischen Revolution im 19. Jahrhundert, aus dem Ausbleiben eines radikalen Strukturbruchs der Gesellschaft all seine Erlösungshoffnungen dann ebenfalls auf die Kunst projizierte.

Siegfried Höfling

Begehrlichkeiten in Beziehungen

Über Liebesformen in Mozarts Oper *Figaros Hochzeit*

Liebe und Macht, dieses ewige Doppelthema, fehlt in kaum einer Oper. Sieht sich nicht auch der Betrachter mit seiner je eigenen Gefühlswelt auf der Bühne gespiegelt? Wer mit dem Bühnengeschehen kommuniziert, sich vielleicht sogar identifiziert, erkennt Aspekte der eigenen Persönlichkeit deutlicher, empfindet das Erlebnis Oper näher und spannender. Differenzierte Liebesformen, die Mozart und Da Ponte in Le nozze di Figaro *im Spannungsfeld zwischen Liebe, Macht und Individualität ausarbeiten, betrachtet Siegfried Höfling aus der Sicht des Psychologen.*

Ging es uns allen nicht auch so? Irgendwann begannen wir uns für die Oper zu interessieren – nicht nur um phantastischer Musik zu lauschen, sondern um die Handlung in ihrer Tiefe zu ergründen. Man liest aufmerksam das Libretto und findet meist eine banale Geschichte. Es geht um irgendwelche Verwechslungen, Täuschungen der Gefühle und das Spannungsverhältnis zwischen Liebe und Macht, zwei der drei großen Motive des menschlichen Daseins. Das dritte große menschliche Bedürfnis ist zwischen zwei gegensätzlichen Polen angesiedelt: Wir möchten einzigartig sein und doch zu anderen Menschen gehören. Irgendwie scheinen diese Bedürfnisse nicht gleichberechtigt nebeneinander wirken zu können. Manches menschliche Leid läßt sich so als ein gescheiterter Versuch erklären, gleichzeitig alles haben zu wollen: mächtig, einzigartig zu sein, als Einzigartiger geliebt zu werden und gleichzeitig überall dazuzugehören.

Dann lesen wir nach Opernaufführungen interessante Kritiken über die Inszenierung. Da werden Dinge diskutiert, die man überhaupt nicht gesehen hat, und das scheinbar harmlose Libretto erhält nun plötzlich einen brisanten Stellenwert. Muß es in der Oper eine nachdenkenswerte Botschaft geben?

Die wesentlichen Merkmale des Menschseins, das Schicksal des Menschen und sein Scheitern haben Schriftsteller stets in relativ einfachen, meist spannenden Geschichten beschrieben, um ihre philosophischen Botschaften zu transportieren. Shakespeare ist ein glänzendes Beispiel für ein derartiges Vorgehen. Die Lebensphilosophie oder Anthropologie läßt sich hier besser und unterschwelliger vermitteln als beim direkten Verfassen eines philosophischen Werkes; außerdem erreicht man mit einer philosophischen Abhandlung nicht viele Menschen. Der Krimi, die scheinbar harmlose Geschichte wie die von Mozarts *Figaro*, erweist sich als Vehikel, um die ewig gültigen Motive und Beweggründe des Menschen

Heinz Felbermair: [ohne Titel]. Die stilisierten figürlichen Darstellungen (siehe auch Seiten 28/29) entsprechen der narzißtischen Isoliertheit der handelnden Personen in Mozarts *Figaro*

darzustellen und als Lebensbotschaft anzubieten. Durch die Identifikation mit den Akteuren können wir diese Botschaften entschlüsseln und nutzen, sofern wir noch über einen Rest an Identifikationsfähigkeit oder – was noch entscheidender ist – an Einfühlungsvermögen besitzen.

Einfühlungsvermögen spielt bei *Figaros Hochzeit* eine große Rolle, regelt es doch die Beziehungsqualität. Die Entwicklung des Menschen geschieht immer mit anderen und durch andere Menschen. Wir leben in einer Welt der Beziehungen. Damit stellt sich die Frage, wie wir uns sehen in bezug auf andere und wie wir Beziehungen gestalten. Dies gilt besonders bei dem mächtigsten aller Beziehungsgefühle: der Liebe. Liebe erhält im Laufe des Lebens stets neue Bedeutungen und Gewichtungen, weil Menschen sich ändern, weil sie verschiedene Reifungsstufen durchlaufen, ja durchlaufen müssen. Die Oper *Figaros Hochzeit* zeigt uns, wie Menschen auf unterschiedlichen Reifungsstufen Liebe definieren, das heißt ihr unterschiedliche Bedeutungen zuordnen, und wie dadurch bestimmte Glücks- und Leidensformen entstehen.

Eine besondere Figur im *Figaro* ist der Page Cherubino. Er erweckt Mitleid, man findet sein übermäßiges Liebesgebaren »süß« (etwas, was wir im Alltag nicht mehr können und deshalb als Schwärmerei Jugendlicher abtun), harmlos, lustig, schön. Jeder kennt seine Neigungen. Figaro spricht von ihm als einem kleinen Narziß, als kleinem Adonis der Liebe, als verliebtem Falter, der, Tag und Nacht umherstreifend, die Ruhe der Schönen raubt. Cherubino konfrontiert mit seinem Feuer alle: die Gräfin, Barbarina, Susanna und sich selbst. Es ist diese frei flottierende Liebe, die vor nichts haltmacht und letztlich nur sich selbst meint: »[…] und hört mir niemand zu, sprech' ich von Liebe zu mir selbst.« Es geht um Selbstauffüllung, für die die Frauen mißbraucht werden. Sie werden ja nicht als Personen angenommen und geliebt, sie sind nur Instrumente der Selbstbefriedigung. Aber gleichzeitig kommt es bei Cherubino nicht zur dauerhaften Befriedigung: »Bald bin ich Feuer, bald bin ich Eis.«

Dieser Charakter hat es also in sich, denn er ist narzißtisch, liebesunfähig, und er ist gefährlich. Cherubino ist in seine Bedürfnisse eingebunden, er ist ein »Ich, das seine Bedürfnisse ist«. Ihm fehlt das Einfühlungsvermögen in den anderen. Was er fühlt, sind ausschließlich seine Bedürfnisse. Er kennt sein Gegenüber nur insoweit, als dieses die eigenen Sehnsüchte befriedigt. Er hat kein zwischenmenschliches Selbst. Das zwischenmenschliche Selbst – eine höhere Entwicklungsstufe des Menschen – schwingt mit dem Fühlen seines Gegenübers mit und hält sich für die Gefühle des anderen mitverantwortlich: »Weil ich Dich gekränkt habe, bin ich traurig und möchte es wiedergutmachen.«

Die Gefährlichkeit Cherubinos ergibt sich nicht aus gezieltem, bewußtem Verhalten, Handeln oder Intrigieren, sondern aus seiner narzißtischen Persönlichkeitsstruktur heraus. Dies macht ihn unberechenbar, uneinfühlsam, taktlos. Die Umgebung nimmt den Pagen nicht ernst, sie hält ihn für einen ungestümen Jüngling, aber er – wie so oft die Figuren am Rand – inszeniert die dramatischen Ereignisse und Verwicklungen. Irgendetwas ist in seiner Sozialisation, in seiner Geschlechtsrollenerziehung schiefgelaufen. Der Graf will es nachholen, indem er ihn zum Militär steckt. Der aggressive männliche Teil soll so nacherzogen werden. Narzißmus ist heutzutage eine sehr häufige Erscheinungsform, ein narzißtischer Mensch ist zu einer echten zwischenmenschlichen Liebe nicht fähig.

Barbarina, die Freundin Cherubinos, ist diesem durchaus ähnlich. Auch sie verschenkt eifrig »Liebe«, aber sie kann ihre Bedürfnisse und Sehnsüchte schon auf eine Person allein konzentrieren. Ein bißchen mit der Liebe des Mächtigen spielen, um dessen Narzißmus zu befriedigen, ist ihre Strategie, um ihr Ziel zu erreichen. »Nun gebt mir Herrn Cherubino zum Gemahl, und ich werde Euch lieben wie mein Kätzchen«, lauten ihre Worte an den Grafen.

Der Graf Almaviva steht für die unkorrigierte Fortsetzung des jugendlichen Narzißmus im Alter. Eine andere, weitaus destruktivere Ausprägung des Narzißmus im späteren Leben wird in der Gestalt Don

Giovannis in Mozarts nächster Oper sichtbar. Anders aber als der Page, der nur Liebesgefühle sucht, um Glücksgefühle zu erleben, braucht Almaviva Liebe zur Steigerung seines Selbstwertgefühls. Vom jugendlichen Narzißmus des Cherubino, des »Ichs, das seine Bedürfnisse ist«, hat er Abschied genommen. Der Fürst ist ein souveränes »Ich, das Bedürfnisse hat«. Er ordnet Personen ein als Bedürfnisbefriediger oder als Bedürfnishemmer. Wie alle Männer, die ihr Selbstwertgefühl aus der Anzahl der Eroberungen gewinnen und nicht aus der zärtlichen Hingabe und dem tiefen Gefühl des Geliebtwerdens, braucht der Graf wegen der fehlenden jugendlichen Attraktivität List.

Die Machtausübung des Feudalrechts, das heißt das Erzwingen des Liebesdienstes schmeichelt – anders als bei Cherubino –

nicht ausreichend seinem Ego. Mit einem Mann um die Gunst einer Frau zu rivalisieren und als Sieger hervorzugehen, ist doppelte Befriedigung, ist maximaler Gewinn für die narzißtische Eigenliebe. Die Eroberung ist das Ziel, nicht die Liebe, der gleichwertige Austausch von Zärtlichkeiten. Zwischenmenschliches Geben und Nehmen langweilt den Narzißten, abgesehen davon, daß er selbst nicht dazu fähig ist. Was man sicher hat, ist ohne Interesse, schmeichelt nicht mehr dem Selbst. Wenn aber das, was man als sicher glaubt (die Ehegattin), unsicher wird, dann entladen sich Eifersucht, narzißtische Wut und Insuffizienzgefühle. Und wenn der Fürst Susanna nicht erobern kann, dann soll es niemand schaffen: »Soll, während ich seufze, mein Diener glücklich sein? Während ich vergebens sehne, soll er sein Schätzchen besitzen? [...] Dieses Glück dulde ich nicht!«

Auch dieses Reifungsstadium der Liebe beziehungsweise des Selbst ist in unserer Gesellschaft heute weitverbreitet. Die Gräfin bemerkt dazu sehr aktuell: »So sind die modernen Gatten: Aus Grundsatz untreu, aus Laune kapriziös und alle aus Stolz eifersüchtig.«

In Marcellinas Reifungsstufe wird Liebe als Ware betrachtet und gekauft (2000 Taler oder heiraten). Einen Mann zu bekommen, den sie nie durch echte Liebesbezeugungen und Zärtlichkeitsaustausch bekommen hätte, also endlich einen Mann, den sie verehren kann – so etwas muß erkauft werden. Die Entdeckung, daß Figaro ihr eigener Sohn ist, ändert nichts an der Einstellung zur Liebe als Ware. Die 2000 Taler Pfand sind nun die Mitgift. Doktor Bartolo schließlich verankert die neue Beziehung geschäftlich: jetzt haben wir ein Kind, jetzt legalisieren wir unseren damaligen »Fehltritt« und heiraten.

Bartolo und Marcellina betrachten Liebe als Besitz. Mit vertraglicher Bindung kann man über den anderen verfügen und ihn verpflichten. Wenn diese besitzergreifende Liebe verschmäht wird, ist die gesamte Identität als Frau oder Mann gekränkt. Die Konsequenz ist Rache, die das Glück des anderen zu zerstören sucht. Menschen, die besitzergreifende Liebe leben, sind leicht unglücklich zu machen. Man sät Mißtrauen und unterstellt die Untreue des Partners/der Partnerin. Bewährt haben sich Vorurteile und Verallgemeinerungen. Alle Frauen, alle Männer sind so! Figaro, der glaubt, von Susanna gekränkt worden zu sein, weil er erfuhr, daß sie dem Grafen ein Stelldichein einräumt, will nun alle Männer rächen. Alle Frauen erhalten die bekannten negativen Eigenschaften zugeschrieben.

Marcellinas Solidarität gegenüber der vormaligen Rivalin Susanna drückt sich ebenfalls stereotyp aus: »Wenn das Herz frei ist von eigennützigen Interessen, dann ist jede Frau bereit zu verteidigen ihr armes Geschlecht vor jenen undankbaren Männern, die es unterdrücken.« Hier finden wir wieder das eingangs erwähnte menschliche Spannungsmotiv »Dazugehörigkeit versus Einzigartigkeit«. Wenn man wieder zum eigenen Geschlecht dazugehören, sich mit ihm solidarisieren kann, dann mindert dies die Kränkung seiner Einzigartigkeit (ein anderer/eine andere wird mir vorgezogen). Frauen rächen sich nicht, sie erteilen Lektionen, um die Männer zu erziehen. Dabei sind keine Standesunterschiede feststellbar. Fürstin und Zofe hecken einen geschickten Erziehungsplan aus, um ihre Männer spüren zu lassen, wie es ihnen geht. Die Strategie lautet: Erziehung zum Einfühlen. Auch der Musikmeister Basilio kann vermutlich auf eine Geschichte der Kränkungen zurückblicken. Basilios Bewältigungsstrategie nach den frühen Jahren des »Feuers«, der Liebe und Leidenschaft sind Gleichgültigkeit, Vermeidung von Launen und Empfindlichkeiten. Nichts erreicht ihn mehr. Er hat mit der Liebe abgeschlossen und hält dies für eine weise Strategie. Keine Höhen, keine Tiefen werden erlebt, regelmäßige Gleichgültigkeit (wie der Musiklehrer da noch Musikliebhaber sein kann?) schützt vor Schaden.

»Was ist es, sprich, was bei den Menschen Liebe heißt: O Kind, das Süßeste und Bitterste zugleich« (Euripides). Wer sich auf eine echte wechselseitige Liebesbeziehung einläßt, kommt in den vollen Genuß von Freude *und* Leid. Die zwischenmenschliche Definition von Liebe setzt Einfühlungsvermögen voraus, leitet aus den Gefühlen des anderen die eigenen Gefühle ab. »Wenn Du mich lieben würdest, dann wüßtest Du, was ich brauche, was ich nicht mag, oder was Du mir antust.« Der Partner, die Partnerin wird verantwortlich gemacht, wenn man sich auf eine bestimmte Art und Weise schlecht fühlt. Indem man ihm oder ihr Schuldgefühle »macht«, versucht man, zu erziehen und Wiedergutmachung zu erzwingen. Genau das ist die Lektion, die Gräfin Almaviva und ihre Zofe dem narzißtischen, uneinfühlsamen Grafen zu erteilen versuchen. Wenn man in dieser Entwicklungsstufe der Liebe lebt, wird man sehr verwundbar und kränkbar.

Sind Susanna und Figaro bereits auf dieser Reifungsstufe? Es scheint, daß sich diese Gefühlsbezogenheit zu entwickeln beginnt. »Ich liebe Dich, weil ich Dich brauche, und ich brauche Dich, weil ich Dich liebe«, ist Fromms Definition der Liebe. Der Partner hat etwas, was ich nicht habe, aber brauche. Er schenkt mir das freiwillig, deshalb liebe ich ihn. Aber ich habe auch etwas, was er nicht hat und braucht. Das schenke ich ihm freiwillig, und auch dafür liebe ich ihn, weil er mich als Geschenk gerne annimmt. Wenn es aber nicht zum erwarteten Austausch kommt, dann fühlt man sich gekränkt. Fühlt man sich gekränkt, versucht man, den Geliebten/die Geliebte schuldig zu machen für die erlebte Kränkung.

Aber ohne Eigenliebe, ohne Gefühl der eigenen Einzigartigkeit hat Liebe, die sich zum gegenseitigen Nehmen und Geben verpflichtet, keinen langen Bestand. Ein wenig Narzißmus ist notwendig. Wer nur die Bedürfnisse des anderen zu antizipieren und zu erfüllen versucht und seine Einzigartigkeit mit ihren einzigartigen Bedürfnissen vergißt, wählt eine depressive Liebesform. Das Bewußtsein, dem anderen etwas geben zu können, was dieser nicht hat, aber braucht, setzt Liebe zu sich selbst, zu den eigenen Werten, zur eigenen Attraktivität, eben zur Einzigartigkeit voraus. Eine Liebesbeziehung mit gleichwertigem Gefühlsaustausch braucht zwei selbstbewußte Menschen, wie Figaro und Susanna es sind und hoffentlich bleiben werden.

Fast kommt es zum Streit zwischen Susanna und Figaro, weil Figaro dankbar über das Zimmergeschenk des Grafen ist. Figaro ist stolz auf seine Leistungen, er hat alles aus eigener Kraft geschafft. Die Gunst des Grafen aber hält er nicht auf seine Leistungen, sondern auf seine Person gemünzt, deshalb hinterblickt er nicht die eigentlichen Motive des Grafen. Er ist bereit, ihm noch besser und schneller zu dienen (»bam, bam, mit drei Schritten eile ich, ihm zu dienen«). Susanna meint: »Und du glaubst, meine Mitgift sei einzig Verdienst deiner schönen Nase?« Genauso möchte es Figaro sehen: »[…] das schmeichelte ich mir.« Wir wollen

letztlich alle um unser selbst willen geschätzt und geliebt werden und nicht wegen unserer Leistungen. Das stellt die selbstbewußte Susanna klar, bei ihr wird schon zu Beginn der Oper die gesunde »Eigenliebe« sichtbar: »Weil ich Susanna bin und du ein Narr.« Sie ist auch stolz über den selbstgebastelten Hut, und ihr Bräutigam soll sie auch gebührend schätzen (nicht den Hut, sondern wie gut er ihr steht). Die Wut Figaros ist nur zu verständlich, merkt er doch, daß weder seine Dienste noch seine Persönlichkeit der Grund für die Gunst des Grafen sind, sondern seine schöne Braut. Die Begleitung einer schönen Frau wertet den Mann in der Gesellschaft bekanntlich auf. Schöne Frauen fallen aber leider immer wieder auf die Narzißten herein, die sich scheinbar eifrig um sie bemühen, sie aber letztlich nur zur Auffüllung des männlichen Selbstwertgefühls mißbrauchen. Susanna jedoch ist zu klug und selbstsicher, um auf die vorgetäuschte Liebe des Grafen hereinzufallen.

Die zwischenmenschliche Empathie ist bei der Gräfin am stärksten ausgeprägt. Sie liebt den Grafen wirklich. Ihre Strategie liegt in der Beständigkeit, Untreue zu ertragen und die Rückkehr des Gatten zu erhoffen: »Ach, wenn wenigstens meine Beständigkeit im liebenden Sehnen zu jeder Zeit mir die Hoffnung ließe, das undankbare Herz zu wenden.« Die Fürstin definiert Liebe als Geben und Nehmen, als Einfühlung in den anderen und Unterlassen, was jenen schmerzt, sowie Tun, was jenem Freude bereitet. Diese Haltung verlangt auch vom anderen die gleiche Einfühlsamkeit und Dankbarkeit.

Gleichzeitig demonstriert die Gräfin ihre Lernfähigkeit. Eine Lektion erteilen, bis der Graf gedemütigt und ohne Selbstwertgefühl um Verzeihung und Liebe betteln muß, will sie nicht. Sie geht über die Liebe des gleichwertigen Gefühlsaustausches am Ende des 4. Aktes in der Verzeihensszene hinaus. Mozart gestaltet diese Szene musikalisch zu einer großen Feierlichkeit aus. »Ich verzeihe dir, weil ich gelehriger bin«, sagt die Gräfin und demonstriert Größe. Es handelt sich um verstehendes, um einfühlendes Verzeihen. Nicht der Tat gilt dieses Verstehen und Verzeihen, sondern der Person des Grafen mit seinen Schattenseiten. Setzt ein derartiges ganzheitliches Verzeihen (das Annehmen auch der Schattenseiten) nicht eine fest verankerte und in ihrer sozialen Rolle fest verwurzelte Person voraus, wie sie die Gräfin ist?

Sehnsucht nach Größe haben (wir) alle, und so stimmen (wir) alle in die erhabene Verzeihensszene mit ein. Die Feierlichkeit des Augenblicks und der Musik ergreift uns, aber doch nur kurz. Ach, gäbe es doch mehr Gräfinnen als Grafen in unserem Leben (ach, gäbe es doch mehr Gräfin als Graf in uns selbst)! Der Wunsch erweist sich im Alltag schnell als illusorisch. Leider hat sich auch Gräfin Almaviva den falschen Mann für ihre Liebesform ausgesucht. Ihr Ehegatte ist aufgrund seines ausgeprägten Narzißmus letztlich nicht liebesfähig, das heißt, der Gefühlsaustausch in dieser Beziehung bleibt einseitig. Die erteilte Lektion mit anschließendem Verzeihen führt nicht zu mehr Empathie beim Grafen. Je älter er wird, um so ruhiger mag er werden und die Sicherheit der Ehe genießen. Wahrscheinlich übernimmt er Basilios gleichgültige Haltung, nicht ohne sich für seine vernünftige Entscheidung zu rühmen. Diese Vernunftentscheidung braucht manchmal eine Auffrischung. Im reifen Alter muß der Graf andere überzeugen, daß Liebe und Frauen nur Leid bringen. Junge und hübsche Menschen sollen von seiner scheinbaren Weisheit profitieren. Wer ihm nicht glauben mag, den überredet er zu einem Experiment, mit dem er triumphal beweisen kann: Alle Frauen sind so! Der Mann heißt dann aber nicht mehr Almaviva, sondern Don Alfonso. Er spielt nicht mehr mit der Liebe selbst, aber er läßt spielen, mit dem Ziel der Bestätigung seiner leidvollen Erfahrungen: Così fan tutte! Muß nicht die Sehnsucht nach Liebe immer noch sehr groß sein, daß derartige experimentelle Bestätigungen, die nur mit Tücke gelingen, nötig sind, um die eigene Abstinenz aufrechtzuerhalten?

Welches sind die reifsten Entwicklungsformen von Liebe? Wohl nicht diejenigen, die in *Figaros Hochzeit* dargestellt werden, aber es sind die häufigsten, in denen wir steckenbleiben. Liebe ist eine Ware oder ist Besitz, Liebe dient als Auffüllung des Selbstwertgefühls oder als soziale Erhöhung gegenüber den gleichgeschlechtlichen Rivalen, Liebe gewährt vorübergehend Schutz (wenn durch Ehe legalisiert), aber Liebe kann auch ein gleichwertiger inniger Gefühlsaustausch sein, in dem gegenseitiges Geben und Nehmen kultiviert werden. Was aber besonders glücklich macht, führt auch zu besonderem Leiden, wenn die Aus-

Jürgen Roses Entwurf des Bühnenraums zur Neuinszenierung (Regie: Dieter Dorn) von Mozarts Oper *Le nozze di Figaro*, mit der die Münchner Opern-Festspiele 1997 eröffnet werden

tauschbalance verletzt wird. Die letzten zwei Jahrhunderte seit der Komposition von Mozarts *Figaros Hochzeit* haben nichts Wesentliches geändert. Und so bleibt auch das Liebesleid stets dasselbe. Auf Kränkung folgt das Einklagen von Liebe, Verbreitung von Vorurteilen über das Gegengeschlecht, Rächen des eigenen Geschlechts oder Erteilen von Lektionen (Erziehungsversuche), Erzwingen von Gleichgültigkeit und scheinbarer Gelassenheit bei sich (kombiniert mit einem Hobby), Suchen neuer Liebhaber, mit denen alles von neuem beginnt, oder Zeigen von Größe, indem man dem anderen verzeiht.

Es scheint, als repräsentierten die Akteure im *Figaro* jeweils eine Facette unseres Selbst. Tragen Männer nicht Teile von Figaro, Graf, Bartolo, Basilio und auch Cherubino in sich und Frauen Teile von Susanna, Gräfin, Marcellina und Barbarina? Vielleicht können wir uns als Opernbesucher in den Figuren entdecken und urteilen, welche Art der Selbstbetrachtung uns näher liegt? Welche Definition von Liebe bevorzugen wir? Gab es in unserem Leben schon andere Definitionen, und wie waren die Erfahrungen? Finden wir in anderen Opern andere Liebesformen beziehungsweise Reifungsstufen von Liebe?

Die Aufführung, so betrachtet und verarbeitet, gibt neuen Aufschluß über sich selbst, über die jeweilige momentane Reifungsstufe im Zwischenmenschlichen. *Figaro* regt zur Selbstreflexion an. Oper wird zum doppelten Erlebnis und zur wichtigen Selbsterfahrung. Nur Mut bei der Begegnung mit sich selbst! Sie führt aus der Stagnation in der gelebten Beziehungsgestaltung.

Kurt Malisch

Ein schwieriger Geniestreich

Entstehungs-, Aufführungs- und Rezeptionsgeschichte von Mozarts *Idomeneo*

Idomeneo ist die erste in der Reihe der sogenannten sieben großen Opern Mozarts, und sie war dennoch lange ein Stiefkind des Repertoires. Ist sie es heute auch noch? Zumindest kann man sie nicht vom Blatt herunterinszenieren und -spielen. Die wechselvolle Entstehungsgeschichte von Mozarts erstem und aus heutiger Sicht durchschlagendem Geniestreich hat eine wechselvolle Geschichte von der Münchner Uraufführung 1781 im Cuvilliés-Theater bis zu heutigen Interpretationen aufzuweisen.

Keine andere Oper Mozarts und kaum eine eines anderen Komponisten hat eine solche Flut von Bearbeitungen und Umformungen, von Eingriffen und Deformationen, von Modernisierungen und scheinbaren Verbesserungen über sich ergehen lassen müssen wie Mozarts *Idomeneo*. Schon die Gestalt, in der das Werk 1781 an der Münchner Hofoper erschien, war nicht die von Mozart ursprünglich gewünschte – die von ihm vorgesehene Urfassung hat er nie zu sehen bekommen –, sondern eine an über zwei Dutzend Stellen gekürzte Version. Die Rezeptionsgeschichte dieses Dramma per musica ist von Anfang an – und bis heute – vor allem eine Geschichte seiner Fassungen. Die Gründe für diese Fülle von Bearbeitungsversuchen: einerseits eine – von Mozart selbst überaus geschätzte – herrliche Musik, andererseits ein dieser Musik keineswegs ebenbürtiges Libretto, dessen »Opera seriastyl […] 2½ Stunden lang nicht gut erträglich« ist, »wegen des unklaren, weitschweifigen Textes« und der »endlosen Recitative« (Richard Strauss); ja, »die Musik [macht] die Fehler des Aufbaues erst recht bemerkbar«, »weil Lyrik ohne dramatischen Fortgang auf der Bühne als Länge wirkt« (Ermanno Wolf-Ferrari).

Nur wenige Jahre nach der Münchner Uraufführung trug sich Mozart in Wien mit dem Gedanken, den *Idomeneo* in deutscher Übersetzung und mit der Einrichtung der Idomeneo-Partie für Baß zu bearbeiten. Der Plan blieb aber mangels Aussicht auf eine Bühnenrealisierung unausgeführt. Im März 1786, zur Fastenzeit, kam es zu einer konzertanten Privataufführung im Wiener Palais des Fürsten Auersperg. Statt von einem Kastraten wurde die Partie des Idamante nun von einem Tenor gesungen; die Arbace-Arie »Se il tuo duol« (Nr. 10a) im 2. Akt ersetzte Mozart durch Szene und Rondo KV 490 des Idamante »Non temer, amato bene«, das Duett Ilia-Idamante »S'io non moro a questi accenti« im 2. Akt (Nr. 20a) wurde durch ein anderes Duett KV 489, »Spiegarti non poss'io«, ausgetauscht.

Für die erste offizielle *Idomeneo*-Aufführung am Wiener Hoftheater 1806 schuf

Georg Friedrich Treitschke eine neue deutsche Übersetzung. In gleichem Zug strich er etwa ein Drittel aller Nummern, setzte erst mit dem Chor »Godiam la pace« (Nr. 3) ein, kürzte das Finale. In dieser Fassung wurde die Oper im selben Jahr auch in Berlin gegeben. Nie auf die Bühne gelangt ist indes Anton Wilhelm Florentin Zuccalmaglios (1803–1869) Modernisierungsversuch von 1835, der zwar Mozarts Partitur unangetastet ließ, ihr aber ein völlig neues Libretto unterlegte mit einer Handlung, die während des hundertjährigen englisch-französischen Krieges (14. Jahrhundert) spielt, unter dem Titel *Der Hof von Melun*.

Die Oper noch stärker an den Geschmack seiner Zeit anzupassen, versuchte 1843 der österreichische Musikschriftsteller Peter Lichtenthal (1780–1853), mit dem Ergebnis einer der gravierendsten Umformungen überhaupt: nur etwa die Hälfte der – noch dazu großteils gekürzten – Musiknummern blieb erhalten. Ergänzt wurde dieser Torso durch musikalisches Material aus anderen Mozart-Kompositionen (Klavierkonzerten, -romanzen, -fantasien, Symphonien, der Freimaurer-Kantate) sowie aus Opern von Pasquale Anfossi und Joseph Weigl.

Erst 64 Jahre nach der Uraufführung besann sich das Münchner Hoftheater wieder auf den *Idomeneo*: im Auftrag des graecophilen Königs Ludwig I. bearbeitete der Münchner Bariton, Komponist und Hofopernregisseur Leopold Lenz (ca. 1803–1862) *Idomeneus, König von Kreta* »zeitgemäß in deutscher Sprache«. Im Vordergrund stand dabei die Modernisierung des Textes, ansonsten nahm Lenz nur geringfügige Striche und Umstellungen vor. Diese Fassung wurde in München 1859 und 1883 neu einstudiert. Eine behutsame musikalische Neuerung stellten die vom damaligen Hofkapellmeister Franz Lachner für Streicher gesetzten Secco-Rezitative dar. Einen Schritt weiter ging Lachners Nachfolger Hermann Levi, der um 1895 dem 2. Akt eine Orchestereinleitung voranstellte, die er aus Teilen der gestrichenen Arbace-Arie Nr. 10 gestaltete.

Auch Carl Friedrich Niese ging es in erster Linie um sprachliche Verbesserungen des deutschen Textes, als er 1854 für die Dresdner Oper den *Idomeneo* neu bearbeitete. Ähnliche Motive lagen den Übersetzungen (ca. 1870) des Wiener Musikalienhändlers und Lexikographen Hermann Mendel (1834–1876) und des Wiener Dirigenten und Komponisten Johann Nepomuk Fuchs (1842–1899) zugrunde (1879). Das Werk dem Empfinden seiner Zeit »menschlich näher [zu] bringen«, in Anlehnung an Mozarts eigene Umarbeitungspläne, war das Ziel der Neufassungen und Übersetzungen des Dresdner Professors Ernst Lewicki (1863–1937), die 1917 in Karlsruhe und dann 1925 in Dresden zur Aufführung kamen. Trotz mancher Eigenwilligkeiten – der Besetzung der Titelpartie mit einem Bariton, der Herabstufung der Elettra zur Comprimaria, der Teilung in nur zwei Akte – war Lewicki merklich um Anlehnung an das (Wiener) Original bemüht, hat er »keine Mozart-fremde Note« zugelassen.

Unter den zahlreichen Bearbeitungen im Gefolge des 150jährigen Jubiläums der Uraufführung, 1931, zählt jene von Wilhelm Meckbach für Braunschweig zu den extravagantesten. Meckbach erfand zahlreiche Akteure hinzu, die er der Mannheim/Münchner Szenerie entlehnte: Mozart selbst, Kurfürst Karl Theodor von Bayern, den Intendanten der Münchner Hoftheater Graf Seeau, den Kapellmeister Cannabich, den Flötisten Wendling etc.

Wolfgang Amadeus Mozart: *Idomeneo*. Szene mit Nigel Robson und dem Chor der Bayerischen Staatsoper aus der Inszenierung von Andreas Homoki (Bühnenbild und Kostüme: Wolfgang Gussmann). Nationaltheater München 1996

Schlußszene von Mozarts *Idomeneo* in der Bearbeitung von Ermanno Wolf-Ferrari, Cuvilliés-Theater München 1931. Inszenierung: Kurt Barré, Bühne und Kostüme: Leo Pasetti

Der von seinem künstlerischen Anspruch her aufwendigste Versuch, den *Idomeneo* »der deutschen Bühne wieder zu gewinnen« oder – mit den Worten des musikalischen Bearbeiters – »die unsterblichen Schönheiten auch dieses Mozartschen Werkes einem ernsten und wirklich kunstliebenden Publikum näherzubringen«, ist jener gewesen, den im selben Jahr Richard Strauss und Lothar Wallerstein im Auftrag der Wiener Staatsoper unternommen haben. Wallerstein (1882–1949), seit 1927 Oberspielleiter der Wiener Staatsoper, übersetzte das gesamte Libretto neu, löste die Nummernzählung der einzelnen Arien, Ensembles, Chöre auf, behielt nur die Szenen- und Akteinteilung bei. Sogar in die Handlungssubstanz der Fabel griff er ein: an die Stelle von Elettra, der mit Ilia um Idamante rivalisierenden Tochter Agamemnons, trat die Poseidon-Priesterin Ismene – durch seine eigene Vertonung des Elektra-Stoffes war für Strauss diese Figur bereits gültig vorgeprägt und besetzt. Damit entfiel die Liebesintrige als Nebenhandlung, Ismenes Haß auf die feindliche Trojanerin Ilia ist nur aus patriotisch-politischen Motiven gespeist.

Strauss-Wallerstein nahmen alle für 1786 nachkomponierten Nummern auf, strichen indes beide Arbace-Arien und je eine Arie der Elettra (Nr. 13), des Idamante (Nr. 27) und des Idomeneo (Nr. 31). Im 1. Akt trat an die Stelle der Idamante-Arie Nr. 2 das Rondo KV 490, das ursprünglich den 2. Akt eröffnete. Auch sonst – vor allem im 2. Akt – sind die Arien ganz anders verteilt als bei Mozart. Gemäß der von Strauss vertretenen Auffassung, daß man einen 2. Akt vor der Pause nach Möglichkeit mit einer effektvollen Soloszene abschließen soll, verlegte er die dramatische Arie der Ismene Nr. 29, »Orestes und Ajas«, an dieses Aktende; das Duett Ilia-Idamante KV 489 wanderte aus dem 3. in den 2. Akt, Idomeneos »Fuor del mar« (die verzierte Münchner Fassung fügte Strauss in Kleinstich als Alternative hinzu) trat an den Anfang des 2. Akts. Daß Idamante ein Sopran bleiben durfte, verwundert nicht beim Schöpfer solch gelungener Hosenrollen wie Octavian und Komponist.

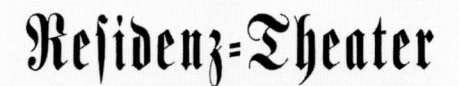

Arbace und Oberpriester indes wurden von der Tenor- zur Bariton- beziehungsweise Baßlage abgesenkt. Für die Orakelszene wählte Strauss keine der Kurzfassungen (Nr. 28a, b), sondern die mittellange vierzigtaktige Version Nr. 28d, wobei er Anfang und Schluß in eigenem Stil veränderte.

Extrem betroffen von solchen Neologismen à la Strauss sind die Rezitative: entsprechend seiner Einschätzung der Mozartschen Secco-Rezitative als »keine sehr glückliche Kunstform« verwandelte er sie sämtlich in – entweder völlig neu komponierte oder unter Verwendung des alten musikalischen Materials orchestrierte – accompagnati concitati. Die raffiniert-spielerische Verwendung von Mozart-Zitaten verrät nicht nur eine exzellente Detailkenntnis der Partitur, sondern perfektioniert Mozarts Technik thematischer Querverbindungen im Sinne einer gezielten psychologischen Textauslegung. Namentlich im c-Moll-Interludio des 2. Akts, einem düsteren chromatikgesättigten Largo, das die Furcht vor dem Ungeheuer packend illustriert, gelang Strauss eine faszinierende Synthese aus Romantizismus und Mozart – im Mittelteil etwa wird das Kopfmotiv aus Idomeneos letzter Arie »Torno la pace al core« paraphrasiert. Auf ähnlicher Höhe der symbiotischen Erfindung zeigt sich das Es-Dur-Ensemble des 3. Akts, das aus der Einleitung zu Idomeneos letztem Rezitativ entwickelt ist.

So umfangreich war der Anteil der von Strauss neu geschaffenen Musik, daß er sie in eine eigene Partiturreinschrift von 65 Seiten Umfang aufnahm, die er im unglaublich kurzen Zeitraum von zwei Wochen zum Abschluß brachte. Die Reaktionen auf die von Wallerstein inszenierte und von Strauss dirigierte Uraufführung reichten von »grober Vergewaltigung« Mozarts (Alfred Einstein) bis zu zögernder Konsensbereitschaft (Bernhard Paumgartner). Gegen seine Angreifer berief sich Strauss – wenn auch letztlich erfolglos – auf Mozarts eigene rigorose Bearbeitungen von Händel-Oratorien oder auch auf die Baumeister jener Kirchen, die einem »romanischen Schiff einen gotischen Chor angebaut und den letzteren dann ungeniert einem Barockmilieu einverleibt hatten«. Obwohl das Publikum milder gesinnt war als die Presse, mußte Strauss bald einräumen, »die ganze Mühe« werde »wohl überhaupt umsonst«

Idomeneo, München 1996. Szene aus der Inszenierung Andreas Homokis mit Eliane Coelho (Elettra), Nigel Robson (Idomeneo), Rainer Trost (Idamante) und dem Staatsopernchor

37

gewesen sein. Es bestand sogar der Plan, auch von Mozarts erstem Münchner Auftragswerk *La finta giardiniera* eine Neufassung zu erstellen, für die Wallerstein schon knapp drei Monate nach der *Idomeneo*-Premiere einen Entwurf vorlegte. Kam dieses Projekt zwar nie zur Ausführung, so war auch der Strauss-Wallersteinschen *Idomeneo*-Fassung keine anhaltende Resonanz beschieden. Dies war auch darin begründet, daß Wallerstein den Rassegesetzen des Nazi-Regimes nicht entsprach. Lediglich 1941, zu Mozarts 150. Todestag, wurden vom Propagandaministerium wieder Aufführungen zugelassen – unter der Auflage, den Namen des Textbearbeiters vom Theaterzettel zu entfernen.

Fast gleichzeitig mit Lothar Wallerstein und Richard Strauss erhielt Ermanno Wolf-Ferrari von der Generalintendanz der Bayerischen Staatstheater den Auftrag, *Idomeneo* musikalisch zu bearbeiten. Texteinrichtung und Übersetzung besorgte Ernst Leopold Stahl, Dramaturg am Bayerischen Staatstheater, unter Berücksichtigung der ersten Münchner Übersetzung durch Leopold Lenz von 1845. Auf seine Weise nicht weniger drastisch als Strauss und Wallerstein ist Wolf-Ferrari mit der Oper umgegangen, betonte aber im Vorwort zu Libretto und Klavierauszug, »im Mozart'schen Sinne« zu handeln. Nicht weniger als acht der vierzehn Arien fielen dem Rotstift zum Opfer, lediglich Ensembles und Chöre blieben ver-

Idomeneo, München 1975, in der Regie von Peter Brenner (Bühnenbild und Kostüme: Ekkehard Grübler). Schlußszene mit (v.l.) Claes H. Ahnsjö (Idamante), Hermann Winkler (Idomeneo), Lilian Sukis (Ilia)

schont – mit der Begründung, daß gerade in den Arien Mozart der Eitelkeit der Sänger am meisten Tribut gezollt habe, während er in den Ensembles den Primat des Komponisten zu wahren wußte. So durfte allein Ilia ihre drei Solostücke behalten, Arbace tritt gar nur zweimal als Bote auf. Rigoros zusammengestrichen sind die »unausstehlich langen« (Wolf-Ferrari) Rezitative, vor allem die Secco-Rezitative, aber auch die Accompagnati. Gleich vom ersten Rezitativ der Oper, einem Accompagnato von immerhin 68 Takten, bleibt ein Rest von sieben Takten übrig. Extrem wird Wolf-Ferraris Kürzungssucht bei Elettras Abgesang am Schluß. Nach dem Orakelspruch bleibt ihr lediglich ein hohes A (»Ha!«) zu singen. Zusammen mit dramaturgisch weniger wichtigen Rezitativ-Abschnitten sind nicht wenige untergegangen, die die darauffolgenden Arien vorbereiten, ihnen einen Rahmen geben, ohne den sie unscharf, profillos bleiben. Die geschlossenen Nummern hat Wolf-Ferrari, soweit er sie übernahm, so gut wie unangetastet gelassen. Neu gestaltet sind dagegen fast alle Rezitative, oder vielmehr das, was von ihnen übriggeblieben ist. Dabei ist Wolf-Ferrari durchaus bemüht, so viel musikalisches Material wie möglich aus der Vorlage zu übernehmen. Entgegen der eigenen Behauptung, daß »das Neue nicht fremd wirkt«, ist allerdings unüberhörbar, daß er dem Vortragsstil des 18. Jahrhunderts zuwider arbeitet. Statt die Secco-Rezitative flüssig und parlandohaft zu halten, sind seine Umformungen merklich schwerfälliger und gekünstelt ausgefallen, ja sie sollen sogar – so Wolf-Ferrari – »mit gewichtiger und feierlicher Deklamation und mit gesteigertem und plastischem Ausdruck vorgetragen werden«.

Während er die Szenenfolge des 1. und 2. Akts unverändert übernahm, gestaltete Wolf-Ferrari den 3. Akt von Grund auf um. Vor allem die 3. Szene ist völlig neu aufgebaut, zum großen Teil unter Verwendung von musikalischer Substanz aus der gestrichenen 5. und 9. Szene. Die 4. Szene ist eine ganz eigentümliche Collage aus musikalischen Fragmenten, die verschiedensten Stellen von Mozarts Partitur entstammen, mitunter nur einzelne Takte, oft direkt aneinander »geklebt«, manchmal durch den »Kitt« eigener Überleitungen miteinander verbunden. Der ganze weitere Ablauf des Akts ist zielstrebig auf den Höhepunkt der Opferszene hin umgearbeitet.

Entgegen seinem sonst dominierenden Drang zur Kürze und Knappheit hat sich Wolf-Ferrari für die ausführlichste Orakel-Variante mit 90 Takten (Nr. 28c) entschieden. Daß in dieser Bearbeitung dem Chor eine beherrschende Funktion zugebilligt wird, zeigt zumal die letzte Szene, in der nach Idomeneos stark reduzierter Schlußansprache die Passacaille aus der Ballettmusik folgt, mit einem eingebauten sechsstimmigen gemischten Chor. Dieser idyllische Ausklang trug Wolf-Ferrari Kritik ein, da man ihn für eine heroische Oper als unpassend empfand. Insgesamt erfuhr diese Neufassung, die am 15. Juni 1931 im Cuvilliés-Theater zum erstenmal gegeben wurde, eine sehr positive Aufnahme. Hans Knappertsbusch dirigierte, Regie führte Kurt Barré, Kostüme und Bühnenbild stammten von Leo Pasetti. In den Hauptrollen sangen Fritz Krauss (Idomeneo), Sabine Offermann (Idamante), Felicie Hüni-Mihacsek (Elettra), Elisabeth Feuge (Ilia).

Auf Dauer konnte sich Wolf-Ferraris Bearbeitung indes nicht durchsetzen – zu sehr vom Mozart-Bild seiner Zeit geprägt ist sein Umgang mit dem Werk. Was die Zeitgenossen als so idiomatisch empfanden, daß sie Original und Ergänzung nicht unterscheiden konnten, wird heute als Stilbruch wahrgenommen. 1936 erlebte diese Fassung zwar noch eine zweite Neueinstudierung, wurde auch in den Festspielen 1937 gegeben, aber Wolf-Ferrari kam wenig später selbst zur Überzeugung, daß allein das Original die optimale Form der Wiedergabe sei. Damit deutet sich bereits der wesentlich zurückhaltendere Umgang an, den man dem *Idomeneo* nach dem Zweiten Weltkrieg angedeihen ließ. Die vom Musikwissenschaftler Hans Gál für das Glyndebourne Festival 1951 erstellte Fassung beschränkte sich auf Kürzungen und Bezeichnung von Appoggiaturen und entschied sich wieder für einen Tenor in der Partie des Idamante. Auch die Bearbeitung in neuer deutscher Übersetzung, die der Dirigent Winfried Zillig 1954 für den Hessischen Rundfunk schuf, konzentrierte sich auf Striche, insbesondere der Secco-Rezitative. Ähnliches gilt für Robert Hegers »Neue Münchner Fassung« von 1955, die sich »im großen und ganzen« an der Münchner Uraufführung und an der Übersetzung von Leopold Lenz von 1845 orientierte. Etwas freier verfuhr Bernhard Paumgartner, der im Mozartjahr 1956 für die Salzburger Festspiele die Wiener Fassung zum Ausgangspunkt seiner Bearbeitung nahm. An Paumgartners Nummernfolge hielt sich weitgehend Hermann Scherchen für seine *Idomeneo*-Version, die er 1962 für Neapel erarbeitete, ging aber in seinen Kürzungen noch weit über Paumgartner hinaus.

Auf dem musikwissenschaftlich wesentlich solideren Grund der Neuen Mozart-Ausgabe (*Idomeneo*-Partitur, 1972 hrsg. von Daniel Heartz) stand 1975 die seit der Uraufführung erste Münchner Neuinszenierung in italienischer Sprache. Während Peter Brenners Personenführung und Ekkehard Grüblers Szenerie damals allzu beflissen und konventionell das Opera-seria-Klischee bedienten, thematisieren Andreas Homoki (Regie) und Wolfgang Gussmann (Bühne und Kostüme) in ihrer aktuellen Inszenierung (Premiere: 20. Mai 1996) die durch Entstehungsumstände und -zeit bedingte Ambivalenz des *Idomeneo*. Denn einerseits war Mozart die traditionelle Form der Opera seria mit ihrem starren Nummernkorsett oktroyiert, als musikalische Ausdrucksform der höfisch-barocken, feudalen Sphäre; andererseits suchte er nach theatralischer Wahrhaftigkeit, trachtete er, höchst modern anmutend, nach menschlicher Glaubhaftigkeit und psychologischer Genauigkeit, weist damit voraus auf die anbrechende Zeit der Empfindsamkeit und des Bürgertums. Diese Spannung zwischen antiquierter Form und moderner Charakterzeichnung wird in Homoki-Gussmanns Inszenierung optisch ausgedrückt durch den Kontrast zwischen dem im Barock/Rokoko-Stil kostümierten, das Allegorische und Höfisch-Repräsentative verkörpernden Chor – und den als heutige Menschen gekleideten und agierenden Solisten. Sie stehen im Brennpunkt des Dramas, aus der Quartett-Konstellation der Protagonisten entspringt ein dichtes Gefüge positiver und negativer Beziehungen, das sie miteinander verstrickt, in welchem sie voneinander angezogen oder abgestoßen werden. Um dieses Gefangen- und Eingegrenztsein zu verdeutlichen, ist die Bühne als klaustrophobischer, ausweglosen Raum konzipiert, als eine Kammer der Unentrinnbarkeit, die in ihrer nüchtern-nackten Schmucklosigkeit zugleich dazu dient, den Blick des Zuschauers auf die Zentralfiguren

Szene aus Andreas Homokis *Idomeneo*-Inszenierung mit (v.l.) Eliane Coelho (Elettra), Rainer Trost (Idamante), Rebecca Evans (Ilia), Nigel Robson (Idomeneo)

zu fokussieren. Nur in einem einzigen, aber stets gegenwärtigen, reihum wandernden Requisit – einer Pistole – konzentriert sich die permanente Todesgefahr, ist der Ausnahmezustand symbolisiert, der die vier Hauptfiguren von Anfang bis Ende bedroht, der sie dazu treibt, sich selbst oder gegenseitig mörderisch zu bedrängen. Mit dieser in extremer Nahaufnahme gezeigten, auf Kammerspieldimensionen konzentrierten Innenwelt der Protagonisten kontrastiert die Außenwelt – alles, was Meer, Natur, Gott oder Mythologie ist, wird vom Chor repräsentiert. Es ist eine Außenwelt, die tatsächlich immer wieder *von außen* durch die aufklappenden Wände in die enge Zelle eindringt, in der das Drama der Gefühle brodelt.

Nicht nur die Aussparung alles bloß Dekorativen, Phantastischen, vordergründig Opernhaften entspricht der konsequenten Suche nach dramatischer Plausibilität, auch die Wahl der Wiener Fassung dient dieser Absicht, denn hier ist die Partie des Idamante keinem Mezzosopran übertragen, sondern der »natürlicheren« Tenorstimme. Die Aufhebung der Teilung in drei Akte zugunsten nur eines Pauseneinschnitts durchbricht das Opera-seria-Schema, zugleich straffen und bündeln dramaturgisch schlüssige Striche die Handlung, schärfen ihr Profil. Eliminiert wurden vor allem Nummern oder Teile von ihnen, denen für die Entwicklung des Dramas keine tragende Bedeutung zukommt, wie die beiden Arien des Arbace, einer reinen Nebenfigur (Nr. 10a und 22), der Großteil des Intermezzos im 1. Akt (Nr. 8, 8a und 9), die Marcia (Nr. 25) – durchdachte Eingriffe und gezielte Veränderungen, die sämtlich in den Dienst dessen treten, was diese Oper nach Mozarts Konzeption sein soll: ein lebensnahes, berührendes, auch heute noch aktuelles Dramma per musica.

Das Bühnengeschehen noch faßlicher machen

Peter Konwitschny und Jürgen Schläder über das Streben nach verständlichem Theater

Oper, die schwierige theatrale Kunstform, ist Musiktheater, das Handlung und damit Emotionen so beredt und so deutlich wie möglich transportieren muß. Der gesungene Text geht oft im Klang unter. Dabei soll gerade er gut verstanden werden. Das Wissen um gegebene Handlungsvorgeschichten wird häufig beim Publikum vorausgesetzt. Wie lassen sich solche Vorgeschichten vermitteln? Praktiker – der Regisseur Peter Konwitschny – und Theoretiker – der Musik- und Theaterwissenschaftler Jürgen Schläder – im Gespräch mit Dramaturg Hanspeter Krellmann.

– Wenn es so nicht stimmt, dann ist es gut erfunden. Felsenstein soll gesagt haben: Der Chinese muß es verstehen. Das bezog sich auf Regieklarheit in der Oper und den Rezipienten, der alles restlos verstehen soll. Wir wissen: Oper, das unmögliche Kunstwerk, bleibt kompliziert, und sie wird noch komplizierter, weil sie heute meistens in der Originalsprache gesungen wird. Ist das legitim, oder sollte man, wie früher, Übersetzungen benutzen? Richard Strauss wollte seine eigenen Bühnenwerke immer in der jeweiligen Landessprache gespielt wissen. Er war ein Pragmatiker und geschäftstüchtig dazu.

Konwitschny: Mir fällt als erstes der Markt ein. Da der Gebrauch der Originalsprache internationalem Brauch entspricht, können die Sänger besser gastieren und die Betriebsbüros haben weniger Arbeit.

– Das ist eine Anti-Betriebsbüro-Erklärung. Was Sie zu den Sängern sagen, stimmt. Aber in der Aufführungspraxis handhaben wir das Problem nicht objektiv-aufrichtig: Wir spielen Rossini in Italienisch, *Peter Grimes* in Englisch, *Boris Godunow* in Russisch, aber Janáčeks Opern noch meist in Deutsch.

Schläder: Man kann die Frage nicht mit einem grundsätzlichen Ja oder Nein beantworten, weil zu viele Faktoren daran hängen, die die Entscheidung beeinflussen. Gundsätzlich stimme ich Ihnen zu, Herr Konwitschny, wir müssen den Markt im Auge behalten. Es gibt heute sogar an den kleineren Häusern einen internationalen Sängerbetrieb, und es wäre falsch, wollte man jeden Sänger dazu zwingen, die von ihm beherrschte Partie in der jeweiligen Landessprache neu einzustudieren. Das wäre auch ziemlich illusorisch. Der Film hat daraus längst die Konsequenz gezogen: Bei internationalen Ensembles läßt man die Schauspieler in ihrer Muttersprache sprechen, und anschließend wird synchronisiert. In der Oper verhält es sich anders. Ich würde immer zur Originalsprache tendieren, nicht nur wegen des Marktes, sondern auch, weil bestimmte kompositorische Abläufe in einer anderen Sprache nicht mehr so zum Ausdruck kommen wie in der Originalsprache. Das wird im Falle Janáčeks besonders deutlich (weshalb man seine Opern logischerweise immer in Tschechisch geben müßte). Wenn man sich vorstellt, daß Gluck für die französischen Fassungen seiner italienischen Opern neue Rezitative geschrieben hat, weil die französische Sprache im Rezitativ völlig anders läuft als die italienische, dann hat man den Umfang des Problems vor Augen. Wenn man nun grundsätzlich in Deutsch spielen wollte, dann müßte man die gesamte gängige Opernliteratur – mit ganz wenigen Ausnahmen – neu übersetzen. Die bestehenden Übersetzungen sind alle katastrophal schlecht und verballhornen den Text eher, als daß sie zum Verständnis beitrügen. Allein schon deshalb sollte man sich für die Originalsprache entscheiden. Dann allerdings kommt ein neues Problem. Ich muß mir nämlich Maßnahmen überlegen, die das Verständnis der Sprache für den Zuschauer und Zuhörer erhöhen. Entweder muß die Regie anders aussehen, oder das Programmheft muß genaue Informationen vermitteln (was ja gerade bei den Programmen der Bayerischen Staatsoper sehr häufig geschieht). Oder ich muß mir andere Strategien überlegen, mit denen man die Sprachbarriere für das Theaterverständnis überwindet.

Konwitschny: Ich halte dieses Problem für unlösbar. Historisch war es ja so, daß italienische Operntruppen nach Deutschland kamen und für eine Gesellschaft gespielt haben, in der viele Italienisch verstanden. Dann kam ein anderes Jahrhundert. Und da hing es wohl mit dem Chauvinismus zusammen, daß man nun alles in Deutsch haben wollte. Diese politischen Kontexte wollen mit bedacht sein. Daraufhin wurde alles übersetzt. Und da Theater immer etwas Gegenwärtiges ist, waren die Übersetzungen geprägt von den Interessen, die die gegenwärtig Lebenden hatten. So schlimm ich sie finde, weil sie vor allem zur Verharmlosung beitragen – das hängt mit der Tendenz zusammen, gefährliche Inhalte einfach auszugrenzen –, muß ich aber zugestehen, daß genau so, wie ich heute etwas Bestimmtes denke und empfinde, wenn ich ein Stück lese, das auch in der Vergangenheit spezifisch empfunden und gedacht worden ist. Man hat also zeitbedingte Haltungen in die Übersetzungen eingebracht. Die taugen für uns heute nichts mehr und müssen revidiert werden. Aber ich stimme Herrn Schläder zu: Bestimmte kompositorische Gesten lassen sich einfach nicht in unserer Sprache wiedergeben. Das spricht für die Originalsprache. Andererseits ergibt sich manchmal eine wunderbare theatralische Spannung zwischen der Aktion und einem Wort, einem Satz, einem Gedanken, der jetzt ausgesprochen wird von dem Sänger und der in der Sprache der Zuschauer zu verstehen ist. Ich baue etwas mit einem Regiemittel auf, so daß zwischen dem, was verbal geäußert wird, und dem, was in der Handlung passiert, eine Spannung entsteht. Das ist nicht mehr möglich, wenn die Sprache vom Zuschauer in dem Moment nicht verstanden wird. Statt dessen auf eingeblendete Übertitel zu schauen, ist kein Ersatz dafür. Pointen verstehe ich nur, wenn ich die Sprache verstehe. Was die *Verkaufte Braut* betrifft, um ein Beispiel herauszugreifen – die Kalbecksche Übersetzung ist eine Entstellung des Stückes in Richtung Verharmlosung. Alles wird hier klein, niedlich, harmonisch. Als die Wende kam, wurde es auch in mei-

Peter Konwitschny (links) und Jürgen Schläder im Gespräch

nem Land, der DDR, üblich, in der Originalsprache zu singen. Ich fand das damals nicht gut, weil ich in der Tradition Felsensteins erzogen bin und davon ausgehe, daß Text auch eine Ebene von Verständnis erzeugt. Und daß die anderen Mittel, die beim Theater noch wichtiger sind, überhaupt erst greifen können, wenn die Ebene des Textes gegeben ist.

– Regisseure, die Fremdsprachen nicht beherrschen, inszenieren dennoch in diesen Sprachen. Denkt man dann deutsch und inszeniert in Italienisch?

Konwitschny: Ich inszeniere den italienischen Text, besorge mir aber Rohübersetzungen, so daß ich den Wortlaut kenne und die Satzkonstruktionen verfolgen kann, also weiß, ob ein bestimmtes Wort am Ende einer Phrase oder auf dem musikalischen Höhepunkt steht. Ich gebe mir also Mühe, der Originalsprache nachzugehen, ohne sie genau zu kennen.

Schläder: Man hat dann eine hohe passive, aber keine aktive Kompetenz im Italienischen. So geht es mir auch. Nun sind die Texte in den 400 Jahren Operngeschichte in ihrer poetischen Qualität sehr unterschiedlich im Wert. Ein Hofmannsthal-Text ist völlig anders als einer von Felice Romani, und der ist wieder ganz anders als der irgendeines Italieners aus dem frühen 18. Jahrhundert. Den Text einer italienischen Belcanto-Oper – Bellini, Donizetti, Rossini, früher Verdi – ins Deutsche zu übersetzen, um ihn verstehbar zu machen, scheint mir insofern unsinnig, als dort der Sprachklang nur die sängerische Darstellung in ihrer emotionalen Qualität erleichtern soll. Wenn man das in Deutsch singen läßt, wird es unfreiwillig komisch. Wir sind doch längst herausgefordert, musikalische Formen zu inszenieren, statt buchstabentreu den Text abzubilden. Der Text ist ja manchmal nur erfunden, um einem Sänger die Darstellung von musikalischen Qualitäten zu erleichtern. Das ist bei Hofmannsthal, um ein Beispiel zu nennen, ganz anders. Ich möchte mal sehen, wie Hofmannsthal in Englisch, Französisch oder Italienisch wirkt. Das ist sicherlich bei jedem hochpoetischen Text so. Wenn man Puschkin ins Deutsche übersetzt, geht mit Sicherheit auch eine Menge poetischer Qualität verloren. Da brauchte man auf jeden Fall kluge Übersetzungen, um über diese Sprachebene noch wesentliche Informationen transportieren zu können. Vielleicht wäre das im Einzelfall notwendig oder zumindest möglich. Also ist das Problem generell unlösbar, im Einzelfall jedoch lösbar. In der italienischen Belcanto-Oper braucht man sich um den Text überhaupt keine Sorgen zu machen, denn der ist ein Vehikel zum Transport von musikalischen Qualitäten, nichts anderes. Das gilt bis zu Verdi.

– Und wie erfährt man, was dort inhaltlich vor sich geht?

Schläder: Das hört man doch.

– Wer ist man? Zehn Prozent, fünfzehn Prozent? Es hatte doch wohl einen Grund, daß in der DDR vorrangig deutsch gesungen wurde. Empfand man das dort nicht als eine Art Auftrag?

Konwitschny: Ja, und es ging darum, daß die Zuhörer über neue Übersetzungen zum Original hingeführt wurden. Ich habe auch mit Zweisprachigkeit Erfahrung, also mit der Verwendung von Originalsprache und Übersetzung in einer Aufführung. Das gab es schon früher: Rezitative deutsch, die Arien italienisch, je nach der Art der kompositorischen Faktur. Vielleicht läßt sich das nur in einer Art von Paradoxie lösen: innerhalb einer Aufführung muß über die Sprache klar werden, daß es nicht nur um die Information von Inhalt geht.

Schläder: Auch über das Programmheft ist Hilfe möglich. Wenn ich in der Handlungsbeschreibung den Inhalt einer italienischen Oper nachlese, erfahre ich die nacherzählbaren Vorkommnisse. Viel wichtiger wäre es, wenn ich dort die innere Handlung er-

Hans Werner Henze: *Der junge Lord*, München 1995. Das bayerische Miniaturdorf zur Einstimmung auf Henzes Kleinstadtsatire vor Beginn der Oper. Bühnenbild: Andreas Reinhardt

zählt bekäme, das heißt, wenn ich einen Inhalt nachlesen könnte, der mir die Musiknummern und deren Qualität an dem bestimmten Punkt, an dem sie in der Handlung erklingen, erläuterte; also beispielsweise klarmachte, daß die Figur Lucia in dem Augenblick, in dem sie ihren Bräutigam abgestochen hat, zwei Affekte miteinander in Einklang zu bringen versucht, nämlich eine ungeheure Wehmut und eine tierische Raserei. Über den musikalischen Affekt erfährt man dann viel besser, was da abläuft, als wenn man nur eine äußerlich nachbuchstabierte Handlung vorgesetzt bekommt. Zum Verständnis von musikalischen Qualitäten müssen Mittel eingesetzt werden, die über die buchstabengetreue Übersetzung als Informationsschiene hinausreichen.

– Solche von Ihnen vorgeschlagenen differenzierten Inhaltsangaben liest man wie alle Inhaltsbeschreibungen vor der Aufführung. Beim Hören kann man sie dann möglicherweise nicht mehr zuordnen. Also benötigen wir mehr und andere Unterstützung für den Opernhörer. Bei Originalsprachlichkeit fällt das Stichwort surtitles – also die Einblendung der deutschen Übersetzung in knapper Form auf dem oberen Bühnenrahmen. Das hat Vor- und Nachteile.

Konwitschny: Der gravierende Nachteil: Man muß zwischen analoger und digitaler Rezeption hin- und herspringen. Das ist folgenschwer, weil es die Aufnahme von Kunst überhaupt betrifft, und damit könnte der Sinn unserer Tätigkeit in Frage stehen. Der Vorteil: Wenn die Oper deutsch gesungen wird, verstehe ich auch nur die Hälfte; aber wenn ich die richtigen Wörter für die Übersetzung nehmen kann ohne Rücksicht auf die originalen rhythmischen Werte der gesungenen Passagen zum Beispiel, dann kann ich den Gestus, die Befindlichkeit, die Dimension, die der einzelne Text in dem Augenblick für die Figuren bedeutet, vermitteln. Da helfe ich dem Zuschauer sehr wohl, das nachzuvollziehen.

– Also: Nicht die wörtliche Übersetzung ist wichtig, sondern es muß sich der Sinn dessen, was auf der Bühne verhandelt wird, mitteilen.

Konwitschny: Dafür ist wichtig, wie die Schrift eingeblendet wird, denn daraus entstehen sofort wieder Gesten. Mit anderen Worten: Es bedarf einer Textregie.

Schläder: Ich lehne diese surtitles zunächst rundweg ab. Wenn ich eine mir unbekannte Oper in einer mir fremden Sprache höre, so daß ich Überschriften wirklich brauche, um zu verstehen, worum es geht, dann ist die Dekonzentration so stark, daß ich das Theaterereignis schon nicht mehr genau verfolgen kann, die Musik nicht mehr höre. Ich bin dann ständig mit dem Kopf in Bewegung und verliere die Bühne aus den Augen. Deswegen lehne ich das in dem Fall ab und gehe lieber nicht in diese Oper. Und im zweiten Fall lehne ich es auch ab, wenn nämlich mit Hilfe von surtitles eine weitere Interpretationsebene eingezogen und dadurch versucht wird – ich habe so etwas erlebt –, das sprachlich vorzugeben, was auf der Bühne unten inszeniert wird. Da wird das Publikum geradezu manipuliert. So funktionieren übrigens auch viele Inhaltsangaben in Programmheften; das sind in Wirklichkeit Regiebeschreibungen. Aber ich möchte meine grundsätzliche Ablehnung der surtitles modifizieren. Man muß wie bei der Übersetzungsproblematik von Fall zu Fall prüfen und entscheiden. Es gibt Werke, mit denen man nicht zurechtkommt. Dann gibt es sicherlich die Möglichkeit,

Eröffnungsbild zum Vorspiel von Verdis *La Traviata*, München 1993: Violetta Valéry im Spiegel ihres eigenen Jugendbildes (Regie: Günter Krämer)

entweder poetische Qualitäten oder Situationen und Atmosphäre dem Publikum als Leitlinie anzubieten, indem es nicht genau den Text verfolgt, sondern ihn als eine Informationsebene zusätzlich erhält. Das kann in der Tat das Verständnis und zum Teil auch den Kunstgenuß erheblich steigern. In bestimmten Ausnahmefällen des internationalen Opernrepertoires muß man zu diesen Mitteln greifen.

Konwitschny: Es gehört immer ein wirklicher Einfall dazu, diese Maßnahmen sowohl vom Gedanken her zu begründen wie auch vor allen Dingen von der künstlerischen Überzeugungskraft. Dann denkt auch keiner mehr darüber nach: Ist das problematisch mit der Sprache, mit den Übertiteln?

Schläder: Wenn man eine Oper so inszeniert, daß der Zuschauer sie nur noch mit surtitles versteht, dann hat der Regisseur etwas falsch gemacht. Man kann ein von emotionaler Spannung getragenes Werk so inszenieren und dadurch verständlich machen, daß Textkenntnisse überflüssig werden. Zum Beispiel: Wenn in Mozarts *Idomeneo* die große Sturmarie des Idomeneo, die in zwei Fassungen von Mozart überliefert ist, in der leichteren der beiden, also in der ohne Koloraturen, gesungen wird, dann bleibt unklar, daß sich hier musikalisch Seesturm, Unwetter, auch seelisches Unwetter ausdrückt. Den deutschen Text brauchen wir dazu nicht, aber die Musik setzt eine klare Bedingung.

– Man muß also von Fall zu Fall entscheiden, ob man Originalsprache oder Übersetzung vorzieht, ob surtitles als verständnisförderndes Mittel nötig sind. Es geht uns um Hilfen für den Besucher. Auch inszenatorische Zusätze werden häufig erprobt und stoßen zum Teil auf heftige Ablehnung. Regisseure bebildern rein instrumental gedachte Zwischenspiele und Ouvertüren. Ist das legitim?

Schläder: Das kann man auch nicht mit Ja oder Nein beantworten. Beim *Traviata*-Vorspiel hört doch wohl jeder, daß hier vom ersten Verdi-Ton an die Tragödie eines Engels vorgeführt wird. Also muß man es nicht bebildern. Tut man es doch, dann signalisiert man dem Opernbesucher, daß er sich nicht mal mehr für fünf Minuten auf den musikalischen Verlauf bei Verdi konzentrieren muß. Dafür zeigen wir ihm Bilder, die ihm diese Konzentration abnehmen. Es gibt Opern, bei denen sind solche Bilder überflüssig, *La traviata* gehört zu ihnen. *Tannhäuser* gehört genauso dazu. Man sollte die Klänge aus dem Vorspiel auf sich wirken lassen, um sie anschließend in der Oper wiederzuerkennen. Oder *Parsifal*. Das *Parsifal*-Vorspiel funktioniert in erster Linie durch unvermittelte Übergänge, durch musikalische Alogik. Diese Alogik begreift man in dem Orchesterstück nicht mehr, wenn man ständig auf einen Vorgang auf der Szene achten muß. Läßt man sich hingegen auf die Musik ein, versteht man in den sich anschließenden fünf Stunden Opernaufführung sehr wohl, was es mit dieser Alogik auf sich hat. Und ein Gegenbeispiel: Ich habe bei einem Regisseur gelernt, wie man die *Fledermaus*-Ouvertüre aufgrund der musikalischen Gesten, die da aneinandergereiht sind, so bebildern kann, daß einem die Figurenkonstellation des Stückes, die Problemstellung und die Lösung innerhalb der Ouvertüre durch die stumme Aktion der Figuren auf der Bühne sofort deutlich werden. In dieser Potpourri-Ouvertüre ist das Potpourri offensichtlich so organisch angelegt, daß die Bebilderung funktioniert. Das heißt, die Gruppen, die

Georg Friedrich Händel: *Giulio Cesare* in der Staatsopern-Inszenierung von Richard Jones (Bühne und Kostüme: Nigel Lowery) 1994. Bühnenprospekt mit collagierten Darstellungen der Götter Mars und Venus, der szenischen Interpretation als Leitgedanke übergeordnet

nachher auftreten werden, sind schon mal vorgeführt, gegeneinander gestellt, in Aktion gebracht, und selbst die Auflösung der Problemstellung wurde noch mitgeliefert. Das Beispiel zeigt, daß es Musik gibt, bei der man das machen kann, ohne Schaden anzurichten.

Konwitschny: Das Wichtigste beim *Parsifal*-Vorspiel in meiner Münchner Inszenierung war, daß es nicht nur bebildert war, sondern in einer ganz bestimmten Weise bebildert war. So bekam die ganze Sache auch sozusagen einen Witz. Der Witz, um bei dem Begriff zu bleiben, ist natürlich sehr abhängig von dem, was gerade jetzt in diesem Moment mit uns selbst passiert, dessen wir uns vielleicht gar nicht immer bewußt sind. Dann gibt es Reibungen. Ich denke, solche Bebilderung war vor dreißig Jahren anders zu bewerten als heute. Damals ging es darum, faßbar zu machen, daß in der Kunst wichtige Probleme verhandelt werden und wie die Voraussetzungen dafür sind. So hatte in *Così fan tutte* der Versuchsleiter, Don Alfonso, eine Drehscheibe, und dann kam von oben etwas Gläsernes herunter – eine Versuchsanordnung das Ganze. Die Drehscheibe hat Alfonso dann im Vorspiel mit der Hand angeschoben. Das war damals gut, und auf Grund dessen können wir heu-

te sagen, das machen wir nicht mehr, weil es bereits geleistet worden ist. Heute muß man etwas anderes machen. Ich nehme wieder einen Einzelfall von mir selbst. Beim *Parsifal* kamen wir auf den Vorhang mit vielen Zetteln, auf denen in vielen Sprachen zu lesen ist: »Erlösung dem Erlöser«. Uns schien wünschenswert, damit das Verständnis von dem Stück nicht so diffus bleibt, gleich zu Beginn auf einen Kerngedanken hinzuweisen. Daß es die Erlösung am Ende nicht geben wird für den einen − und daß das für viele gilt. Der Vorhang wird zu einer Art Klagemauer.
− Ein sprechender Vorhang sozusagen?
Konwitschny: Ja, und etwas ganz anderes, als wenn ich die Vorgeschichte erzählt hätte. Denn das scheint mir heute vorbei zu sein. Aber so ganz vor verschlossenem Vorhang, das käme mir − ich sage es jetzt für mich persönlich − so vor, als würde ich ausweichen wollen. Eine saubere Lösung, zweifelsfrei. Aber für mich unbefriedigend. Es sollte ein falsches Liebhaberverständnis von einem Stück verhindert werden, darum geht es.
Schläder: Man muß zwei verschiedene Benutzungen der Ouvertüren-Musik unterscheiden. Vor dreißig oder vierzig Jahren ist häufig die Ouvertüre deswegen bebildert worden, weil die eine der beiden herrschenden Regiestrategien, eben die Felsensteinsche, nach der Prämisse vorging: Ich muß bei einer Oper die Vorgeschichte möglichst sauber erzählen, damit die Handlung anschließend auf der Bühne glaubwürdig wird. Das hat mit psychologischem Realismus als herrschender Ästhetik dieser Zeit zu tun. Die ist heute nicht mehr dominant, ganz abgesehen davon, daß wir bei wirklich guten Opern-Inszenierungen kaum noch realistisch inszenieren. Wir erzählen keine äußere, nacherzählbare Geschichte mehr, sondern die heutige Opernregie vermittelt uns strukturale Aspekte eines Theaterstücks. Da kann es dann hilfreich sein, wenn ich den Fokus der Inszenierung im Einstellungsbild zur Ouvertüre, zum Vorspiel, wie auch immer, präsentiert bekomme, damit ich als Zuschauer mich nicht nur hörend, sondern auch visuell auf das einstellen kann, was anschließend auf mich

»Erlösung dem Erlöser« – Wagners Schlüsselgedanke in seinem Bühnenweihfestspiel *Parsifal*. In der Inszenierung von Peter Konwitschny (1995) beherrscht eine Art sprechender Vorhang (Ausstattung: Johannes Leiacker) als dramaturgischer Quasi-Leitfaden die instrumentalen Vorspiele

zukomnt. In dem Augenblick, in dem die Ouvertüre als visuelles Pendant den dominierenden oder wenigstens einen wichtigen Akzent der anschließenden Theateraufführung auf der Bühne per Bild bietet, bin ich dafür, daß man sich überlegt, ob man so etwas tut oder nicht.

Konwitschny: Dieses Fokussieren ist die eine Sache; die andere ist aber auch, daß man das Musikverständnis in eine bestimmte Richtung lenken kann durch ein Bild, durch einen Vorgang. Nehmen wir *Tristan*, an dem ich zur Zeit arbeite. Was ich da am wichtigsten finde, ist, klarzumachen, daß das kein bedrückendes Stück ist, sondern daß es uns auffordert, es denen, die die Handlung tragen, nachzumachen; die sterben und sterben, das heißt sie verlassen ein System. Wohin sie gelangen werden, wissen wir nicht. Für mich ist das unheimlich er-

Elena Filipova, die ehrgeizige Lady in Harry Kupfers Münchner *Macbeth*-Inszenierung 1997, erscheint im Vorspiel der Oper mit ihrer Puppensammlung aus Kinderzeit - Hinweis auf den ihr versagten Nachwuchs oder Charakterisierung einer traumatisch betroffenen Kindfrau?

munternd, daß die beiden das, was viele denken und empfinden, wirklich machen. Das ist für mich übrigens auch begründet in der Entstehungsgeschichte des Stückes. Unser landläufiges Verständnis von diesem Stück ist doch sehr massiv und traditionalistisch verkrustet. Liebe scheitert: Tristan ist tot, Isolde wird wahnsinnig und stirbt auch, nämlich den sogenannten Liebestod. Gut, gut. Bei mir werden sie am Ende weggehen, ab von der Bühne. Das signalisiert: die beiden sterben; aber sie sind nicht tot, denn sie bewegen sich. Um da von vornherein eine Hilfe zu geben, könnte ich mir vorstellen, daß während dieses Vorspiels ein Element da ist, das dem Zuschauer hilft, dieses Hoffnungsvolle, Nachahmenswerte, diese Aufforderung zur Subversion zu erkennen in der Musik. Denn ich kann auch lernen, eine Musik anders zu hören.

Schläder: Das heißt, sehrendes Sehnen zur positiven Bedingung umzuleiten.
Konwitschny: Genau; daß da nicht immer alles nur düster und hoffnungslos ist, sondern daß das als Energie, als Potential für Innovation oder Subversion, jedenfalls zur Veränderung von Bestehendem gedeutet wird. Ich glaube, darum geht es in dem Stück.
Schläder: Nun würde Ihnen Beckmesser sofort sagen: alles in Ordnung; aber Sie wissen doch, daß sich dieser wunderbar vertrackte *Tristan*-Akkord erst am Ende des 3. Aktes auflöst. Wenn denn schon von Wagner eine solche musikalische Klammer von der ersten bis zur letzten Note gespannt ist, dann wäre es eine berechtigte Forderung, auch eine optische Klammer vom Beginn des bebilderten Vorspiels bis zum Ende zu haben. Ich will damit sagen, es gibt auf die nachfolgende Handlung bezogene musika-

lische Qualitäten in solchen Vorspielen, die formale Qualitäten nach sich ziehen und die man in der Theateraufführung nicht negieren oder zerschlagen darf. Das genaue Gegenteil ist beispielsweise alles, was an Opern-Ouvertüren bis zum späten 18. Jahrhundert, Mozart inklusive, komponiert worden ist. Opern-Ouvertüren sind damals wie selbstverständlich ausgetauscht worden. Was will man also in einer vormozartischen Ouvertüre bebildern? Das ist eine Fanfare, eine Sinfonia zu Beginn. Und wenn Händel wie bei *Giulio Cesare* eine Ausnahme macht und die Ouvertüre sofort in die Szene führt, dann haben wir eine Umbruchsituation, die absolute Ausnahme für diese Zeit. Ouvertüren bis Ende des 18. Jahrhunderts sind Aufmerksamkeitsmusiken. Die haben mit der Opernhandlung nichts zu tun. Die Visualisierung bestimmter Erscheinungen während der Ouvertüre hat nur Sinn, wenn die Ouvertüre mit dem nachfolgenden Stück substantiell zu tun hat. Das ist schon bei *Figaro* strittig; bei der *Zauberflöte* und bei *Così fan tutte* ist es hingegen völlig klar. Aber bei den Paisiellos, Guglielmis, Pergolesis und Rossinis?

Konwitschny: Bei Rossini zum Beispiel dieses Maschinenelement.

Schläder: Die Walze. Also, ich kann mir die Ouvertüre von *Wilhelm Tell* bebildert vorstellen. Nicht mit der Geschichte, die folgt, aber mit der Tatsache, daß da in eine Idylle etwas einbricht. Das ist ein gutes Beispiel. Wenn man die Ouvertüre nur losgelöst vom Stück hört, kann man heute kaum noch sagen, was man da hört. Wir haben kein Empfinden mehr dafür, wie musikalische Gesten zueinander gestellt worden sind im frühen 19. Jahrhundert, daß hier wirklich Idylle dargestellt wird. Die berühmte Oboen/Englischhorn-Melodie bezeichnet ländliche Idylle, in die die Gewittermusik hineinfährt. Das muß man verstehen können als die totale Durchbrechung eines Friedens, der dann anschließend wiederhergestellt wird. Das ist das Konzept für die gesamte nachfolgende Oper, und es wird exemplifiziert an dem präzisen Stoff Wilhelm Tell kontra Geßler. Dieses Strukturmoment könnte man in der Ouvertüre sehr wohl bebildern, damit man nicht tatenlos diese zwölf Minuten Musik absitzt. Aber bitte keine Bebilderung mit dem sich anschließenden Stoff. Die Hilfe bei sehr komplexen und wirklich sozusagen struktural angelegten Opern-Ouvertüren oder -Vorspielen halte ich nicht nur für legitim, sondern auch für sehr sinnvoll.

– Zeigt sich am Schluß als Resultat, daß wir kein Resultat haben, und zwar in allen drei Fragen.

Schläder: Das war zu erwarten.

Konwitschny: Unter anderem auch deshalb, weil es immer andere sind, die diese Gegenstände neu beleben wollen, weil wir jetzt leben und andere sind als die vor fünfzig Jahren und die in zehn Jahren.

– Der Wissenschaftler widersetzt sich dem wohl aus guten Gründen nicht?

Schläder: Nein, er thematisiert doch im Grunde genommen nur die Methode, aus den Stoffen Dinge zu ziehen, die uns neue Aspekte über ein Kunstwerk bieten; und wenn das weitertransportiert wird, werden unsere Nachfahren wieder an diesen Aspekten lernen, was man anderes über solch ein Kunstwerk denken kann. So funktioniert hermeneutisches Verstehen. Wenn es das nicht gäbe, gäbe es mein Fach, die Theaterwissenschaft, nicht.

Konwitschny: Brecht hat gesagt, wir brauchen schon ein bißchen Wissenschaft; ein bißchen Wissenschaft brauchen wir Künstler.

Heinz Friedrich

Ist die Oper noch zu retten?

Kunst durch Leben und Leben mit der Kunst

Die oft zu leichtfertig totgesagte Kunstform Oper wäre nichts ohne die Macht der Musik. Erst durch sie erscheint das Unwirkliche als erfahrbare Wirklichkeit, das Unwahrscheinliche als Wahrheit. Und erst so entsteht immer wieder neu das Bedürfnis nach Oper. Ihr Mythos erweist sich auch in unserer desillusionierten Zeit als in hohem Maße begehrenswert und letzten Endes als effektiv begehrt.

»Sprengt die Opernhäuser in die Luft!« Mit diesem Aufruf sorgte Pierre Boulez in den Aufruhrzeiten der späten sechziger Jahre für heftige Diskussionen. Aber kein Opernhaus wurde gesprengt. Statt dessen entstand sogar eine neue Hochburg des Musiktheaters unmittelbar vor Boulez' Haustür in Paris: die Bastille-Oper.

Ist die Oper nicht totzukriegen? Alles scheint gegen sie zu sprechen: die Zeit, die Gesellschaft und der Protest der Moderne. Aber sie lebt. Zwar wird sie gelegentlich modernistisch gebeutelt, zerzaust und auf den Kopf gestellt durch Inszenierungen, die sich kritisch zu empfehlen wünschen – aber der Orchestergraben straft selbst den Zynismus szenischer Desillusion Lügen. Ein Don Giovanni, der in Brooklyn oder Harlem herumhängt und zur – sogenannten – Champagner-Arie dem Zeitgeist mit einer Cola-Dose zuprostet, kommt gegen Mozarts Musik nicht an; diese Musik verwandelt selbst Cola in Champagner, kraft ihrer stilistischen Prägnanz und ihrer aristokratischen Aussagekraft. Sie reißt den Zuhörer einfach mit und stellt imaginär jene Szenerie wieder her, die ihr die fortschrittliche Bühne verweigert. Ob *Rosenkavalier* oder *Aida*, ob *Ariadne auf Naxos* oder *Don Giovanni*, ob *Freischütz* oder *Götterdämmerung* – allen Reform-Projektionen zum Trotz pochen die Partituren auf ihr angestammtes Opern-Recht und behaupten es. Was besagt: In der Oper gibt noch immer die Musik den Ton an und nicht die Bühne. Die Musik ist die eigentliche Bühne der Oper. Ob Pomp oder Crash die Bretter beherrschen, die unsere Opernwelt bedeuten – die Musik läßt sich auf vordergründige Weise weder modernisieren noch musealisieren. Zwar ändern sich die Zeiten, aber die Aussage der Musik ändert sich nicht in ihnen. Die Nachlebenden müssen jeweils überprüfen, ob sie tradierte Kunstmitteilungen als überzeitliche Bekundungen des Menschen »retten«, das heißt als Gegenwart jenseits der Zeiten akzeptieren wollen oder nicht. Das heißt im vorliegenden Fall: Können die Bürger des Jahrtausendendes mit der Kunstform Oper und ihrer historischen Überlieferung noch etwas anfangen? Reizt sie uns noch, regt sie uns auf? Vermag sie uns noch jenseits zeitgeistiger Verunsicherung zu fesseln?

Ein Komponist in Nöten: Susan Graham im Vorspiel der Strauss-Oper *Ariadne auf Naxos* (Regie: Tim Albery; Bühne und Kostüme: Antony McDonald), Nationaltheater 1996

Immerhin sieht es so aus, als ob die tradierte Oper, obwohl schon mehrfach totgesagt, selbst in unseren Tagen der psychodelischen Multimedialität sich als zählebig genug erweise, um sich den kühnsten szenischen Destruktionen und Desillusionen musikdramatisch gewachsen zu zeigen.

Dennoch: Sprengt die Opernhäuser in die Luft! Pierre Boulez hielt und er hält diese Musen-Tempel für Relikte aus der (repressiven) Rumpelkammer vergangener Zeiten, in denen sich eine privilegierte Gesellschaft mehr an sich selbst als an der Musik delektierte. Das heißt: Er, der in Bayreuth einen unvergeßlichen, weil klar konturierten, mit Spannung aufgeladenen und durch faszinierend disponierte Tempi ausgezeichneten *Ring* dirigierte – er, Pierre Boulez, wollte durch seine ketzerische Bemerkung darauf aufmerksam machen, daß das Musik-Theater aus seiner bürgerlich-spätbürgerlichen Umklammerung (und festlichen Dekorationsrolle) befreit werden müsse, um seine musikalische Würde jenseits von faulem Bühnenzauber zurückzugewinnen (und damit seine Autonomie gegenüber der Gesellschaft einzufordern).

Indem Boulez diese Forderung erhebt, plädiert er gegenüber der tradierten Form der Oper für das moderne Musiktheater, das, von Richard Wagner als Gesamtkunstwerk entworfen und prototypisch verwirklicht, im 20. Jahrhundert die Musikbühnen zu erobern und sozusagen von »innen heraus« zu reformieren beginnt – von *Elektra* bis zum *Lear*, von *Cardillac* bis zu Boses *Schlachthof 5* oder Lachenmanns *Schwefelhölzchen*. Wie der Begriff schon ausdrückt, versteht sich das moderne »Musiktheater« als Oper, die sich in die literarische und psychologische Pflicht nimmt. Sie steigt vom Kothurn und legt ihr Pathos ab, aber sie begibt sich damit auch ihres naiven Charmes und ihrer unreflektierten Freude an Arie, Kantilene und Rezitativ. Es findet gleichsam eine musikdramatische Säkularisation statt, die das Musiktheater in die gesellschaftliche, ja gesellschaftskritische Pflicht der Epoche nimmt.

Ist die Oper alten Stils angesichts dieser Entwicklung überholt? Liegt sie im Sterben oder ist sie gar schon tot, ohne daß wir es bemerkten? Betreiben die noch nicht in die Luft gesprengten Opernhäuser Leichenkosmetik, wenn sie noch das jahrhundertealte Repertoire von Monteverdi bis Meyerbeer, Verdi und Puccini pflegen?

Es ist merkwürdig: Obwohl die kulinarische Oper immer älter wird, stirbt sie nicht. Kann sie nicht sterben? Will sie nicht sterben? Oder läßt gar das Publikum sie nicht sterben, das nach wie vor (und zu erheblichen Eintrittspreisen) die nicht gesprengten Opernhäuser füllt, um an dem Musikvergnügen früherer feudaler und bürgerlicher Zeiten zu partizipieren?

Die Widersprüche, die sich hier aufdrängen, tauchen auch in anderen Kunst-Zusammenhängen auf. Sie kennzeichnen das Spannungsfeld von Tradition und Moderne schlechthin, das unser ganzes, jetzt dem Ende sich zuneigende 20. Jahrhundert beherrscht und irritiert. Auf der einen Seite die Faszination durch die große Illusion einer besseren Welt, auf der anderen Seite das Höllengelächter der Desillusion über die Abgründe der Schöpfung und ihrer Menschen – dazwischen der schiere Materialismus als Drogenlieferant für die Übersprung-Räusche, mit denen der moderne Homo sapiens seinen Nihilismus zu bekämpfen versucht. Das ist die Lage.

Und in dieser Lage *Freischütz, Troubadour, Aida, Carmen, La Bohème*? Es ist merkwürdig: In einer Zeit, in der fortschrittliche Geister auf Destruktion als Mittel zur Aufklärung schwören und die Welt der Gegenstände hinter Abstraktionen und virtuellen Projektionen verschwindet, gibt es immer noch eine große Anzahl von Menschen, die in Ausstellungen und Museen Malereien und Bildwerke längst vergangener, entschwundener Zeiten zu besichtigen wünschen, deren Inhalte und damit deren Botschaften sie nicht mehr verstehen, weil ihnen die Bildungsvoraussetzungen zur Rezeption mangeln. Wer weiß heute noch, wer Herkules war und was er mit der Hydra anstellte – geschweige denn, worum es sich bei *Susanna im Bade* handelt oder bei der *Alexanderschlacht*? Aber das Charisma der Bilder umfängt die Beschauer mit der Aura des Außerordentlichen und verlangt ihnen ab, was heute etwas abschätzig »Ehrfurcht« genannt wird. De facto ist Ehrfurcht, wie das Wörterbuch der Brüder Grimm vermerkt, nicht eine Ehre, die Furcht erregt (und quasi Unterwerfung unter die Aura fordert), sondern das Wort kennzeichnet das bewundernde Erkennen von Würde (dignitas) im betrachteten Gegenstand – hier also im Kunstwerk. Der die Zeit überlistende Lebens-Funke des Kunstwerks ist es, der Museen vom Odium der Kultur-Mumienschreine befreit und sie zu dem erhebt, wozu sie eingerichtet werden und eingerichtet wurden: zu Stätten der Begegnung des Menschen mit dem Menschen auf der Bühne des Lebens.

Kunst ist zwar nicht Leben und kann auch nicht Leben ersetzen, wie gelegentlich schwärmerisch vermutet wird, aber sie stellt die Bühne (und das Personal) bereit, auf der vom Leben berichtet wird, als fände es als Gegenwart statt. Leben kann auf dieser Bühne, die die Welt bedeutet, als Reproduktion erlebt und das Erlebte kann als Erfahrung in den eigenen geistigen und seelischen Lebenshaushalt eingebracht werden. Als Abbild einer Welt von gestern und vorgestern oder gar vorvorgestern hat ein Porträt Karls V. (sei es auch von Tizian) ebensowenig »Gegenwartswert«, wie die schäkernden Schäferinnen von Watteau oder Fragonard einen Zeitbezug zum elektronischen Zeitalter herstellen. Allenfalls die maltechnische Meisterschaft erweckt jenseits der Bildinhalte Aufmerksamkeit – aber auch diese nur in dem Maß, in dem die Aura des jeweiligen Bildes den Betrachter anzuziehen vermag. Weder die sozialen noch die politischen Verhältnisse von 1530 oder 1750 gehen den Museumsbesucher von heute als »Wirklichkeit« etwas an; es ist eine andere Wirklichkeit, die hinter dem Firnis des unmittelbaren Zeitbezuges das Gemüt wahlverwandtschaftlich erregt. Der geschichtliche Mensch findet sich im Kunstwerk, befreit von seinen politischen und sozialen Zwängen, als Mensch wieder.

Die Wirklichkeit, die Kunst verbürgt, erlaubt der Spezies Mensch, sich sozusagen selbst zu genießen. Indem sie Mitteilungen macht vom Menschen und seiner Lebenswelt (Landschaft, Natur, Geschichte, Mythos, Liebe und Tod) und diese Mitteilungen des Alltäglichen und damit des Banalen, Trivialen und auch Langweiligen oder gar Widerlichen enthebt, macht sie Leben auf hoher Ebene anschaulich erlebbar. Der Mensch, sofern für solche Botschaften empfänglich, fühlt sich dementsprechend »erhoben«, weil er beim Anschauen, Anhören eines Kunstwerkes spürt, daß in diesem mehr angelegt ist, als im »gewöhnlichen Leben« sichtbar wird. Aristoteles bezog den Begriff der Katharsis zwar nur auf die Tragödie, aber, allgemeiner gefaßt, läßt er sich durchaus

Pandämonium der Begierden und Verdrängungen: Verdis *Macbeth* in der Inszenierung von Harry Kupfer, im Bühnenbild von Hans Schavernoch, in den Kostümen von Reinhard Heinrich. Bayerische Staatsoper 1996

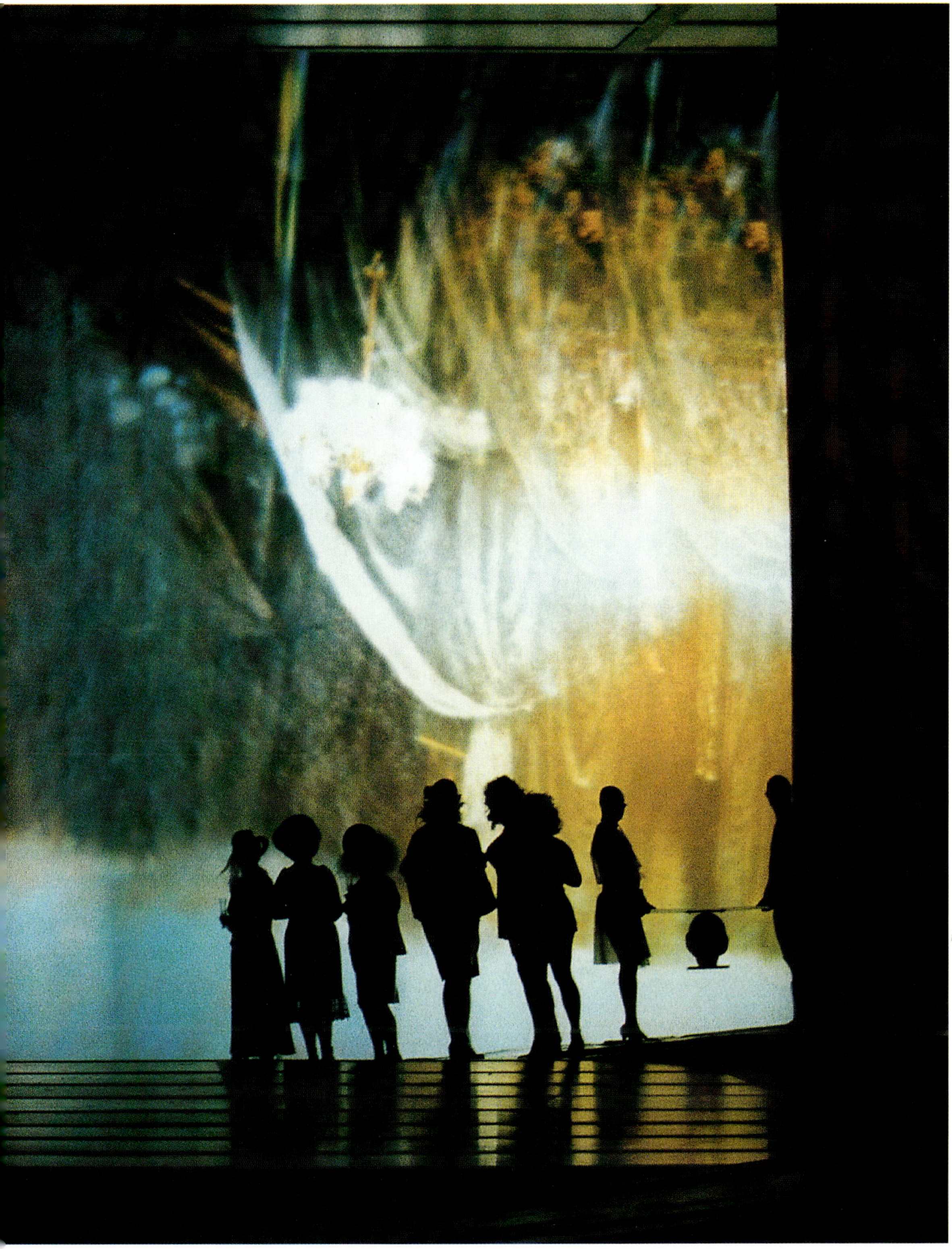

Venus und Adonis, Primadonna und Tenor im Spannungsfeld persönlicher Beziehungen und mythischer Spiegelungen. Nadine Secunde und Chris Merritt in Hans Werner Henzes Oper, uraufgeführt im Nationaltheater am 11. Januar 1997

auch auf jede Kunsterfahrung, jedes Kunsterlebnis anwenden. Indem der Mensch (das gilt für den Früh- und Spätmenschen, wenn auch auf verschiedenen Entwicklungsstufen, gleichermaßen) in den Dialog mit dem Kunstwerk eintritt, wird er ein anderer Mensch. Er »reinigt« (im Sinne des Aristoteles) seine Gefühle und seine Gedanken und gewinnt dadurch, sehr einfach ausgedrückt, Lebensmut. Das heißt: das Vergnügen selbst an »tragischen Gegenständen« (Schiller) ist lebenssteigernd. Nur ästhetisch, sagt Nietzsche, sei der »Ekelgedanke über das Dasein« überhaupt zu ertragen.

Von Nietzsche stammt auch das oft mißverstandene Wort, daß Kunst Lüge sei – Lüge nicht im primitiven Wortsinn, sondern als Schein des Wirklichen, den die Menschen der Welt verleihen, um sie für sich erträglich zu machen. Kein Tier, so sehr es auch der »unfühlenden Natur« (Goethe) ausgesetzt, ihr ausgeliefert ist, bedarf einer solchen Lebenslüge, um Freude am Dasein zu gewinnen und den schrecklichen Verhältnissen lebenswerte Aspekte abzutrotzen. Der Lebens-Optimismus gehört sozusagen zu den genetischen Existenz-Grundlagen alles Lebendigen. Wer lebt, muß mehr vom Leben wollen, um leben zu können, schreibt Karl Popper. Nur der Mensch, der »Freigelassene« der Schöpfung, muß, als Preis der Erkenntnis, mit der Einsicht in die Schrecknisse des Daseins ebenso bezahlen wie mit der Erfahrung, daß Bruder Kain ein potentieller Mörder sei.

Was aber hat das alles mit der Oper und ihrer Überlieferungs-Zähigkeit zu tun? Auf den ersten Blick wenig, auf den zweiten viel. Die Musik sei, so vermutet Shakespeare (*Was ihr wollt*), »der Liebe Nahrung«. Der Mensch, der nach Tönen verlangt, ist in der Tat in »gehobener Stimmung« – und der sie hervorbringt, auch. Mit gebrochener Stimme läßt sich weder singen noch geigen, weder flöten noch harfen. Musik braucht Lebenskraft, um hervorgebracht zu werden, physische und psychische. Auch der Schmerz, soll er sich in Musik artikulieren, bedarf der überlegenen, erhobenen Gestalt, um andere Menschen zu ergreifen. Nur der »gestaltete« Schrei erreicht über den unmittelbaren Schrecken und Schock hinaus, den er als Reaktion auslöst, bleibende Wirkung durch seine »Unnatürlichkeit«, durch seine harmonische oder dissonante Künstlichkeit. Er prägt sich dem Bewußtsein ein. Der Liebe Nahrung: Eros (auch der Eros des Schmerzes, der Trauer und des Todes) versetzt in Erregung. Er kann den Menschen »außer sich« bringen, ihn seiner Umwelt auf Zeit entfremden, ihn verzaubern, fesseln oder betören. Im Eros sublimieren sich die Höhepunkte des Daseins. Die Freude am Leben (nochmals sei es gesagt: auch am tragischen Leben) triumphiert.

> »In dem wogenden Schwall,
> in dem tönenden Schall,
> in des Welt-Atems
> wehendem All –
> ertrinken,
> versinken –
> unbewußt –
> höchste Lust!«

Das sind Isoldes letzte, mit bewegender Intensität gesungene Worte in Richard Wagners *Tristan*, dieser erotischen Oper par excellence. Sie handelt von nichts anderem als von dieser alles versehrenden, alles verzehrenden Lebens-Lust des Eros, in dessen Orgasmus Leben und Tod sich synergetisch verbinden zum »einigen, glühenden Leben« – wie es am Ende des *Hyperion* von Hölderlin heißt.

Die Geburt der Tragödie aus dem Geiste der Musik: Diese Schrift Nietzsches entstand 1871 unter dem Einfluß Wagners, insbesondere aber unter dem Eindruck von *Tristan und Isolde*. Darin macht der junge Philosoph nicht nur die Tragödie, sondern auch die Oper auf ihre Ursprünge aufmerksam – auf Ursprünge, die vor dem Wort-Drama der Tragödie im Dithyrambus des Dionysos-Kultes zu suchen und zu finden seien. Aus der erotischen »Urlust des Werdens« wird das Bedürfnis der frühen Hellenen erklärt, sich in Tanz, Gesang und musikalischer Akzentuierung eines Lebensgefühls zu versichern, das sich über die Trivialität der Notdurft erhebt und eine Annäherung an göttliche Sphären eröffnet.

Schon dieser karge Hinweis auf den dithyrambischen Ursprungscharakter der musiktheatralischen Geschichte läßt vermuten, daß das Moment der seelisch-sinnlichen Erregung eine elementare Voraussetzung der Opern-Wirkung sei. Sie muß – im übergeordneten Sinn – erotische Gefühle erzeugen, zum Beispiel durch Rhythmus, Melodie und wechselnde Tempi, um den Zuhörer bei Laune und damit bei der Sache zu halten.

Der Text, von dem die Musik ihre dramaturgischen Anweisungen zur Handlung und zu den handelnden Personen empfängt, ist zwar nicht gleichgültig, aber er entscheidet nicht über den Rang des Kunstwerks Oper. Selbst ein *Troubadour*-Libretto kann und konnte die Komposition Verdis bis auf den heutigen Tag nicht umbringen, obwohl der unbefangene Opernbesucher aus dem Text-Durcheinander nur schwer einen Handlungsfaden herausdröseln kann. Die Musik jedoch durchglüht die dramaturgischen Ungeschicklichkeiten und schweißt das Uneinheitliche zu einer mitreißenden Theater-

Einheit zusammen. Zu diesem Thema ein Einwurf von Mozart. Am 13. Oktober 1783 schreibt er aus Wien an seinen Vater: »[…] bei einer Opera muß schlechterdings die Poesie der Musik gehorsame Tochter sein. Warum gefallen die welschen Opern überall? Mit allem Elend, was das Buch anbelangt? Sogar in Paris, wovon ich selbst ein Zeuge war? Weil da ganz die Musik herrscht und man darüber alles vergißt.« Freilich, so heißt es ein paar Zeilen später in dem gleichen Brief, »da ist es am besten, wenn ein guter Komponist, der das Theater versteht und selbst etwas anzugeben imstande ist, und ein gescheiter Poet als ein wahrer Phoenix zusammenkommen […]« Gottlob sind diese Fälle gar nicht so selten, wie eine nur oberflächliche Betrachtung der Operngeschichte vielleicht vermuten lassen könnte. Aber selbst ein so vortreffliches Libretto-Meisterwerk wie der *Rosenkavalier* entbehrt einer poetischen Dimension, wenn es ohne Musik (was gelegentlich geschieht) aufgeführt wird. Die Aura der Komposition verleiht dem Text, trotz dessen dichterischer Qualität, erst sinnliche Fülle und damit »betörenden« Zauber.

Die Oper ist, ideal gesehen, die höchste aller Kunstformen. Sie vereinigt auf der Bühne und im Orchestergraben alle Künste zu einem Gesamtkunstwerk – und zwar nicht erst seit Wagner, sondern seit den Tagen, in denen sie, in der ersten Hälfte des 17. Jahrhunderts, in historische Erscheinung trat. Im Zusammenwirken von Musik, Tanz, Gesang (Wort) und Dekoration (Architektur und Malerei) erzielte die Oper ihre ersten Triumphe auf den Bühnen der barocken Adelswelt. Die aristokratische Gesellschaft, die das kulturelle Klima jener Epoche (zusammen mit der Kirche) maßgeblich bestimmte und (das darf bei aller Gesellschaftskritik nicht vergessen werden) schöpferisch herausforderte, genoß, indem sie das neue Medium Oper goutierte, sich selbst in allen möglichen, nicht zuletzt aber antikischen Verkleidungen. Das Zeitalter, das sich fortschreitend selbst als Bühne des Welttheaters begriff (auch die Kirchenbauten schufen Szenarien für ein Theatrum coeli), fand im Gesamtkunstwerk Oper seine adäquate Entsprechung: Die artifizielle Überwindung der Realität durch Projektion stilisierter, späterhin zur bloßen Rolle erstarrter Charakter- und Seelenbilder als barocke Lebens-Dekoration.

Dennoch: Die Oper ging nicht an ihrem artifiziellen Manierismus und an ihrer dekorativen Erstarrung zugrunde mit dem Zeitalter, dem sie entstammte. Ihr gesamtkünstlerischer Reiz und die musikdramatischen Leidenschaften, die er zu entfachen imstande war, erwiesen und erweisen sich stärker als der Zeitgeist einer Epoche. Mehrfach im Lauf der Jahrhunderte geriet die Oper in Stilkrisen, denen sie jeweils wie Phoenix aus der Asche entstieg, kraft ihres überzeitlichen Energie-Potentials.

Im Grunde gibt es ja nichts Widersinnigeres als den singenden Menschen. Er kommt im wirklichen Leben nicht vor. Menschen, die sich singend miteinander verständigen wollten, machten sich lächerlich. Sie demonstrierten die Unnatur in Person. Aber gerade die Unnatur des singenden Menschen ist umgekehrt dessen Bühnenstärke. Sie zwingt den Opernhelden zu stilisierter Leidenschaftlichkeit und zu einer ausdrucksintensiven Präsenz, wie sie das Sprechtheater nur in großen Ausnahmefällen zu erreichen vermag. Das heißt: Das Kunst-Werk OPER entfernt sich durch die musikalische Intensivierung am weitesten von der Realität und erreicht paradoxer-

Elena Filipova und Paolo Gavanelli als Ehepaar Macbeth

weise gerade dadurch Lebensnähe, ja: Lebenswärme.

Und diese gleichsam musikalisch aufgeheizte und zu strenger Form verdichtete Lebenswärme, Lebensnähe ist das Ingredienz der Opernwirkung über die Zeiten hinweg. Ob *Figaro* oder *Rosenkavalier*, ob *Freischütz* oder *Carmen*, ob *Elektra* oder *Lear* – es sind die menschlichen Seelenverhältnisse, die uns beim Anhören dieser Opern interessieren und deren Nach-Erleben uns aufregt. Wir »genießen« (frei nach Schiller) im Spiel den Ernst des Daseins in Komik und Tragik gleichermaßen – und dieser Genuß macht glücklich.

Ist die Oper noch zu retten? Das ist hier in der Tat die Frage. Eigentlich, wie schon angedeutet, müßte diese Frage lauten: Ist das Publikum noch zu retten, das Opern (und damit die Unnatur des »singenden Menschen«) in welcher stilistisch sich verwandelnden Form auch immer akzeptiert und rezipiert? Denn die Oper wird angesichts ihrer erotischen Lebens- und Überlebenskraft kaum an sich selbst zugrunde gehen – und zwar auch dann nicht, wenn die Opernhäuser, die mit ihr prunkten, in die Luft gesprengt würden. Sogar als Open-air-Spektakel bewahrt sie noch ihren eigenartigen Zauber, ebenso wie sie ihn auf den Behelfsbühnen der unmittelbaren Nachkriegszeit bewahrte. Aber immerhin: Es droht die Möglichkeit, daß die Menschen des elektronischen Medienzeitalters ihre »höher gestimmten« Rezeptoren einbüßen für die musikalischen Botschaften der Oper und ihres Eros – so, wie der Eros selbst in der banalen Sexualität zu ersticken droht. Dann allerdings helfen diesem menschlichen Kunststück Oper keine Reformen mehr auf die Bretter, die die Welt bedeuten. Jedoch, Freunde, nicht diese Töne…

Noch erfreut sich die Oper alten Stils neben dem modernen Musiktheater allen Unkenrufen, aber auch allen Desillusions- und Destruktions-Versuchen zum Trotz einer robusten Kunst-Gesundheit. »Vier Stunden Getöse um einen reizenden Scherz« hatte Thomas Mann den *Rosenkavalier* genannt. Wie dem *Rosenkavalier* ergeht es so mancher geschmähten Oper: Sie lebt – und zwar nicht, weil sie als Antiquität gepäppelt wird, sondern weil sie über Jahrhunderte hinweg jenseits aller politischen, sozialen und auch kulturellen Kalamitäten jenen Genuß garantiert, von dem Nietzsche sagte, daß er allein das Leben rechtfertige – den ästhetischen.

Elmar Fulda

Musiktheater in der Sinnkrise?

Plädoyer für eine unmögliche Kunstform

Finanzielle Engpässe aller staatlichen und kommunalen Geldgeber haben viele auf Subventionen angewiesene Bereiche ins Gerede gebracht. Kürzungen sind an der Tagesordnung. Lebenswichtige Einrichtungen sind davon ebenso betroffen wie scheinbar entbehrliche. Daß die Künste zum gesellschaftlichen Leben insgesamt dazugehören, wird in einschlägigen Diskussionen nie verschwiegen. Oft aber gleichen derartige Aussagen reinen Lippenbekenntnissen und werden somit wertlos. Musiktheater ist teuer, oft sogar sehr teuer. Ist es zu teuer? Tritt zur Finanzierungskrise womöglich die Gefahr einer Sinnentleerung, der zu begegnen wäre? Ein junger Opernregisseur stellt seine Überlegungen dazu an.

Geld, genauer: dessen Verknappung, spielt, wenn heute über Theater diskutiert wird, die zentrale Rolle. Dabei ist Deutschland über Nacht kein armes Land geworden. Den zuständigen Politikern scheinen nicht die Finanzmittel abhanden gekommen zu sein, sondern das Wissen, warum man so viel davon für die Oper ausgeben soll. Dem Musiktheater erwächst daraus ein Legitimationsproblem: Für wen spielt es eigentlich und vor allem weshalb? Es hätte versagt, wenn keiner die Antworten darauf wüßte. Die Finanzkrise des Theaters wäre dann seine Sinnkrise.

Warum gehen Menschen in die Oper? Die Antwort scheint banal: um in der aufgewendeten Zeit etwas zu erleben, was sie woanders nicht erleben können. Was aber ist das spezifische Erlebnis im Musiktheater? Wenn man einen Kinofilm ansehen, in die Oper gehen oder ein Museum besuchen kann, weshalb entscheidet man sich für das eine oder das andere? Immer wird man Kurzweil erwarten, nicht alltägliche Reize für Auge und Ohr, Verstand und Gefühl suchen.

Ins Kino gehe ich in der Regel, um einen neuen Film zu sehen – ich erwarte eine Novität –, seltener, um einen alten Film wiederzusehen. Im Museum suche ich ein stilleres Vergnügen: Ich lerne die Meisterwerke der Zeiten kennen, begegne Altem und Gegenwärtigem, denn neben der klassischen Pinakothek hat sich das Museum der modernen Kunst längst etabliert.

Wie ist es in der Oper? Dort sehe ich an den meisten Abenden in fast allen Opernhäusern die gleichen wenigen Werke aus der Vergangenheit. Aus dem früheren Theaterepochen selbstverständlichen Neu-Sehen in Gegenwart und Zukunft ist bei uns ein Immer-wieder-Sehen der Vergangenheit geworden. Weil die Handlung mindestens in groben Zügen bekannt ist, erwarte ich die

Hans-Jürgen von Bose: *Schlachthof 5*, Uraufführung zur Eröffnung der Münchner Opern-Festspiele 1996. Simultanszene zweier Zeitebenen in der Inszenierung von Eike Gramss (Bühne und Kostüme: Gottfried Pilz)

Neuigkeit nicht vom aufgeführten Werk, sondern von seiner Interpretation, also seiner Vergegenwärtigung: Was erzählen uns Heutigen die in Kunst umgegossenen Erfahrungen der Alten? Schlimmer noch: Die Aufmachung mutiert vom Bedeutungsträger zum selbst Bedeutsamen, wenn immer weniger Werke immer häufiger neuinszeniert werden. Die Verpackungskunst regiert.

Häufig führt Nostalgie, um ein früheres Gefühlserlebnis zurückzuholen, in die Oper – oder das zirzensische Interesse an einem berühmten Stimmbandakrobaten. Dabei soll keiner der genannten Gründe, eine Opernaufführung zu besuchen, verworfen oder verurteilt werden. Es geht um die Tendenz. Rückblick statt Einblick, Vergangenheit statt Gegenwart bestimmt das Bild der Oper heute.

Was unterscheidet Kino, Oper und Museum?

Im Museum habe ich die Freiheit, herumzuwandeln, zu verweilen, noch einmal zurückzugehen. Ich selbst bestimme die Zeit, lege Nähe oder Ferne zum Ausstellungsstück fest. In der Oper dagegen kaufe ich mit der Eintrittskarte traditionellerweise einen festen Platz, der die Relation zum Seh- und Hörgeschehen bestimmt. Ich sitze in einer Gemeinschaft, erlebe mit anderen einen vorgegebenen Zeitablauf, der aber offen ist für die Kommunikation über die Rampe hinweg. Sänger und Dirigent können auf die Stimmung des Augenblicks in Tempo und Ausdruck antworten. Dieser Augenblick ist einmalig und unwiederholbar. Jeden Abend und jeden Moment erlebt der Zuschauer das Entstehen und, sobald der letzte Vorhang gefallen ist, das Vergehen des Kunstwerks Oper, das nur in seiner Erinnerung fortbesteht. Mehr noch: Erst wenn der Zuschauer in den magischen Kreis des Theaters tritt, einstimmt in die Übereinkunft zwischen Darsteller und Publikum, daß Illusion Leben vergegenwärtigen kann, gelingt dieses Kunstwerk. Ungehört und ungesehen existiert die darstellende Kunst nicht. Tonträger und Video können den einmaligen Augenblick dokumentieren, aber nicht festhalten. Grundsätzlich gilt: Theater ohne Publikum ist kein Theater.

Das Kino hingegen ist die Verwirklichung des Traums von der vollkommenen Reproduzierbarkeit eines Kunstwerks. Treten keine technischen Pannen auf, läuft der Film jedes Mal genauso ab, wie ihn der Regisseur gestaltet hat. Eine Aktivität des Publikums ist vielleicht ein Faktor bei der Herstellung des Films, für die Entstehung des Kunstwerks Kino in der Vorführung bleibt das irrelevant. Die Kamera gibt die Perspektive vor. Für den Zuschauer gibt es nicht die freie Wahl des Stand- oder Blickpunkts. Kino will, kann nur überwältigen, wegreißen. Man muß sich öffnen für die Flut der Sinneseindrücke, die man nicht beeinflussen kann.

Identifikation mit der Bühne und Vereinnahmung des Zuschauers waren auch immer das Ziel und eine – aber nicht die einzig denkbare – Wirkungsmöglichkeit des Musiktheaters. »Unbewußt, höchste Lust« meint nicht nur den paradiesischen Zustand der Entgrenzung und Entindividualisierung des Menschen in Richard Wagners *Tristan und Isolde*. Die Worte können auch als Programm für Wagners und das von ihm beeinflußte Musiktheater des späten 19. und frühen 20. Jahrhunderts dienen. Und sie beschreiben letztlich die Wirkung von Musik überhaupt. Musik ist zugleich direkter, unmittelbarer in der Wirkung und im Inhalt unfaßbarer als das Bild. Sie löst im Zuhörer Emotionen aus, die sich in ihrer Ausdifferenzierung – im Gegensatz zur Beschreibung optischer Eindrücke – kaum verbalisieren lassen.

Musik, die Sprache der Oper, spielt auch im Film eine wichtige Rolle. Viele Komponisten dieses Jahrhunderts arbeiteten für die Oper wie für das neue Medium Film. Und das Kino als Vergnügen der Massen wird oft als Nachfolger der Oper im 20. Jahrhundert gesehen. Doch unterscheidet sich die Funktion von Musik in beiden Kunstformen. Im Film wird die Musik vom laufenden Bild gesteuert, soll es unterstützen und verstärken – und bleibt so letztlich Teil der Tonkulisse. In der Oper schafft die Musik nicht nur den Klangraum, in dem die Geschichte erzählt wird, sie erzählt vielmehr selbst, ist die eigentliche Handlung. Und paradoxerweise trägt gerade die Musik, also das scheinbar Unkonkrete, im Musiktheater am stärksten zur Verdichtung der Illusion bei. Ihre Abstraktion wirkt wahrhaftiger, überzeugender als die Realitätsabbildung in Bühnenbild und Kostüm.

Die Besonderheit – und mögliche Faszination – des Musiktheaters gegenüber anderen Medien wächst gerade heute aus seiner Kommunikationssituation. Seine Einmaligkeit und Augenblicklichkeit ermöglichen nicht nur die Aktivität und Mitwirkung des Publikums, sondern fordern sie als Grundbedingung. Alles passiert, was das Fernsehen immer nur behauptet, tatsächlich »live«, um in dessen Jargon zu sprechen. Deshalb bildet das Theater Gemeinschaft im Unterschied zur Vereinsamung vor der Fernsehröhre.

Bisher war das Fernsehen der Endpunkt der historischen Entwicklung eines zunehmenden Rückzugs ins Private: Das Portal des Theaterguckkastens schnurrte über die Leinwandbreite auf Bildschirmformat im häuslichen Wohnzimmer zusammen. Das neue digitale Fernsehen verheißt neuerdings die weitere Individualisierung durch die Möglichkeit, die Kameraposition selbst zu wählen, und wird so gänzlich die gesamtgesellschaftliche Perspektive, einen gemeinsamen Erlebnis- und Meinungsnenner aufsplittern.

Gleichzeitig – und als Gegenbewegung – wächst, wie am Beispiel voller Fußballstadien zu beobachten ist, das Bedürfnis nach Massen- und Gemeinschaftserlebnis. Fußball oder auch das Kino, jahrelang tot geglaubt, haben ihr Publikum wiedergefunden.

Eine Variante des Musiktheaters, das Musical, boomt. Freilich gleicht das heutige Musical einem aufgeführten Kinofilm: Das Bild, die Szene ist die Attraktion, während die Musik als Klangkulisse untermalt und nur wenige Ohrwürmer hängenbleiben.

Die besondere Kommunikationssituation des Miteinanders im Musiktheater wurde in seinen Bauten – schon allein aus akustischen Gründen – meist zum Gegenüber von Bühne und Zuschauer vereinfacht. Im experimentellen Musiktheater unseres Jahrhunderts hat man daher versucht, dem Zuschauer auch räumlich größere Aktivität zuzugestehen, indem er aus dem Dunkel vor dem Guckkasten erlöst wurde, wandern und andere Blickpositionen einnehmen konnte. Die Bühne rückte in die Mitte, wurde Raumbühne; die Grenzen zwischen Theater und bildender Kunst, zwischen Aufführung und Installation, Performance verschwammen. Ein direkter Kontakt zwischen Szene und Publikum, neue Klangwirkungen wurden möglich.

Nicht daß das alte Guckkastentheater ausgedient hätte: Noch immer funktioniert es

Raumszene ohne Bühnenkasten. *Datum: Neunter November* 1993 im Haus der Kunst, mit dem Madrigalensemble München. Konzeption und Regie im »Blauen Feld« von Alexander Winn: Cornel Franz

mit seinem Zuschauerraum, der sich nicht verändert, für die meisten Werke wie eine Startrampe aus dem Wohlvertrauten ins Unbekannte und Phantastische. Das Licht geht aus, die Reise beginnt. Doch wäre ein Pendant zum Schauspiel im Haus der neuen Schaubühne in Berlin, das sich die Möglichkeit erhalten hat, Bühne und Publikum frei im Raum zu positionieren, auch für das Musiktheater zu wünschen: Ein Theaterbau, in dem ich heute eine Wagner-Oper spielen, morgen ein Werk von Stockhausen und übermorgen ein Stück aus der Tradition barocker Hoffeste aufführen und dafür jeweils eine andere Raumkonstellation einrichten kann.

Mir scheint insgesamt weniger die Gattung Musiktheater als die Erscheinungsform der bürgerlichen Oper, also das Modell Stadttheater, in eine Krise geraten zu sein. Denn es ist sicher kein Zufall, daß gerade in jener Stadt am meisten von Krise gesprochen wird, die keine höfische (Theater-)Tradition aufweist, sondern stets stolz war auf ihre bürgerliche Herkunft als Platz des Handels, der Banken, der Geschäfte: Frankfurt am Main.

In eine Krise geraten ist nicht die Produktionsstätte Stadttheater, die durch moderne Betriebsführung vielerorts sehr effektiv, schlank, wie es heute heißt, arbeitet. In eine Krise geraten ist sie vielmehr als Ort, an dem sich der Bürger dem Guten, Wahren und Schönen hingab, wie in den Widmungssprüchen so vieler Stadttheater beschworen wurde, und so Anteil gewann an der zuvor nur dem Adel zugänglichen Welt des Geistes.

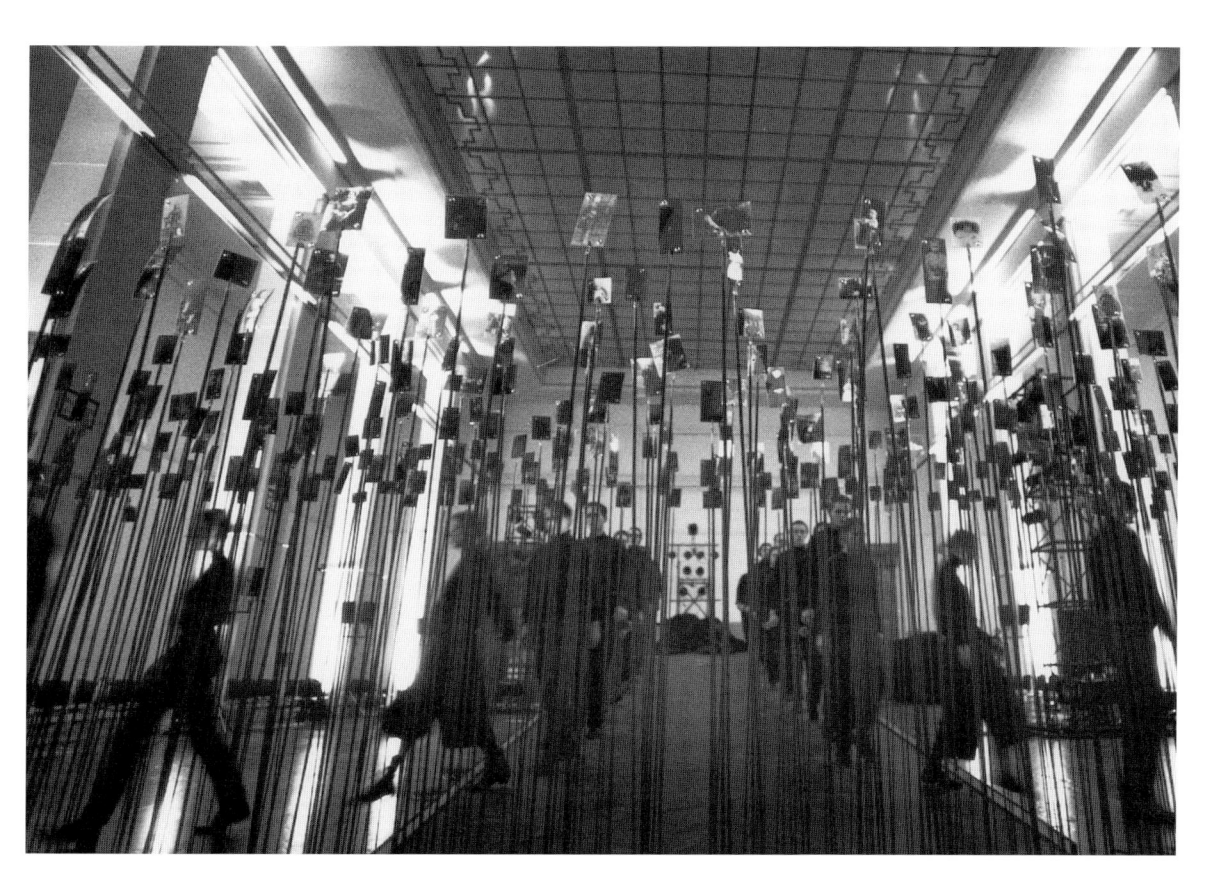

Ein Theater war einmal der Stolz jeder Stadt: steingewordener Ausdruck bürgerlichen Selbstbewußtseins. Man war Abonnent, und man wurde durch den Theaterbesuch Teil der kulturell und stadtpolitisch maßgeblichen Kreise. So diente noch das Theater Marke Wirtschaftswunder und Wir-sind-wieder-Wer der städtischen und bürgerlichen Selbstvergewisserung.

Deutschland leistete sich – als Republik der Angestellten und Bürger – Kunst als Tummelplatz für jene Gefühle, die in der Enge des Alltags keinen Platz hatten oder in ihrer Unbedingtheit nicht dem gesellschaftlichen Kodex von Bescheidenheit und Wohlverhalten entsprachen. Das Theater ermöglichte das Abenteuer einer wundersamen Reise in fremde und doch so vertraute Regionen von Erleben und Empfinden, die schrecklich-schöne Geisterbahnfahrt durch Höhen und Tiefen des eigenen Ich.

Die Theaterkämpfe und Skandale der letzten Jahrzehnte bestätigten letztlich das Stadttheater. Denn nur das, was man liebt, lohnt – je nach Standpunkt – die Verteidigung gegen den neuen Schmutz oder die alte Verkrustung.

Die Welt außerhalb des Theaters hat sich verändert und dem Stadttheater seine Basis entzogen. Der Bürger definierte sich über das, was er leistet. Um Descartes zu paraphrasieren: Ich arbeite, also bin ich. Im Gegensatz zum Adel, der behauptet, immer (dagewesen) zu sein.

Heute findet selbst wer arbeiten will keine Arbeit, wodurch dieses bürgerliche Selbstverständnis fragwürdig geworden ist. Auf staatlicher Ebene haben wir einen totalen

Dreimal Billy Pilgrim in verschiedenen Lebensaltern. Szene aus *Schlachthof 5* mit den grünen Tralfamadorianern auf dem Fluggestell

Paradigmenwechsel erlebt, als die DDR zusammenbrach.

Ein geschlossenes und einheitliches – bürgerliches – Weltbild gibt es in unserem Zeitalter des zur Beliebigkeit verkommenen Pluralismus nicht. Die oder eine Kunst stiftet keine Basis gemeinschaftlicher Identität mehr, auf die sich das Theater berufen könnte. Heute zerfällt das kollektive Bewußtsein in die Vielzahl der Perspektiven des kakophonischen Medienzeitalters. Das Stadttheater als Versammlungsstätte und Ort kultureller Selbstvergewisserung einer ganzen Stadt hat ausgedient. Das eine Publikum, das von der Wiege bis zur Bahre sein Stadttheater besucht, gibt es nicht mehr, sondern das Theater muß sich sein Publikum für jede Aufführung neu – und in Konkurrenz zu anderen Medien und Freizeitangeboten – suchen.

Dramatisch erleben die Theater in der ehemaligen DDR diesen Umbruch. Sie sehen sich plötzlich aus dem Mittelpunkt des gesellschaftlichen Interesses in die Existenznot leerer Häuser gestoßen. Ermöglichten sie doch vorher in ihrer Arbeit eine mehr oder minder offene politische Opposition.

Dem Abonnement sterben die Abonnenten weg, und damit zerbricht die finanzielle Grundlage des Modells Stadttheater. Das Abonnement war die Rückversicherung des Theaters in der immerwährenden Ungewißheit über künstlerisches Gelingen und finanziellen Erfolg einer neuen Aufführung. Es enthob das Theater dem Zwang, für jede Vorstellung um ein spezifisch interessiertes Publikum zu werben. Deshalb ist heute das Schielen nach dem sogenannten Abonnentengeschmack gefährlich, weil dabei ganze Gesellschaftsgruppen und damit mögliches Publikum aus dem Blickfeld geraten. Und es dient gerne als Totschlagargument gegen jedes Risiko – von dem aber Kunst lebt. Das Verhältnis des Publikums zum Theater kann sich nicht über Anrechte, sondern nur über Inhalte definieren.

»Heute geh ich in die Oper« – die Sprache ist verräterisch. Denn diese Redeweise stellt nicht die Auseinandersetzung mit dem Kunstwerk und der darin eingeschmolzenen Weltsicht in den Vordergrund, sondern den Umstand, daß man einen Ort aufsucht, der ein Bedürfnis unabhängig vom jeweils Dargebotenen befriedigt.

Kein Gutachten einer Unternehmungsberatungsfirma wird Wege aus dieser Krise aufzeigen können, weil die Probleme selten im Betriebsablauf, vielmehr im Verhältnis Theater und Gesellschaft liegen.

Oper ist heute überwiegend ein Ort zum Wiedersehen von alten, bekannten und liebgewonnenen Werken. Die Lust auf das Neue, das Unbekannte scheint verloren. Umgekehrt mißtraut das Theater seinem Publikum und ist überrascht, wenn sich eine Uraufführung zum Renner entwickelt.

Gibt es einen Ausweg, um von der Diskussion der Verpackung zum Gespräch über die erzählten Inhalte zurückzukehren?

Im rheinischen Museum Insel Hombroich hat man die Namensschilder von den ausgestellten Bildern und Kunstobjekten abmontiert. Die erste Reaktion ist Irritation. Wenn ich nicht mehr weiß, daß diese Skulptur aus Schrotteilen von einem Künstler namens Picasso stammt, mir also die öffentlich anerkannte Auszeichnung als bedeutend und wertvoll fehlt, bin ich gezwungen, genauer hinzusehen, eigene Ansichten zu formulieren. Das ist anstrengend, vielleicht unangenehm, vor allem, wenn am Ende des Museumsbesuchs der Kunstkenner, der mich begleitet hat, mein Lieblingsbild mit wegwerfender Geste, jeder Dilettant erkenne doch, daß dies Schund sei, deklassiert. Dann gilt es, zur eigenen Beobachtung zu stehen. Denn vielleicht brachte mich gerade dieser Schund auf Gedanken, Gefühle.

Übertragen auf das Musiktheater bedeutet das: Wir brauchen eine neue Kultur des Zuhörens und Zusehens. Wir – Publikum wie Theaterleute – müssen Vertrauen gewinnen, selbst zu sehen, selbst zu hören und daraus unsere eigenen Urteile und Meinungen zu bilden.

Ich lese die Programmhefte zu meinen Inszenierungen vorher genau, da viele Zuschauer und auch zusehende Kritiker dem (Vor-)Geschriebenen mehr trauen als der eigenen Beobachtung. Wenn die Butterfly laut Inhaltsangabe ein grünes Kleid, auf der Bühne aber ein blaues trägt, so wird ein Teil des Publikums sagen, das blaue Kleid sei falsch oder unpassend. Ein anderer Teil wird auf Nachfrage behaupten, Butterfly sei in einem grünen Kleid gestorben. Dabei stirbt sie bei genauem Hinsehen gar nicht, sondern wickelt sich in ein rotes Tuch und bleibt einfach stehen – so zu sehen in meiner Bremer Inszenierung des Werkes. Ein Mann schreit ihren Namen, aber er erreicht sie nicht. Ich wollte die Bedeutung von Tod zeigen: als End- und Grenzerfahrung für den Zurückbleibenden, als Hoffnung des Zu-sich-selbst-Findens für den Sterbenden. Leider beschrieb kein Kritiker, wie ich es mir gewünscht hätte, diesen Moment von Denk-Mal.

Vielleicht müßte es im Musiktheater mehr Aufführungen geben, von denen wir, bevor die ersten Töne erklingen und sich der Vorhang öffnet, nicht wissen, was gespielt werden wird. Dadurch ließe sich die Neugier auf das Unbekannte, Überraschende wieder üben, das die Oper bei Uraufführungen und an Premierenabenden noch kennt, das ihr sonst aber abhanden gekommen ist.

Ziel eines neuen Musiktheaters muß sein – und darin liegt die Chance für diese Kunstform gerade in kleineren Städten –, daß das Theater für ein heutiges Publikum von dieser Welt und ihren Erfahrungen in ihr berichtet, und sei es dadurch, daß es diese Geschichten neu erfindet oder in den überlieferten Werken entdeckt und diese dadurch zu neuem, heutigem Leben erweckt. Ziel kann nicht sein, die allgemein und immerwährend gültige Deutung für ein Werk zu finden, sondern die Bedeutung dieses Werkes im konkreten Aufführungszusammenhang, mit diesen Sängern, für dieses Publikum und diese Stadt zu suchen.

Kriterium für die Entscheidung, eine Oper zu spielen, dürfen nicht ihre theatergeschichtliche Bedeutung oder früheren Aufführungserfolge sein, sondern einzig die Frage: Was kann dieses Stück uns heute erzählen. Ich versuche, im Probenprozeß mit allen Beteiligten Antworten zu finden, weshalb wir dem Zuschauer wertvolle Stunden seines Lebens rauben, was wir ihn erleben lassen, ihm mitgeben wollen. Schon das Bewußtsein für die Fragestellung bereichert das Spiel mit Momenten von Leben, die das Publikum als aus der eigenen Erfahrungsrealität entnommen wiedererkennen kann.

Wenn das Theater weiß und sagen kann, weshalb es für wen spielt, dann hat es einen Sinn, daß jede Stadt weiterhin ihr Theater besitzt und ihre eigene musikalische und szenische Interpretation eines Werkes anbietet.

Als armes, also billiges Theater läßt sich Oper kaum realisieren, da für jede Aufführung viel Personal benötigt wird – was Geld kostet. Aber das Musiktheater kann sich auf seine spezifischen Mittel besinnen,

Hans Werner Henze: *Venus und Adonis*. Szene mit den Sänger-Protagonisten Nadine Secunde, Chris Merritt und Ekkehard Wlaschiha (ganz rechts) sowie den Tanzdarstellern Benito Marcelino (Mars) und Barbara Zander (Venus)

deren Wirkung nicht unbedingt eine Geldfrage ist.

In der Geschichte der Malerei gab es mit der Erfindung der Fotografie ein neues Medium, mit dem sich sehr leicht herstellen ließ, woran Maler über Jahrhunderte hart gearbeitet hatten: die täuschend echte Abbildung der Natur. Folglich mußte die Malerei umdenken. Nicht mehr die Nachahmung, sondern die Veränderung von Realität war nun ihre Aufgabe, um dadurch den eigenen Blick, den individuellen Standpunkt im Erleben von Realität deutlich zu machen. Der Weg ging in die Abstraktion.

Ähnliches widerfuhr dem Musiktheater durch Film und später Fernsehen. Der Film vermag eine Illusion hervorzuzaubern, perfekter und täuschender, als es die Bühne je kann. Gleichwohl ist er auch verdammt zu diesem Realismus. Selbst noch in der Phantastik des Science Fiction muß im Film Eisen aus Pappe wie Eisen aussehen, sonst verliert der Film seine Glaubwürdigkeit, wirkt lächerlich, während das Theater seinen Als-ob-Charakter nie verleugnen muß. Die Verwandlung ist Wesensmoment seines Spiels. Mehr noch: Der gezielte Blick hinter die Kulissen, in der Theaterpoetik Bertolt Brechts als Verfremdungseffekt zum Stilmittel erklärt, verstärkt seine Magie. Der rote Papierlampion hat auf der Bühne als Mond mehr Realität als die realistische Plastiknachbildung. Diese Wahrhaftigkeit gewinnt er durch die Aktivität des Zuschauers. Beim Zusehen ergänzt dessen Phantasie, seine Vorstellungskraft, was der Bühnenerscheinung fehlt. Dies kraft der Einbildung Hinzugedachte ist stärker, wahrer als alle Realität. Nur das Theater kann sich diese Phantasiereserven des Zuschauers für die Erfindung der Bilder zunutzemachen, Film und Fernsehen nicht.

Die Oper vermag Dinge gleichzeitig zu erzählen. Jeder Augenblick im Musiktheater vermittelt akustische und optische Eindrücke gleichzeitig. Diese Vielfalt der Gleichzeitigkeit muß eine Inszenierung berücksichtigen. Sie kann so über Bewegung, Kleidung oder Licht die Geschichte und in gleichem Zuge einen Kommentar dazu erzählen. In meiner Kasseler Inszenierung der *Meistersinger* spielt die Aufführungstradition in den Kostümen allein über die Kombination von roter Farbe und Leder und gelber Farbe in Zusammenhang von Stoff mit: Sie reflektieren die Nutzbarmachung des Werkes zu politischer Propaganda, ohne daß ein einziges Hakenkreuz oder ein Davidstern auf der Festwiese auftauchen muß.

Der Ruf nach einer Werktreue, die es nicht geben kann – vielmehr soll meist die Erinnerung an eine Werksicht aus dem unbestimmten Früher-war-alles-Schöner als Aufführungsmaßstab festgeschrieben werden –, dieses Konstrukt von Werktreue würde das Musiktheater seiner Möglichkeit zur Mehrschichtigkeit berauben. Denn Werktreue will Oper zur Einschichtigkeit einer unhistorischen Identität von Musik und Szene verflachen.

Das Musiktheater wird der Gefahr des Musealen nur entgehen und als lebendige Kunstform überleben, wenn es sich seiner spezifischen Bedingungen besinnt: Unmittelbarkeit und Augenblicklichkeit herzustellen, also ganz und nur im Hier und Jetzt, in dieser Sekunde sich exklusiv für und mit den Anwesenden zu ereignen. Das ist die radikale Gegenposition zu unserer medialen Welt von Mittelbarkeit, von Vermittlung (und Mittelmäßigkeit), von der ständigen Verfügbarkeit aller Informationen, aller Erlebnisse in riesigen Datenbanken, wodurch das Einzigartige zur jederzeit abrufbaren Beliebigkeit verkommt.

Dies ist der Sinn von Musiktheater: die artifizielle, theatralische Begegnung des zuschauenden mit dem darstellenden und dargestellten Menschen. Wie kein zweites

Der leere Raum anstelle einer Illusionsbühne: Szene aus Andreas Homokis *Idomeneo*-Inszenierung mit (v.l.) Nigel Robson als Idomeneo, Eliane Coelho als Elettra und Rainer Trost als Idamante

Medium ermöglicht das Musiktheater mit dem Empfinden individueller Emotionen zugleich das Erlebnis des Kollektivs, bietet gleichermaßen die schützende Distanz zum Vorgelebten und die Unmittelbarkeit des Miterlebens, versteht in gleicher Weise, unsere Suche nach Bestätigung und unsere Lust auf Erneuerung, nach Gleichklang und auf Unerhörtes zu stillen.

Die Finanzkrise des Theaters ist die Sinnkrise des Modells Stadttheater. Doch sehe ich in unserer Gesellschaft und Zeit ein Bedürfnis nach dem Erlebnis, das nur Musiktheater bereitet. Deshalb könnte es ein Ausweg aus der Krise sein, den Sinn von Musiktheater im Wort und vor allem durch die Aufführung so deutlich und radikal wie möglich zu formulieren, weil es die Diskussion weg vom Geld auf das lenkt, was es finanzieren soll: das Musiktheater.

Eugenie Bongs-Beer

Thema: Metamorphose

Eine Bilderfolge – 1993 bis 1996

Das Element der Metamorphose durchzieht die Geschichte der Oper in den vierhundert Jahren ihres Bestehens. Wechselnde personale Konstellationen mit seelischen Folgerungen schlagen sich nieder im Variantenreichtum des Formenkanons und der Ausdruckspalette. Die hier abgebildeten Tafelbilder von Eugenie Bongs-Beer reflektieren diesen Umstand in verwandter Weise. Sie sind mit archaisch klaren und einfachen Formelementen gefüllt. Der Rezeptionsvorgang beansprucht für das Klare, nämlich geradlinig Gezogene und nahezu geometrisch Kalkulierte, ungeteilte Aufmerksamkeit. Die Bilder, als Serie disponiert, differieren untereinander scheinbar nur geringfügig nach ihrem formalen Inhalt und nach der Farbigkeit, die diesem Inhalt zugeordnet ist. Dafür fallen frappierend fein gesetzte, durch ihre materiale Beschaffenheit bedingte Differenzierungen auf: Die Künstlerin trägt gemahlene Steinsubstanzen auf die Leinwand und bringt an den Rändern ausfaserndes Gazenetzwerk auf; beide werden zum Farb- und – in Konsequenz – zum Ausdrucksträger.
Diese Bilder ziehen den Betrachter gleichsam in sich hinein. Die kargen, formklaren, zur Monochromie tendierenden Bildertypen erzählen keine Geschichte, verfolgen keine Aussage und sagen doch viel: Sie sind Ausdruck eines unerschrockenen, unbeirrbaren Willens zur Bescheidung. Die Künstlerin auferlegt sich in ihnen das denkbar Schwerste (und heute bis zu einem gewissen Grad Unpopulärste): Sie disponiert ohne sich aufplusternde Emotionalität und mustergültig nüchtern das Element Bild schlechthin (als Modellfall sozusagen, weil schnörkellos, metaphernfrei) und unterwirft es, in serieller Abfolge, einer Schritt für Schritt sich vollziehenden Metamorphose.
Am Ende wird in diesen Bildtafeln, in denen scheinbar nicht viel zu sehen ist, ungeheuer viel sichtbar. Es sind Bilder von angespanntester Unaufgeregtheit – getreu der Forderung des Komponisten Arnold Schönberg, wahre Kunst sei kalt.
Einfachheit ist in dieser Bilderfolge für Eugenie Bongs-Beer zur Richtschnur geworden. Das Vorbild ihres Lehrers Joseph Beuys bleibt unverkennbar. Zwar ist Kunst nicht immer nur da groß, wo sie einfach ist. Aber einfache Kunst hält, wenn sie gelingt, immer erwünschte Überraschungen bereit. Etwa in der Art, wie der Komponist John Cage gesagt hat: »Ich habe nichts zu sagen, und ich sage es.« Eugenie Bongs-Beer hat viel zu sagen, wie Cage übrigens auch, und am meisten dort, wo sie aus klar ablesbaren fundamentalen Form- und Farbverhältnissen bedeutungstragende Spannungszustände zu gewinnen vermag. Das ist eine Herausforderung, der sich der Betrachter als gewachsen erweisen muß.   hpk

Gaze mit
Steinstaub auf
Leinwand,
30 x 40 cm,
1995

Gaze mit
Steinstaub auf
Leinwand,
30 x 40 cm,
1995

Gaze mit
Steinstaub auf
Leinwand,
30 x 40 cm,
1993

Gaze mit
Steinstaub auf
Leinwand,
30 x 40 cm,
1995

Steinstaub
auf Leinwand,
40 x 50 cm,
1996

Gaze mit
Steinstaub und
Wachs auf
Leinwand,
30 x 40 cm,
1995

Camaret I, 1996.
Steinstaub
auf Leinwand,
50 x 70 cm

Celeste, 1996.
Gaze,
Steinstaub auf
Leinwand,
40 x 50 cm

Blaufeld, 1995.
Gaze,
Steinstaub auf
Leinwand,
40 x 50 cm

Wolf Wondratschek

Ich liebte die Oper

Von vergeblicher Berufswahl und weiteren verpaßten Gelegenheiten

Dem Mozartspiel Friedrich Guldas gewidmet

Der Lyriker, Romancier und Gelegenheits-Essayist Wondratschek liebt die Musik und die Oper, und er mystifiziert diese Lieben zu abgeschlossenen Vergangenheits-Ereignissen. So entsteht sein spezielles Verhältnis zum Mythos Oper. Seine Texte haben Komponisten wie Wolfgang Rihm und Detlev Glanert vertont. Auf diese Weise ist er über Stellvertreter sogar als Handelnder in der Musik, die er unvermindert liebt, gegenwärtig. Wie er auch die Oper, die er hört, zum Beispiel im Nationaltheater am Max-Joseph-Platz, nach wie vor liebt.

Von den vielen Dingen, die mir nachgesagt werden, stimmt fast nichts. Das ist weiter nicht schlimm, da ich ja keinesfalls eine bedauernswerte Ausnahme bin. Beim Geschäft dessen, was man »öffentliches Interesse an Personen« nennt, sind wahrheitsferne Übertreibungen, pure Entstellungen, ja ganz und gar gnadenlose Erfindungen an der Tagesordnung. In den Zeitungen, die sie drucken, müssen sie dem Leser als gesicherte biographische Fakten erscheinen. Und die wandern dann (wie in meinem Fall) in die literarischen Nachschlagewerke und verewigen sich dort, wenigstens vorerst.

Das Ganze ist deshalb alles andere als tragisch, wenn auch oft lästig, weil ich selbst, ich gebe es zu, dazu beigetragen habe, die Anekdoten nur so tanzen zu lassen. Mehr als nur gelegentlich habe ich, weiß Gott, kräftig aufgetischt. Zimperlichkeiten kannte ich da keine.

Nicht entfallen ist mir auch der Grund für diese nicht immer vorteilhafte Angewohnheit. Ich langweile mich leicht, das ist so.

Und dann, leider, kriege ich ziemlich schnell ziemlich schlechte Laune. Da hilft dann nur Aufheiterung. Die kann ich, natürlich, kaum erwarten von einem Menschen, der unaufhörlich redend, gleichzeitig aber völlig nichtssagend vor mir sitzt und von mir Auskünfte hören möchte. Um jetzt nicht vor Langeweile und, wie erwähnt, bereits randvoll mit schlechter Laune noch unhöflicher zu werden, als ich es Interviewern gegenüber ohnehin schon bin, erfinde ich zur eigenen Unterhaltung das eine oder andere Detail hinzu, füge es großzügig meinem Leben ein, ändere Jahre oder Jahreszeiten, kümmere mich mit allem, was die Sprache hergibt, um eine überzeugende Beleuchtung, verachte niemals eine verblüffende Wirkung und lasse mich, im Sessel zurücksinkend, sogar über die eine oder andere Schlußfolgerung aus, was das vergnüglich so Dahingesagte betrifft. Glauben Sie nicht, ich fühlte mich aber dabei als Lügner oder auch nur als Angeber. Auch will ich aus mir keinen interessanteren Menschen machen. Ich erfinde, zur eigenen Erheiterung, Erlebnisse, die zu erleben mir nie vergönnt waren, mehr nicht. Mein Bedauern darüber sitzt tief – so tief, daß das Nichtvorhandensein dieser Erlebnisse oft wirklicher war (und ist) als mein Eingeständnis, ich phantasierte. Und das, glauben Sie mir, kann mir schon morgen beim nächsten Interview wieder passieren.

Tatsache aber ist, ich schwöre, daß ich die Oper liebte. Und auch, daß ich Opernsänger werden wollte. Das war Jahre vor meinem Stimmbruch und vor jedem vernünftigen Gedanken, was aus mir werden sollte. (Genau die wünsche ich, immer noch, allesamt zum Teufel, weil sie im Zweifel für Ordnung sorgen.)

Ich dagegen befand mich in heiliger Unordnung damals, verstrickt in Ahnungen von chaotischen Größenordnungen. Bevor ich die Oper liebte, hatte es mir Afrika angetan, vor allem dessen dunkles Herz, die Dschungel. Ich beschloß also, auf einer Postkarte nach Lambarene, adressiert an Dr. Albert Schweitzer, mein Kommen anzukündigen. Danach – und hier markiere ich den Beginn meiner dann heftig einsetzenden Pubertät – gab ich vor versammelter Klasse folgenden Berufswunsch zum besten: ich wolle, behauptete ich, Vorleser werden bei einer blinden, abgelegen auf einem Landschloß wohnhaften, am besten steinreichen Großfürstin. Der kleine Rest meiner hochtrabenden Idee war zwar keinem Opernlibretto entnommen (oder doch?), klang aber nicht weniger erlesen. Ich würde, erklärte ich zur Belustigung meiner gaffenden Mitschüler, den geräumigen Ostflügel ihres Schlosses bewohnen. Mir stünde der Tag und die Nacht zu alleiniger, freier Verfügung (Oh, welche Romane würde ich schreiben!), natürlich desgleichen auch die Bibliothek, die Weinkeller und die Küchen, abgesehen nur von den drei, vier Stunden täglich, die ich, bei Kerzenlicht der Großfürstin gegenübersitzend, aus Werken der Weltliteratur vorlas, bis sie eingeschlafen war. Aus dem West- kehrte ich danach wieder in den Ostflügel zurück.

Ich gehe jetzt die ganze Liste meiner verschiedenen Lebenswünsche nicht weiter durch, sondern beschränke mich auf den Opernsänger, der ich – wie alles übrige – nicht geworden bin. Darf ich hinzufügen, Gott sei Dank nicht?

Und doch! Was die Dichter »Flamme des Lebens« nannten, genau daran wollte ich verbrennen. Die Opern, in denen ich als Kind als Statist aufgetreten bin, waren dafür das ideale Dekor. Musik, Gesang und Spiel erwischten mich frontal, sozusagen mit der Naturgewalt eines Tabus. Ich hörte Unerhörtes und sah Niegesehenes, und ich fühlte distanzlos alle Wucht, die in die Windstille meines kleinen, gerade beginnenden Lebens hereinbrach.

Ich versetze mich für diese Minuten zurück in das von Schüchternheit, Erstaunen und Zittern gequälte Herz eines Jungen, der kurze Hosen trug und gerade die Grundzüge der Trigonometrie zu verstehen sich anschickte. Zurück in die, bei aller Schüchternheit, schon großzügig herbeigesehnten Ekstasen meiner Seele, die wenigstens singen wollte, mitsingen, wenn sie schon nicht schreien durfte. Darf ich andeuten die Qualen der Erniedrigung, wenn ich erwähne, wie mein Vater mir die Haare schnitt, was ich nur mit größtem Verdruß über mich ergehen ließ, während zwei Zentimeter darunter, jenseits der Schädeldecke, Don José gerade mit dem Messer auf Carmen losging? In mir summten die Arien, während ich mich mit ihm unterhielt. Unzählige dieser Demütigungen gab es. Allein das Vorzeigen meiner gewaschenen Hände und ihre eingehende Prüfung – während ich, keineswegs hungrig auf Eßbares, das dampfend vor mir auf dem Tisch stand, Bajazzo vor mir sah, der in diesem Augenblick die seinen betrachtete, seine vor Unglück unruhigen Hände, denn in diesem Moment ist er der ärmste aller Männer, ein von einer Frau, die er liebt, betrogener, verlassener Mann. Und ob mich das mehr interessierte als meine Hände! Die gleichen sinnenschweren Gründe ließen Don José morden. Zur gleichen Zeit aber saß ich inmitten meiner Familie, kaute mein Essen und hatte Auskunft zu geben über einen Besuch beim Zahnarzt. Ich wagte nicht, die Ahnungslosigkeit der Eltern und Geschwister durch heimliche Gedanken anzutasten.

Zerreißproben waren das. Am einen Ende riß die Oper, am anderen der klägliche Rest, den wir Realität nennen. Beim Einschlafen besuchte mich Mimi, und ich bat sie, das Singen sein zu lassen, weil man uns sonst entdecken könnte. Nach dem Einschlafen dann war ich es, der in die Dunkelheit vergoldeter Theater hineinsang, ein berühmter Opernsänger, der beste Don Giovanni rund um den Globus, verheiratet mit einer Großfürstin, wie die Zeitungen schrieben, wohnhaft auf vielen Schlössern, vorzugsweise ein Bariton, der mit seiner weichen, seiner dunklen, seiner insgesamt sowohl in den Höhen wie in den tieferen Lagen gut grundierten Stimme vom Schicksal sang, welchem auch immer, nur jedenfalls nicht von meinem, denn ich hatte ja keins.

Aber dafür hatte ich Glück. Zwei Häuser weiter in meiner Straße wohnte ein Mann, den ich als Pförtner des Staatstheaters Karlsruhe beim ersten Betreten des Opernhauses sofort wiedererkannte. Und bald schon hatte ich ihn so weit, daß es ihm sogar Vergnügen bereitete, mich zu den Feuerwehrleuten in die erste Gasse zu stecken, von wo aus ich den allerbesten Blick auf die Bühne hatte. Immer häufiger also konnte ich Opern zuschauen (tatsächlich schaute ich mehr, als daß ich zuhörte!), in denen Kinder als Statisten nicht benötigt wurden. Ich, von den Flammen des Lebens umzüngelt, neben zwei Feuerwehrleuten, die irgendwelche Hefte lasen – nie wieder war mir weniger kalt, weniger langweilig.

Die Opern, die ich liebte, waren die großen Schmachtfetzen. Da ich damals die freie Zeit nutzte, um Romane zu lesen, erschienen sie mir wie die Geschichten, die ich las, nur eben inszeniert in Musik. Was ich sah, war tönende Malerei. Was ich hörte, Schreie, Flüstern, Seufzer – und, natürlich, strahlende Stimmen. (Und weniger strahlende, versteht sich, wobei es noch sehr lange dauern würde, bis mich gerade die aus der Oper dann vertrieben.) Geredet, Gott sei Dank, wurde nicht. Und die Musik hörte nicht auf. Und nie mehr, redete ich mir ein, begann Banales. Es begannen Geschichten. Und sie endeten noch am gleichen Abend. Mir gefiel das. Ich hatte es auch eilig.

Zum Beispiel herauszufinden, was die Welt im Innersten zusammenhält. Nun ja, wie wir inzwischen wissen, sind es die Leidenschaften, die alles zusammenhalten, diese komplizierte Differenz zwischen den Geschlechtern, diese an Unklarheiten aller Art so satte Sache mit uns Männern und uns Frauen. Aber der kleine Junge, dieses unschuldige Schulkind, das da aus der ersten Gasse hinausstarrte auf die Bühne, war zu dem Zeitpunkt, als er die Oper liebte, viel zu verwirrt, um eine Antwort zu wissen.

Wiewohl er Dinge mitkriegte, die sich wahrlich gewaschen hatten – und nach denen er fortan, versteht sich, auch im wirklichen Leben zu suchen begann. Und das mit einem Eifer, der ihm Fieber bescherte. Trotz seiner Bemühungen fand er nirgendwo Vergleichbares. Die Freundschaft mit dem Pförtner war also lebenswichtig. Wo anders als auf der Opernbühne prallten Menschen so direkt (und immer bis an die Schmerzgrenze) gegeneinander? Und das auch noch unter Aufbietung mächtiger Musik? Alles war Innenraum, Menschen-Innenraum. Gefühlsausbrüche, begleitet vom Belcanto der Stimmen, waren Grundbestandteile jedes Opernabends – und keiner hatte Ähnlichkeit etwa mit einem handfesten Familienkrach. Nie ging etwas vernünftig zu, weder im Begehren noch im Hassen, in der Seligkeit des Liebens nicht und nicht im Verrat der Untreue.

Wenn alles, was er da miterlebte, so wichtig sein durfte, warum verschwand das alles schon eine Minute nach Verlassen der Pförtnerloge? Und, wohin verschwand es? Warum fielen sich, auch nur annähernd, meine Eltern einander nie in die Arme (wie Radamès und Aida)? Als ich meinen Vater in einer Anwandlung sorgloser Unachtsamkeit einmal fragte, warum ich ihn nie hätte singen hören, fiel ihm der Löffel in die Suppe. Er starrte meiner Mutter in die Augen, ratlos, sprachlos. Wir alle waren, jeder auf eigene Weise, rat- und sprachlos, während wir den Rest des Abendessens kauten und nur darauf warteten, daß bald Feierabend war. Vor allem Feierabend mit mir, der unter bösen Blicken zum Zähneputzen und danach wortlos zu Bett geschickt wurde. Da lag ich dann und rächte mich, versetzte Mimi und folgte statt dessen Violetta hinaus aufs Land.

Carmen, München 1992. Martha Senn, die Sängerin der Titelpartie, mit den Kindern

Streit und Abschiede – *La Bohème* in Graz 1996: Inszenierung: Peter Konwitschny, Bühne und Kostüme: Johannes Leiacker

Ach übrigens, ich selbst habe weder gern noch viel gesungen, eigentlich nie, es sei denn eben im Chor auf der Opernbühne, wenn es sein mußte. Am liebsten in *La Bohème*, die bis heute, wenn Sie mir das nachsehen, meine Lieblingsoper geblieben ist. Und mit mehr als nur stillem Vergnügen denke ich an den dritten Akt dieser Oper, an die beiden Paare, die Abschied nehmen, die einen in Liebe, die andern im Streit. Wieder so eine Zerreißprobe, und was für eine für ein allem Erleben unkundiges Kind. Wer von beiden bin ich? Als Bariton, der ich damals werden wollte, bliebe mir die Wahl erspart – und damit das Ende im Streit. So ist es, um ein Geständnis zu machen, dann auch gekommen. Außerdem, da kenne ich mich, hätte ich Mimi ohnehin bald aus den Gedanken verloren. Ist sie nicht ein bißchen zu nett? Also doch besser Bariton, wie gewünscht. Man hat zwar den Streit, dazu aber auch eine wie die Musette. Ich will weiter nicht mutmaßen darüber, warum ich vorzugsweise auch immer in den Armen von Frauen gelandet bin, die Männer selten umarmen.

Gestatten Sie mir noch eine Abschweifung: es hat sich abgespielt am Premierenabend der Oper *Carmen*, natürlich unbemerkt von allen, die zuschauten, bemerkt nur von jenen drei kleinen Knirpsen da vorne auf der Bühne, von denen einer ich war. Die Anekdote gefällt mir bis heute, und ich erzähle sie manchmal, wenn ich zum Wesentlichen kommen will, was mich betrifft.

Der Regisseur, wir befinden uns noch auf einer der letzten Bühnenproben, besprach mit seinem Assistenten die völlig nebensächliche Sache, was mit uns drei Buben zu geschehen hätte. Und der erklärte uns dann das Nötigste. Hier, sagte er und deutete auf die unterste Stufe jener steilen

Treppe, die von oben, vom Portal der Zigarettenfabrik, nach unten in die Bühnenmitte führte, genau hier, ein wenig freilich zur Seite gerückt, um den Mädchen nicht im Weg herumzusitzen, wenn sie herunterkommen, also hier genau setzt euch hin und tut irgendwas, was eben Kinder tun: ein bißchen streiten, ein bißchen miteinander spielen, Murmeln zum Beispiel. Haben wir Murmeln, rief er? Schon brachte ein Bühnenarbeiter Murmeln.

Ich allerdings war in Gedanken fünfzehn steile Treppen höher. Oben öffnete sich das Fabriktor, und der Reihe nach erschienen die Mädchen, alle lustvoll kostümiert, alle unternehmungslustig, alle singend und auf eine Weise lebendig, die auch mich belebte. (Eine Arbeitspause, kann sie glutvoller erfunden werden?)

Mir gefiel das alles. Sie zeigten ihre Hüften, sangen herausfordernd anzügliche Sachen, wenigstens stellte ich mir das so vor. Was wäre, schienen sie zu denken, eine Arbeitspause ohne den Austausch von Blicken, die an die Dinge des Abends erinnern sollten?

Dann erschien Carmen. Plötzlich war ich vollends unfähig, den Anweisungen des Assistenten und den Vorwürfen meiner zwei Kumpels zu folgen. Ich starrte nach oben, weggetreten, als unschuldiges Kind ausgelöscht, Opfer einer Droge, ein Opfer der Oper. Es war ja nun nicht weiter schlimm, daß ich nicht in der Verfassung war, so zu tun, als stritte ich mich mit den beiden, oder irgendwie zu spielen, mit was auch immer. Ich hatte gar keine Gelegenheit, sondern war vollauf damit beschäftigt, Carmens Schritte, und zwar jeden einzelnen, die Treppe herunter zu verfolgen. Jeder Schritt kommentierte den Takt der Musik, zu der sie ihre Arie sang. Ihr ganzes Fleisch schien komponiert. Jede ihrer Bewegungen. Jeder Blick. Und irgendwann, eine ziemlich rasante, kurzweilige Ewigkeit später, stand sie dann endlich unten auf dem Bühnenboden, einen Moment auf Armeslänge nah. Näher, das begriff ich, kann man in meinem Alter so einer Frau nicht kommen. Ich wünschte mir manchmal nur, es wäre Maria Callas gewesen, die neben mir sang. Und frage mich, ob ich nicht auch das noch eines Tages einem Reporter auftische, vollendet ausgeschmückt bis zu jenem Kniefall, den angeblich mein Freund, der Film- und Opernregisseur Werner Schroeter, ausgeführt haben will, indem er sich dem von ihm über alle Maßen verehrten Idol zu Füßen warf. Wie gesagt, angeblich. Ich kenne ihn – ihm ist alles Gewöhnliche so unerträglich, daß er auch ständig nachbessert.

Richard Strauss: *Ariadne auf Naxos*, München 1996. Der Musiklehrer (Hermann Prey) gegen das theatralische Personal

Zurück aber zum Abend der festlichen Premiere. (Wie ich diese Festlichkeiten heute verabscheue!) Ich vergaß meine ganze Nervosität erst, als oben die Mädchen aus der Fabrik strömten und danach Carmen erschien. Ich vergaß zugleich (wie schon bei allen Proben) auch die Ermahnungen meiner Mitspieler, mich zu konzentrieren. Aber, bitte, was sollte ich tun? Selbstvergessen saß ich da unten neben der letzten Treppenstufe und spürte, wie mich die beiden mit zuerst schwachen, dann stärker werdenden Stößen ihrer Ellenbogen zu ermuntern versuchten, so zu tun, als stritten wir uns. Aber taten wir das nicht bereits wirklich? Die Stöße weckten mich nicht, sie taten nur allmählich weh. Und deshalb wehrte ich mich schließlich, indem ich zuerst den einen, dann den anderen von mir stieß, worauf einer umkippte, gegen das Bein eines Menschen, der als Soldat verkleidet war und − wie es heißt − das Volk darzustellen hatte. Es gab dann mächtig Zoff zwischen uns dreien. Es war, was wir spielten, alles andere als gespielt. Ich weiß nicht, welcher Realismustheorie der Regisseur dieser Inszenierung anhing, aber echt muß das Ganze ausgesehen haben. War es ja auch.

Mit meinem Stimmbruch (und einem Schulwechsel) war die Sache dann gelaufen. Es gab danach, in rascher Folge, immer neue Ideen, was mir als mein Leben vorschwebte. Ein Opernsänger kam nie mehr in die engere Wahl. Er hatte sich in Luft aufgelöst, und zwar in einem Schwarm junger Tänzer und Tänzerinnen, die den Flur des Theaters herunterwirbelten, der mir in diesem kurzen Moment wie der Korridor in eine nächste, eine noch wundersamere Gegenwelt erschien, die athletischen Körper kaum verhüllt, alle aufs heiterste müde und erschöpft, beladen mit Handtüchern. Sehr wahrscheinlich, daß ich beschloß, Tänzer zu werden. Tatsächlich besuchte ich von da an immer häufiger nur noch die Ballettabende.

Dann, machen wir es kurz, wollte ich nichts mehr werden, nichts, absolut gar nichts. In die Oper ging ich nicht mehr, jahrzehntelang nicht. Ich liebte sie nicht mehr. Ich vergaß sogar die Wonnen, die ich ihr verdankte. Sie ging mir auf die Nerven. Mir ging, auch das will ich höflicherweise überspringen, nicht nur die Oper auf die Nerven, vor allem Opernmusik und die allerorten bedenklich intonierenden Sänger, sondern schlichtweg alles, die ganze Welt eingeschlossen.

Kommen wir zum Ende. Bin ich zufällig in Wien und spielt am gleichen Abend zufälligerweise, sagen wir, *La Bohème* oder *Don Giovanni* oder *La Traviata* in der Oper und der gute Herr Valouch, Chefportier eines der großen Ringhotels, kann zufälligerweise, wie es sein Beruf halt so mit sich bringt, noch eine Karte auftreiben, dann nichts wie hin, das Kind, das einmal Opern liebte, bei mir.

Ansonsten? Mit ungebrochener Hingabe höre ich nur noch einer Stimme zu, und die gehört Maria Callas. Meine Nachbarn können ein Lied davon singen − und mahnen Zimmerlautstärke an. Die Stimme der großen Assoluta hat mit den Opernhäusern dieser Welt nichts mehr zu tun, nichts mit der Gesellschaft von Festspielen, nichts eigentlich auch mit den Opern, die sie doch singt. In ihrer unerklärlichen Selbstverständlichkeit hat sie neben sich nur Mozart. Ansonsten nur noch das: hin und wieder, in Anfällen von Altersweisheit, lege ich eine seiner Klaviersonaten auf. Alles übrige ist Lärm.

Ulrich Schreiber

Ein verhinderter Opernkomponist?

Eine nicht nur im 200. Jahr nach Franz Schuberts Geburt notwendige Frage

Franz Schubert war ein zweifellos engagierter Opernkomponist. Eine Reihe von abgeschlossenen Werken zeugt davon ebenso wie abgebrochene Arbeitsversuche. Die Bühnenwirksamkeit seines Musiktheaters ist wegen der eigentümlichen Stoffvorlagen mit Anleihen beim Rühr- und Schauerstück nicht einfach zu beweisen. Aber Schuberts Rang als ein Dramatiker von hohen Graden auch auf diesem Gebiet steht nicht in Frage.

Das Urteil des Kritikers war gnadenlos. Als Franz Schuberts ambitioniertester Versuch auf dem Musiktheater 1858 postum in einer konzertanten Wiener Teilaufführung gegeben wurde, diagnostizierte Eduard Hanslick an *Fierabras* die »vollständige Resignation des Komponisten auf alles, was Poesie, Geschmack und Zusammenhang heißt«[1]. Der klassizistische Verfechter einer »tönend bewegten Form«, der 1854 in seiner »Revision der Ästhetik der Tonkunst« *Vom Musikalisch-Schönen* das fugierte Allegro der Ouvertüre zur *Zauberflöte* in verblüffender Vorahnung des ein halbes Jahrhundert später komponierten Judenquintetts in der *Salome* »als Vocalquartett sich zankender Handelsjuden«[2] empfunden hatte, konnte als erwachsener Hörer Schuberts Dreiakter nur attestieren, in ihm werde »ein vollständiger Kindheitszustand des Publikums vorausgesetzt«[3].

Urteile dieser Tendenz über den Opernkomponisten durchziehen die Schubert-Literatur bis in unsere Tage. Als Carl Dahlhaus 1980 den Band über die Musik des 19. Jahrhunderts im *Neuen Handbuch der Musikwissenschaft* veröffentlichte, ließ er furchtbare Gnade vor Recht ergehen: Er erwähnte den Musikdramatiker Schubert nicht einmal. Fünf Jahre später lieferte er dafür die Begründung nach, Schubert habe mit *Alfonso und Estrella* auf dem Feld der großen romantischen Oper »Schiffbruch«[4] erlitten. Dieses Urteil suggeriert, der Komponist habe im Wien seiner Zeit eine Chance auf dem Theater gehabt und sie nicht nutzen können. Davon darf im Ernst keine Rede sein. Schubert erlebte nur drei seiner Bühnenkompositionen, und das waren Nebenwerke: die im Auftrag seines ersten großen Liedinterpreten Johann Michael Vogl geschriebene Posse *Die Zwillingsbrüder* (1820), die Musik für das Melodram *Die Zauberharfe* (1820) – ein Maschinen-Zauberschauspiel mit nur einer Gesangsnummer, einigen Chören und musikalisch unterlegten Sprechtexten – und die noch heute teilweise populäre Musik für Helmina von Chézys unsägliches Schauspiel *Rosamunde, Fürstin von Zypern*. Doch insgesamt wurde der Meister des deutschen Klavierlieds, der romantischen Kammermusik und

Symphonik als Musikdramatiker zu Lebzeiten verkannt und in seinem Nachleben lange geschmäht.

Schubert hat zehn vollständige beziehungsweise aufführungsreife Werke für das Musiktheater hinterlassen, dazu mehr oder weniger weit geführte Skizzen zu weiteren sechs, und von dem Singspiel *Claudine von Villa Bella* ist ein Akt auf uns gekommen – die beiden anderen wurden, zusammen mit Teilen seiner ersten vollständigen Oper, *Des Teufels Lustschloß*, wahrscheinlich 1848 zu Heizzwecken verfeuert. Schubert selbst hat, besonders zu Beginn seiner kompositorischen Laufbahn und während der Jahre seiner tiefen Lebenskrise zwischen dem November 1818, als er das väterliche Haus verließ, und dem Herbst 1823, als er sich wegen seiner venerischen Erkrankung in ein Spital begeben mußte, dem Musiktheater in seinem Schaffen größte Bedeutung zugemessen. Und 1827, ein Jahr vor seinem Tod, beschäftigte ihn noch einmal ein Opernsujet, von dem er wußte, daß es gegen die metternichsche Zensur keine Bühnenchance hatte: die schon von Goethe in der Zweitfassung seiner *Stella* 1803 aufgegebene utopische Ehe zu dritt nach der mittelalterlichen Legende *Der Graf von Gleichen*.

Als Moritz von Schwind, der Schubert noch persönlich gekannt hatte, für die 1869 eröffnete Wiener Hofoper an der Ringstraße – die heutige Staatsoper – das Foyer ausmalte, wählte er Szenen aus Opern. Hundert Jahre später, das Foyer hatte den Bombenbrand vom März 1945 überlebt, fand in den Redoutensälen der Hofburg eine Jubiläumsausstellung statt. In deren Katalog lautete der Eintrag zu seinen Gemälden: »14 Szenen aus (13) bekannten und beliebten Opern«[5] – Moritz von Schwind hatte sich 1869 erdreistet, berühmten und beliebten Opern wie *Don Giovanni*, *Fidelio*, *Der Freischütz* oder *Der Barbier von Sevilla* ein Szenenbild aus einer zwar acht Jahre zuvor am Kärntnertor gespielten, aber weitgehend unbekannt gebliebenen Oper unterzuschmuggeln: Franz Schuberts Singspiel *Die Verschworenen*. Das war ein Versuch der Gegengeschichtsschreibung: Schubert als Opernkomponisten repertoirefähig zu machen. Doch er wirkte erst nach gewaltiger Zeitverzögerung.

Ein staatstheatralisches Heimatrecht bekam Schubert in der Wiener Oper am Ring nicht früher als im Juni 1990. Damals wurde die zwei Jahre zuvor von den Festwochen produzierte Aufführung des *Fierabras* ins Repertoire übernommen. Das war kein Zufall, denn die von Claudio Abbado dirigierte, von Ruth Berghaus im verfremdend unterkühlten Stil ihres Regietheaters inszenierte und hochkarätig besetzte Produktion war die erste Aufführung einer Schubert-Oper überhaupt in der »Bel étage« der Subventionskultur und des Startheaters. Zuvor war der Opernkomponist, wenn überhaupt aufgeführt, meist mehr oder willkürlich bearbeitet worden oder blieb Amateurtruppen und halbherzigen B-Produktionen überantwortet.

Begonnen hatte die Aufwertung des Musikdramatikers Schubert 1982 in Augsburg, wo der Dirigent Bruno Weil – ein ebenso vehementer wie kenntnisreicher Schubertianer – den erstmals 1897 in Karlsruhe (bearbeitet) gespielten *Fierabras* in seiner Originalform vorstellte. Und Peter Gülke, ein vielleicht weniger vehementer, aber noch kenntnisreicherer Schubertianer, wagte 1994 in Wuppertal die Probe aufs Exempel Abbado-Berghaus, als er *Fierabras* ins Repertoire nahm: von Friedrich Meyer-Oertel

Lebend-Gesichtsmaske von Franz Schubert. Die als authentisch zu bewertende Darstellung überrascht durch ihre geradezu beethovensche Physiognomie

nicht als Rittermärchen inszeniert, sondern als nostalgische Schubertiade im Biedermeier. Nachdem Bruno Weil mit erstaunlichem Echo konzertante Aufführungen der Zauberoper *Des Teufels Lustschloß* in Wien und New York dirigiert hatte, brachte die Zürcher Oper das 1978 in Potsdam erstmals szenisch erprobte Werk des Jünglings 1995 heraus. In der Inszenierung Marco Arturo Marellis trug der Darsteller des einem grausamen Prüfungsritual unterworfenen Ritters Oswald die Maske Schuberts.

Dirigent dieser Aufführung war Nikolaus Harnoncourt, und ihr Erfolg führte dazu, daß er und der Regisseur Jürgen Flimm sich in einer Zürcher Koproduktion mit den Wiener Festwochen im Schubert-Jahr 1997 an *Alfonso und Estrella* wagten: jene von Franz Liszt (stark gekürzt) 1854 in Weimar uraufgeführte Oper, die Mario Venzago 1991 in Graz zum erstenmal strichlos einstudiert hatte. Daß zudem die Zürcher Produktion von *Des Teufels Lustschloß* im Zentenarjahr 1997 zu den Wiener Festwochen eingeladen wurde, bringt Moritz von Schwinds Geschichtsklitterung von Schubert als Säule des Opernrepertoires der Wirklichkeit ein Stückchen näher – und damit auch die Einlösung von Peter Gülkes Stoßseufzer: »Für die Beschäftigung mit dem Opernkomponisten Schubert möchte man wünschen, was unmöglich ist: daß wir vergessen könnten, wie glücklos er blieb.«[6]

Tatsächlich hat Schuberts unerwidert gebliebene Liebe zum Theater bis weit in unser Jahrhundert hinein die Urteile über die Qualität seiner Arbeit für das Musiktheater getrübt.

Begonnen hatte Schuberts Liebe zum Musiktheater mit größten Glücksgefühlen. Josef von Spaun, ein älterer Mitschüler im Wiener Piaristen-Konvikt, nahm ihn 1811 erstmals mit auf die fünfte Galerie des Theaters nächst dem Kärntnertor, der neben dem Burgtheater seit 1776 vom Hofe subventionierten Bühne Wiens. Er war von der zwei Jahre zuvor herausgekommenen Comédie larmoyante *Die Schweizerfamilie* Joseph Weigls so beeindruckt, daß er noch im selben Jahr eine Oper zu komponieren begann: *Der Spiegelritter*. Obwohl er die Vorlage Kotzebues nach dem ersten Akt aufgab, beweist sie, daß er von Anfang seiner Komponistenlaufbahn an das Musiktheater zu erobern trachtete. Sicher entging ihm Kotzebues parodistische Absicht, um so erstaunlicher wirkt der Versuch des bei Beginn der Arbeit noch nicht mutierten Knaben, dem Witz des Textes zu folgen. Wenn vier autoritäre Damen dem eß- und trinkfreudigen Knappen Schmurzo zu seiner Wahl als Begleiter des Prinzen Almador

Moritz von Schwind: Szene aus Schuberts Oper *Die Verschworenen (Der häusliche Krieg)*, Malerei im Foyer der Wiener Hofoper, 1869

gratulieren, hören wir einen Nachhall des Maulschlosses, das Mozart-Schikaneders drei Damen Papageno anpassen.

Inzwischen hatte Schubert nach Weigls *Waisenhaus* auch die *Zauberflöte* kennengelernt, ihr folgten *Don Giovanni* und *Figaros Hochzeit*, Spontinis *Vestalin*, Cherubinis *Medea*, Glucks *Iphigenie auf Tauris* und Salieris *Axur*, auch Exempel der Opéra comique wie Boieldieus *Johann von Paris*. Vor allem Gluck und Mozart beeindruckten ihn stark, ehe er 1814 die Uraufführung der dritten Fassung von Beethovens *Fidelio*, 1821 die von Zensureingriffen entstellte Wiener Premiere von Webers *Freischütz* und den 1822 einsetzenden Rossini-Taumel der Donaumetropole erlebte. Aber auch die Einflüsse des Wiener Unterhaltungstheaters, wie es zwischen Volksstücken und Maschinenzauber in den bürgerlichen Theatern an der Wien, in der Leopoldstadt sowie in der Josefstadt gepflegt wurde, dürfen wir nicht gering schätzen. Das Übermaß des Angebots in der damaligen Theaterhauptstadt Europas könnte Schubert so verwirrt haben, daß er schwer zu seinem Personalstil für die Oper fand.

Doch energisch versuchte er, sich das Handwerk eines Bühnenkomponisten zu erarbeiten. Seinem Lehrer Antonio Salieri zeigte er 1814 den ebenfalls nach einer Vorlage Kotzebues entstandenen Dreiakter *Des Teufels Lustschloß*. Die Korrekturen des Lehrers nahm er so ernst, daß er eine Zweitfassung erarbeitete: kaum mit der Hoffnung, aufgeführt zu werden, sondern als Leistungsnachweis. Um so erstaunlicher ist die in jüngster Zeit unter Beweis gestellte Lebensfähigkeit des Werks, das wegen der schlechten Überlieferung aus Erst- und Zweitfassung collagiert werden muß. Sogar die 1815/16 wie im Schaffensrausch entstandenen Werke dürften mehr dem Wunsch nach Vervollkommnung als nach einem Erfolg auf der Bühne entsprungen sein: das einaktige Singspiel nach Theodor Körner *Der vierjährige Posten*, das nur im ersten Akt überlieferte Goethe-Singspiel

97

Franz Schubert: *Fierabras* im Theater an der Wien, Wiener Festwochen 1988, mit Karita Mattila (Emma) und Robert Holl (König Karl)

Claudine von Villa Bella, der seriöse Einakter *Fernando*, der komische Zweiakter *Die Freunde von Salamanka* und der Fragment gebliebene ernste Dreiakter *Die Bürgschaft* (frei nach Schillers von Schubert bereits vertonter Ballade).

Die Lehrzeit bei Salieri war für Schuberts Opernkarriere nicht nur segensreich. Über den Lehrer lernte er Ignaz von Mosel, den späteren Vizedirektor der Hoftheater, kennen. Dessen 1813 veröffentlichter *Versuch einer Ästhetik des Dramatischen Tonsatzes*, eine von Salieri unterstützte Theorie, hat Schubert zweifellos behindert. So etwa in der Hauptforderung Mosels, der Opernkomponist habe sich dem Dichter unterzuordnen – dadurch wird begreiflich, daß der schon in frühen Goethe-Vertonungen wie *Gretchen am Spinnrade* oder *Der Erlkönig* den Texten eine genial anti-illusionistische Überlagerung von Realitätsebenen aufzwingende Schubert seine Libretti in einer geradezu quadratischen Gleichmäßigkeit vertonte. Die 1893 aus dem Goethe-Singspiel *Claudine von Villa Bella* in die Gesamtausgabe der Lieder geratenen Sopran-Arietten »Hin und wider fliegen Pfeile« und »Liebe schwärmt auf allen Wegen« verraten gerade in dieser Form, wie weit sie unter Schuberts Möglichkeiten als Liedkomponist blieben. Auf der Bühne gesungen, fehlt es beiden Figuren, denen diese Arietten zugedacht sind, an musikpsychologischer Differenzierung.

Ein zweiter Grund für Schuberts unglückliche Liebe zum Musiktheater sind die von ihm vertonten Texte selbst. Bis auf wenige Ausnahmen handelt es sich um mediokre, meist aus seinem Freundeskreis stammende Vorlagen. So klebt die Musik oft entwicklungslos oder liedhaft im engeren Sinn an dieser Wortklauberei. Hinzu kommt ein weiterer Grund für Schuberts Schwächen als Musikdramatiker: mangelnde Bühnenpraxis. Hatte er auf dem Konvikt Gelegenheit gefunden, seine frühen Versuche im kammermusikalischen und symphonischen Genre praktisch zu erproben, so fehlte ihm dieses Glück auf der Bühne. Warum Wiens Theater an ihm nur sporadisch Interesse fanden, ist nicht schlüssig zu beantworten.

So rang Schubert weiter mehr mit sich selbst als um die Theater. Das gilt zumindest für die nach der aufgegebenen *Bürgschaft* fragmentarisch bleibenden Experimente: *Adrast* aus dem Mythenkreis um König Krösus, *Sakuntala* aus altindischen Sagen und *Lazarus oder Die Feier der Auferstehung* als szenisch geplantes Bibel-Oratorium. Besonders dieses, 1996 in der Komplettierung des kurz danach verstorbenen Edison Denissov in Stuttgart uraufgeführt, ist im 1820 obsoleten Gewand einer Azione sacra ein erstaunlich fortschrittliches Stück. Schubert versuchte sich hier an einer schon über Wagners *Lohengrin* hinausweisenden durchkomponierten Großform. Streicherbegleitete Rezitative, Accompagnati, Arien und Chöre gehen mit teilweise harmonischen Kühnheiten in partiell leitmotivischer Verzahnung so fließend ineinander über, daß der von Schubert in seinen früheren Beiträgen zum Musiktheater befolgte Nummerncharakter mit verbindenden Dialogen überwunden wird. Eines dieser Leitmotive bezieht sich auf den sterbenden Lazarus. Es nimmt wörtlich ein Motiv aus *Adrast* auf, wo es dem sterbenden Atys zugeordnet ist. Da tut sich über den verbindenden Tod so etwas wie ein weltliches Gebet Schuberts um die Überlebensfähigkeit auf dem Musiktheater auf. Adrast singt dazu die Worte »Ein goldbeschwingter Traum«.

Die Arbeit am *Lazarus*-Fragment ermutigte Schubert zu einem gewaltigen Wagnis: einer durchkomponierten deutschen Oper. Zusammen mit dem Freund Franz von Schober schrieb er kurz nach dem immerhin achtmal aufgeführten und wegen der Musik von der Kritik sogar gelobten Melodram *Die Zauberharfe* die romantische Oper *Alfonso und Estrella:* eine idyllisch

Szene aus *Des Teufels Lustschloß* von Franz Schubert, mit Eva Mei (Luitgarde) und Reinaldo Macias (Oswald von Scharfeneck)

Franz Schubert: *Fierabras*, Wuppertal 1994

ausgesponnene Handlung im Umkreis König Fruelos I. im mittelalterlichen Königreich León-Asturien. Als die Oper Anfang 1822 vollständig instrumentiert vorliegt, macht sich Schubert Hoffnungen, sie im kurz zuvor von Domenico Barbaia gepachteten Kärntnertortheater aufgeführt zu sehen. Zumal er die Rolle des entmachteten Königs Froila seinem verehrten Freund Johann Michael Vogl zugedacht hat. Doch der zeigt so wenig Interesse wie das Theater; Ende 1822 schreibt Schubert: »Mit der Oper ist es in Wien nichts, ich habe sie zurück begehrt u. erhalten.«[7]

Zusammen mit Webers *Euryanthe* und Spohrs ebenfalls 1823 uraufgeführter *Jessonda* ist Schuberts Dreiakter die erste durchkomponierte Oper der deutschen Romantik. Volkstümlichkeit der Melodik und Einfachheit im harmonischen Gang, von Salieri und Mosel dogmatisiert, lassen zwar Schuberts Experimente in Lied und Instrumentalmusik vermissen, gewinnen aber personalstilistischen Reiz. Und einmal hören wir ein Stück Zukunftsmusik. Wenn der vertriebene König seinem Sohn Alfonso das Lied vom Wolkenmädchen vorsingt, geht Schubert im Stil seiner Balladen zu Tempo-, Dynamik- und Tonartwechseln auf engstem Raum über, nimmt sogar ein Motiv aus dem Lied »Täuschung« der *Winterreise* vorweg. Und wie zwei Jahrzehnte später nach Sentas Ballade im *Fliegenden Holländer* geht die Fiktion in Wirklichkeit über.

Von ihrem Quint-Quartmotiv in der Klarinette angekündigt, erscheint ein Mädchen: Estrella, die Tochter des Usurpators Mauregato. Für Alfonso ist sie das Wolkenmädchen aus dem Lied des Vaters: Versprechen auf Glück der Liebe und Versöhnung der musikdramaturgisch durch lyrische Kantatensätze und dramatische Ensembles unterschiedenen Parteien zugleich.

Auch seine zweite romantische Oper fand im Theater am Kärntnertor keinen Gefallen: *Fierabras*. Nachdem Webers *Euryanthe* im Oktober 1823 beim Wiener Publikum durchgefallen war, zeigte Barbaia kein Interesse mehr an der deutschen Oper. Er hatte inzwischen auf Rossini gesetzt und damit die Wiener entzückt – Schubert blieb auf der Strecke. Das Textbuch des Operndramaturgen Josef Kupelwieser zeigt nicht Schobers Ehrgeiz auf eine durchkomponierte Form. Dafür wird anstelle von Dialogen sechsmal ein Melodram eingesetzt: gesprochener Text mit durchlaufender Musik.

Das mag nach dem Kerker in Beethovens *Fidelio* und der Wolfsschlucht in Webers *Freischütz* altmodisch gewesen sein – aber Schubert gewinnt besonders im Finale II dieser Lösung des Wort-Musik-Problems so viel Dramatik ab, daß Zweifel an seiner Eignung für die Bühne verfliegen.

Das Singspiel *Die Verschworenen* wartet wieder mit gesprochenem Dialog auf. Zwar hielt sich Schubert an die von der Zensur erzwungene Änderung des Titels in *Die häusliche Verschwörung*, aber auf die Bühne kam das von Ignaz Franz Castelli stammende Stück erst 1861. Es behandelt frei nach Aristophanes den Aufstand der Frauen gegen ihre kriegführenden Männer – Moritz von Schwind hat die weibliche Aufrüstung für einen Kreuzzug in der Wiener Staatsoper festgehalten. Die ideologische Abrechnung erfolgt zwischen dem Kriegsherrn und seiner Gemahlin, die seine Worte unter dem Vorbehalt »gesetzt, daß« aufgreift und dementiert. Schubert übernimmt hier das ganz und gar altmodische Musikmittel der Parodie und schießt damit in die Zukunft vor: Gräfin Ludmilla wiederholt musikalisch, um eine Terz verschoben, die Ariette ihres Gatten Heribert. Da ist das gleiche keineswegs mehr identisch, und in die ontologische Differenz schleicht sich die Verabschiedung männlichen Allmachtanspruchs. Aus der scheinbar nachplappernden Frau wird eine »Femme révoltée«. Das war im metternichschen Habsburgerreich der Obrigkeit politisch verdächtig. Uns aber bedeutet Schuberts letzter Beitrag zur Gattung des von ihm gern als »Operette« bezeichneten Singspiels einen Vorgriff auf die aufmüpfige Offenbachiade.

Anmerkungen
[1] Eduard Hanslick, *Aus dem Concertsaal (1848–1869)*. Wien ²1897, S. 159.
[2] Eduard Hanslick, *Vom Musikalisch-Schönen. Ein Beitrag zur Revision der Ästhetik der Tonkunst*. Leipzig 1854, S. 23.
[3] Hanslick, *Aus dem Concertsaal*, a.a.O.
[4] Carl Dahlhaus, »Franz Schubert und das ›Zeitalter Beethovens und Rossinis‹«. In: *Franz Schubert, Jahre der Krise 1813–1823. Bericht über das Symposion Kassel 1982*. Kassel usw. 1985, S. 24.
[5] *Jubiläumsausstellung 100 Jahre Wiener Oper am Ring*, hrsg. von Franz Hadamowsky und Alexander Witeschnik. Wien 1969, S. 34.
[6] Peter Gülke, *Franz Schubert und seine Zeit*. Laaber 1991, S. 140.
[7] *Schubert, Die Dokumente seines Lebens*. Gesammelt und erläutert von Otto Erich Deutsch. Kassel, Basel usw. 1964, S. 173.

Peter Heilker

Visionen von Liebe in Freiheit

Der Opernkomponist Alfredo Catalani

Zwischen den epochemachenden Meisterwerken Verdis und Puccinis entstanden in Italien zahlreiche, heute längst vergessene Opern. Zu ihnen gehört das Œuvre des toskanischen Komponisten Alfredo Catalani. Er war ein Spätromantiker an der Schwelle zum Verismo. Wegen seiner originellen Opernkonzeptionen lohnt die Erinnerung an ihn und seine Schöpfungen.

Sängerinnen, die Tonaufnahmen ihrer Stimme verweigern, sind selten. Doch gerade deshalb ist der junge Jules der Titelfigur des französischen Kultfilms *Diva* verfallen. Heimlich schneidet er Konzerte mit und berauscht sich am Gesang der angebeteten Künstlerin. So erklingt den Film hindurch immer wieder eine Arie, deren eigenartige Melodik besticht und die sich stilistisch kaum einordnen läßt: »Ebben, ne andrò lontano« aus Alfredo Catalanis letzter Oper *La Wally*. Der Filmregisseur Jean-Jacques Beineix hat die Arie für seine extravagante Diva klug gewählt, denn mit diesem Gesang nimmt die nicht minder exzentrische Bergbäuerin Wally in der Oper Abschied von der Welt, in der sich ihr Verlangen nach Freiheit und Liebe nicht einlösen läßt, und emigriert in die frostigen Gletscher.

Die Figur der Geier-Wally ist sicher die schillerndste Frauengestalt, der Alfredo Catalani in seinem kurzen Opernschaffen eine Stimme gegeben hat, und stellt zugleich den Höhe- und Endpunkt der Entwicklung einer Opernkonzeption dar, die so gar nicht in die herrschenden Schemata passen will, mit denen man die italienische Oper am Ende des 19. Jahrhunderts verbindet.

Zwischen Verdi und Verismo gab es eine ganze Reihe von Bestrebungen, die Stagnation des italienischen Melodramma zu überwinden. Arrigo Boitos kühner Versuch, die erstarrte Tradition über Bord zu werfen, endete bei der Uraufführung von *Mefistofele* 1868 in einem Fiasko. Seine engagierten musikästhetischen Postulate, in denen er die Reform der zur bloßen Formel erstarrten Oper mittels einer radikalen tonalen und rhythmischen Weiterentwicklung forderte, konnte der junge Boito in der Komposition nicht einlösen. Auch Giuseppe Verdi, der Doyen der italienischen Oper, widersetzte sich lange, die in ihn gesetzten Erwartungen der Avantgarde auf Reform seines Opernverständnisses zu erfüllen. Nach *Aida* 1871 hüllte er sich sechzehn Jahre in Schweigen (um dann mit *Otello* und *Falstaff* aller Kritik die Spitze zu nehmen). Eine kurze Blütezeit erlebte die italienische Spielart der französischen Grand opéra, die Opera ballo, der Almicare Ponchielli mit *La Gioconda* 1875 einen oft

Alfredo Catalani, 1886

nachgeahmten Prototypen schuf. Spektakuläre Massenszenen und charakteristische Balletteinlagen fesselten das Publikum. Auch Catalani versuchte sich in diesem Genre mit seinen beiden ersten Opern *Elda* und *Dejanice*. Aber die Umstrukturierung von Musik und Text, von »Formel zu neuer Form«, wie es Arrigo Boito forderte, ging über einen längeren Zeitraum vor sich. In Catalanis Musik haben alle Ansätze ihre Spuren hinterlassen, schwingt die Rezeption einer ganzen Epoche, ja fast eines ganzen Jahrhunderts europäischer Operngeschichte mit, angefangen von der deutschen Romantik über die Grand opéra bis zu Wagners Musikdramen und den Schöpfungen Bizets, Delibes' und Massenets. Während andere Komponisten sich ganz der einen oder anderen Richtung verschrieben, versuchte Catalani das beinahe Unmögliche: Er adaptierte die Vielzahl der kulturellen Strömungen und wußte sie schließlich zusammen mit den traditionellen Vorgaben der italienischen Vätergeneration in eine äußerst originelle Opernkonzeption zu amalgamieren. Daß sein Œuvre heute so gut wie unbekannt ist und nur noch wenige Opern von Zeit zu Zeit als »Ausgrabung« dem Staub der Archive entrissen werden, liegt vor allem daran, daß das Publikum schon zu Lebzeiten des Komponisten die effektvoll-emotionsgeladene Tonsprache des aufkommenden Verismo dem lyrisch-introvertierten Stil Catalanis vorzog.

Catalanis erste Versuche auf dem Gebiet der Oper waren wenig glücklich. Auch die Libretti der späteren Opern, die seinem eher melancholischen Talent entgegenkamen, waren nicht immer von überragender Qualität, so daß sich allein *La Wally* noch ab und an auf den Spielplänen findet. Mit diesem Werk erzielte Catalani 1892 zwar endlich einen durchschlagenden Erfolg, doch erlag er bereits ein Jahr später der Tuberkulose-Erkrankung, die sein Leben seit früher Jugend geprägt hatte.

Dabei hatte die Karriere des 1854 im toskanischen Lucca geborenen Komponisten recht vielversprechend begonnen. Seine Ausbildung führte ihn mit einem Stipendium nach Paris und von dort nach Mailand, wo er ab 1873 seine musikalischen Kenntnisse am Konservatorium vertiefte. Sein Kompositionslehrer Antonio Bazzini führte ihn in die Kreise der Scapigliatura-Bewegung ein. Die Scapigliatura (von gli scapigliati: die Zerzausten), in den ersten Jahren nach der Einigung Italiens 1861 noch eine erklärt antibourgeoise Gruppierung von Literaten, Künstlern und Musikern nach dem

Karikaturen aus der satirischen Zeitschrift *Pasquino* auf den ersten und letzten Akt von Catalanis Oper *Elda* nach der Uraufführung (Turin 1880)

Vorbild der Pariser Bohème, hatte sich von der Avantgarde zur beherrschenden Institution im Kulturleben gewandelt. Während ihre politischen Ziele in den Hintergrund traten, wurde die einst nur in avantgardistischen Zirkeln gepflegte Vorliebe für phantastische Stoffe und Legenden, das morbidlustvolle Wechselspiel von Liebe und Tod, kurz, die Neigung zu einer symbolistischen Neoromantik gesellschaftsfähig.

Im tonangebenden Salon der Gräfin Maffei lernte Catalani den Literaten, Journalisten und Komponisten Arrigo Boito kennen, der ihm 1875 das Libretto zu seiner Examenskomposition, der »orientalischen Ekloge« *La Falce* (Die Sichel), schrieb. Boitos Einakter, eine exotische Variante von »Der Tod und das Mädchen«, spielt wirkungsvoll mit den Fin-de-siècle-Themen der Todessehnsucht und Todesverklärung. Allerdings wirkt die blumige Sprache Boitos mitunter übertrieben bemüht, das orientalische Kolorit aufzunehmen. Auffallend an Catalanis Komposition war vor allem ihre symphonische Anlage, die seine Zeitgenossen überraschte und für erstaunliche Anerkennung bei Publikum und Presse sorgte. Der Tenor der Rezensionen wurde vom Korrespondenten des französischen *Feuilleton d'Italie* ausgesprochen: »Einige Kritiker meinen, daß die Musik Herrn Catalanis zu kunstvoll für einen jungen Mann seines Alters ist!« Dieser Kunstfertigkeit verdankte der junge Komponist immerhin einen Kompositionsauftrag von der angesehenen Verlegerin Giovannina Lucca, die in Italien auch die Rechte an Wagners Werken innehatte. Wer bei ihr unter Vertrag stand, wurde fast automatisch dem Lager der »Avveniristi«, der Zukunftsmusiker, zugeordnet.

Bei Catalanis erster abendfüllender Oper, dem Dramma fantastico *Elda*, das 1880 in Turin uraufgeführt wurde, waren zudem der nordische Raum und die teutonisch anmutenden Figurennamen den Kritikern auf der Höhe des italienischen Wagner-Enthusiasmus hinreichendes Indiz für den »Wagnerismo« Catalanis. Dabei hatten der Komponist und sein Librettist Carlo D'Ormeville die märchenhafte Handlung der Loreley-Fabel schon zur Vermeidung allzu eklatanter geographischer Parallelen mit dem

Ring des Nibelungen ins mittelalterliche Baltikum verlegt. Der Umzug vom Rhein an die Ostsee führte zu skurrilen Namensgebungen: Sveno, der »Udaller di Kerzhaven«, liebt das arme Waisenmädchen Elda, heiratet aber aus Gründen der Staatsraison die adelige Ulla di Behrung. Die tiefgekränkte Elda ruft Njord, den Gott des Meeres, zu Hilfe. Verwandelt zur unwiderstehlichen Schönheit, verführt sie den Geliebten, die tugendhafte Ulla stirbt verzweifelt, und Sveno stürzt sich in die eisige Ostsee, während Elda auf den Felsklippen ungerührt ihren Sirenengesang fortsetzt.

Das Musikdrama Wagnerscher Prägung wird man allerdings in *Elda* vergeblich suchen, denn trotz aller an Wagner erinnernden Handlungsmotive komponierte Catalani eine konventionelle Nummernoper. Zudem war das Stück mit vier Stunden Spieldauer den ungeduldigen Turinern entschieden zu lang. Das strapazierte Publikum zollte nur mäßigen Beifall; nach wenigen Aufführungen verschwand *Elda* vom Spielplan und wurde einzig 1881 in Warschau nachgespielt.

Nicht viel besser erging es Catalani mit der am 17. März 1883 an der Mailänder Scala herausgebrachten *Dejanice*. Immerhin hatte die Verlegerin Lucca an ihrem Schützling festgehalten und ein weiteres Werk in Auftrag gegeben. Das schwülstige Libretto Angelo Zanardinis entstand zwar nach einem Entwurf Boitos, doch war dessen Skizze alles andere als innovativ. Sie bot eine schlichte Wiederholung der Dreieckskonstellation, die Boito bereits für Ponchiellis erfolgreiche *Gioconda* entworfen hatte und die lediglich vom mittelalterlichen Venedig ins antike Syrakus verlegt wurde: Eine vergeblich liebende Außenseiterin opfert ihr Leben für das Glück des Geliebten mit der Rivalin.

Vier Tage nach Wagners Tod in Venedig warf ein Teil der Kritik Catalani vor, den Bayreuther Meister »verlassen« zu haben und sich ganz dem oberflächlich und reaktionär empfundenen Stil Ponchiellis zuzuwenden. So berechtigt dieser Einwand für die Handlung von *Dejanice* auch sein mag, so weist Catalanis musikalische Sprache gerade in diesem Werk erstmals persönliche Unverwechselbarkeit auf. Der Schlußakt, in dem Dejanice dem Liebespaar einen Weg in die Freiheit durch Mord und Selbstmord bahnt, kommt ohne dekorative Chöre, Tänze oder gar eine verklärende Sterbeszene aus, fokussiert in gekonntem Wechsel von rezitativischen und ariosen Abschnitten die seelische Zerrissenheit der heroischen Titelheldin.

Zwei Jahre später, im Mai 1885, konnte Catalani das Mailänder Publikum wieder für sich gewinnen, als der Dirigent Franco Faccio sein Poema sinfonico *Ero e Leandro* bei einem Orchesterkonzert der Scala herausbrachte. Aber trotz des großen Erfolgs wurde die Tondichtung, der nochmals ein Libretto Boitos zugrunde lag, weder öfter nachgespielt noch gedruckt.

Mit seiner nächsten Oper, *Edmea*, verließ Catalani das Terrain der Opera ballo. Auch wenn das melodramatische Rührstück mit dem Libretto von Verdis *Aida*-Textdichter Antonio Ghislanzoni fast die gleiche Grund-

Virginia Ferni Germano als Edmea in Catalanis gleichnamiger Oper 1886

konstellation wie *Dejanice* aufweist (allerdings mit dem entscheidenden Unterschied, daß sich hier der unglücklich verliebte Bariton und nicht der dramatische Sopran opfert), schlug Catalani mit *Edmea* eine neue Richtung ein, die er bis *La Wally* konsequent weitergehen sollte. An den Stellen, an denen der Komponist bisher bemüht war, ein Lokalkolorit zur Legitimation der Handlung zu zeichnen, trat eine bewußte Umbewertung dieser Konvention. Wie er seinem Librettisten Ghislanzoni gegenüber äußerte, seien es »wahre, menschliche Gefühle«, die an erster Stelle stehen müßten. Dazu bedürfe es, so Catalani, nicht notwendig des historischen Gewandes, es komme lediglich auf die Schaffung eines Rahmens an, der das Gefühlsdrama ermögliche.

Die Oper handelt von der unglücklichen Liebe des Waisenmädchens Edmea zum Grafensohn Oberto im Böhmen des 16. Jahrhunderts. Um eine Mesalliance zu verhindern, wird sie vom alten Grafen mit dem Vasallen Ulmo verheiratet. Edmea wird wahnsinnig und stürzt sich in die Elbe. Ulmo kann sie retten und schließlich ihrem Geliebten Oberto zuführen. Tragischerweise glaubt der Vasall, die Ehe nur annullieren zu können, indem er Selbstmord verübt.

Dieser rührselige Stoff schien Catalani weitaus mehr zu liegen als der exotische Pomp in *Dejanice*. Zusätzlichen Anreiz bot die Bitte einer der erfolgreichsten Primadonnen der Zeit, Virginia Ferni Germano, die Titelpartie für sie zu schreiben. Bei der Uraufführung im Februar 1886 an der Mailänder Scala war Catalani erstmals ein wirklicher Erfolg beschieden. Auch blieb die neue, ungewöhnlich zurückhaltende Tonsprache nicht unbemerkt. Catalani verzichtet von nun an auf jedes folkloristische Zitat, beschränkt sich allenfalls auf sparsame Andeutungen eines nordischen Raumes durch Walzer und Mazurka-Rhythmen. Im Mittelpunkt von *Edmea* steht eine Wahnsinnsszene der Protagonistin, die weder musikalisch noch szenisch an die großen dramatischen Wahnsinnsausbrüche der Heroinen Donizettis, Bellinis oder Meyerbeers anknüpft. Entgegen jeder Tradition (die noch bis zu Boitos Margerita in *Mefistofele* und Thomas' Ophelia in *Hamlet* eingehalten wird) zeigt Catalani eine verzweifelt Suchende, die zu bizarren, engen Melismen immer wieder die gleiche, hoffnungslose Frage nach dem Verbleib des Geliebten ohne die sonst übliche, koloraturenselige Virtuosität der Umnachteten wiederholt. Trotz der melodramatischen Situationen herrscht in *Edmea* eine kühle, distanzierte Stimmung vor, die nur in den Liebesszenen einem ungetrübten Sentimentalismus weicht. Der angebliche Mangel an dramatischer Potenz sollte fortan eines der meistgebrauchten Vorurteile gegenüber den Opern Catalanis werden, das gleichzeitig – in Zusammenhang mit seiner labilen Gesundheit – zur Legendenbildung vom schwindsüchtigen Ästheten, dessen künstlerische Visionen von einer rohen Umwelt nicht verstanden wurden, beitrug.

Edmea wurde in fast allen größeren italienischen Theatern nachgespielt. Bei der Turiner Erstaufführung am 4. November debütierte ein neunzehnjähriger, unbekannter Dirigent, den Catalani für die musikalische Leitung vorgeschlagen hatte. Es war Arturo Toscanini, der auch in späteren Jahren immer wieder Werke des Freundes in seine Konzertprogramme aufnahm.

Der lungenschwache Catalani war zu dieser Zeit noch immer ohne feste Anstellung, die ihm durch ein regelmäßiges Einkommen bessere Lebensbedingungen geschaffen hätte. So bewarb er sich nach dem Tod Ponchiellis um dessen Professur für Komposition am Mailänder Konservatorium. Bedenken seitens der Leitung wegen seiner labilen körperlichen Verfassung verzögerten trotz der raschen Zusage die Ernennung bis zum April 1888.

Erneut in Schwierigkeiten, einen brauchbaren Opernstoff zu finden, beschloß Catalani, sich nach *Edmea* noch einmal seinem erfolglosen Erstling *Elda* zu widmen. Das Libretto wurde dramaturgisch gestrafft, die Handlung wieder an den Rhein zurückverlegt und die Komposition grundlegend überarbeitet. Doch die rasche Uraufführung wurde durch ein für Catalanis weitere Karriere einschneidendes Ereignis verhindert. Im Frühjahr 1888 verkaufte seine Verlegerin Giovannina Lucca ihre Firma an ihren schärfsten Konkurrenten Giulio Ricordi. Dieser protegierte den auch von Verdi favorisierten Giacomo Puccini und beachtete Catalani nicht weiter. Catalanis Beziehungen zu dem vier Jahre jüngeren Studienkollegen waren bis dato recht herzlich gewesen; nun kühlten sie merklich ab. Obwohl Puccinis Erfolgsstücke schon bald Catalanis Opern von den Bühnen verdrängten, gefiel sich Puccini nie in einer triumphalen Pose über den glücklosen Landsmann, sondern ließ etwa in *Manon Lescaut* oder *Turandot* manchen melodischen Einfall Catalanis weiterleben.

Die beruflichen Probleme wurden noch zusätzlich von einem privaten Drama überschattet. Im September 1889 verlobte Catalani sich mit seiner Cousine Luisa. Die Verbindung wurde aber von deren Eltern bereits Ende des Jahres aufgrund Catalanis schwacher Gesundheit wieder gelöst. Das Mädchen wurde von Mailand nach Neapel geschickt, der Komponist zog sich verbittert zurück.

Es hatte über ein Jahr gedauert, bis Ricordi sich die neue Oper überhaupt vorspielen ließ, und ein weiteres, bis *Loreley* am 16. Februar 1890 im Turiner Teatro Regio endlich aufgeführt wurde. Mit *Loreley* schuf Catalani ein Bühnenwerk, das von romantischen Motiven durchdrungen ist. Besonders das phantastische Element der Geistwelt, die Loreley für den Preis ihres Lebens in die überirdische Schönheit verwandelt, als die sie sich am untreuen Geliebten rächen kann, erhielt ein viel größeres Gewicht als in der Urfassung *Elda*. Zugleich war der Komponist bestrebt, szenische und musikalische Wechsel, die in seinen Opern bislang oft schroff und unvermittelt aufeinander folgten, organischer ineinander übergehen

Titelblatt zur Erstausgabe des Librettos der Catalani-Oper *Loreley* (Mailand 1890), gestaltet von Adolfo Hohenstein

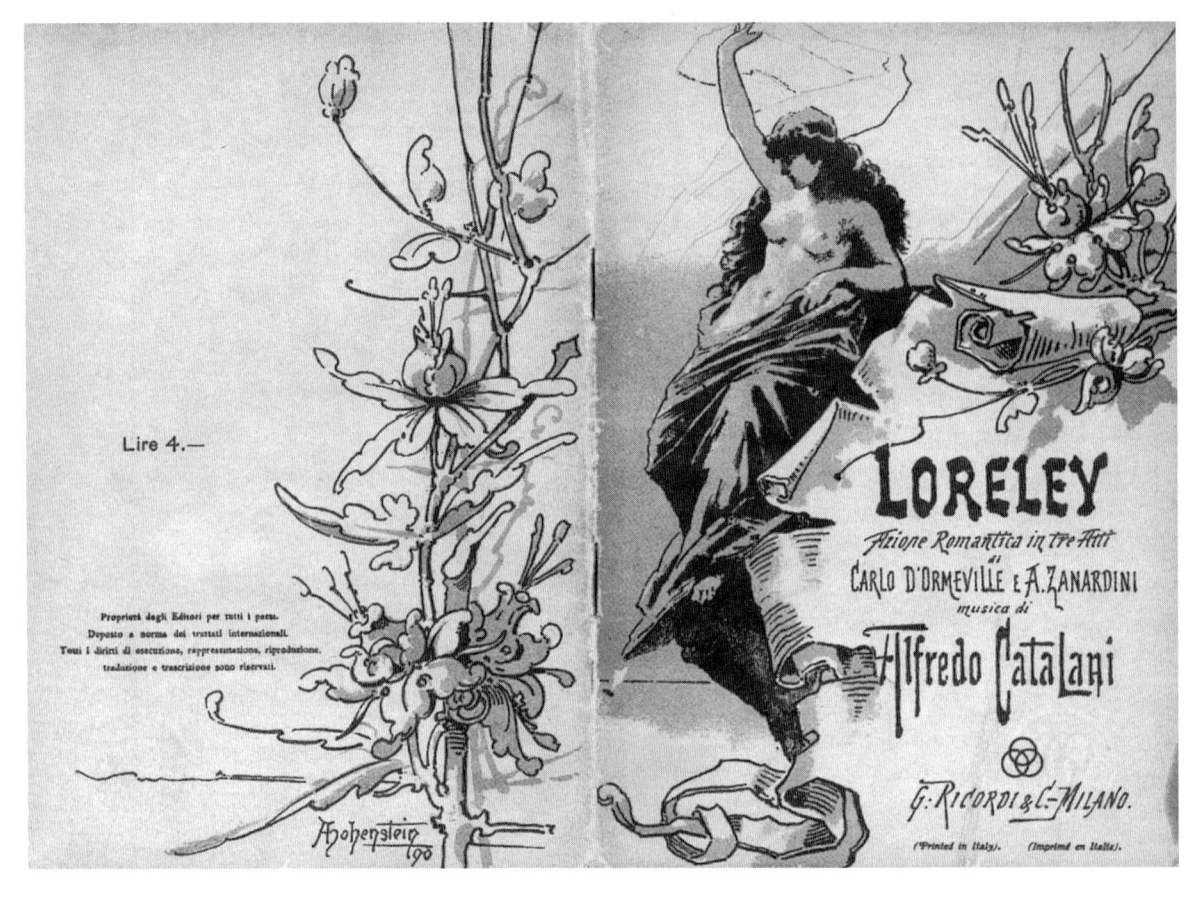

zu lassen. Von *La Falce* bis zu *Edmea* findet man an diesen Verbindungsstellen häufig einen Deklamationsstil, der orchesterbegleitete Rezitative mit kurzen, ariosen Einwürfen und plötzlichen Wechseln in Rhythmus und Harmonik verbindet. Auch die durchkomponierte *Loreley*, die innerhalb der Akte nicht mehr unterteilt ist, setzt sich im Grunde noch aus einer Folge von einzelnen Nummern zusammen. Der Schlußakt beweist dagegen Catalanis wachsende Bereitschaft, diese Formen zugunsten einer neuen, kleinteiligeren dramatischen Struktur aufzugeben. Zudem benutzt Catalani verstärkt Erinnerungsmotive. Das Zitat des Verführungsgesangs der schönen Sirene, das in unterschiedlichsten Abwandlungen aufblitzt, umrahmt die tragische Schlußszene. Walter, der »Margravio di Biberich« (so der neue Name des untreuen Geliebten), fleht vergeblich um Liebe, die ihm die verwandelte Geistfrau Loreley nicht mehr geben kann; er ertrinkt zu den Klängen ihres unbarmherzigen Gesangs. Nach der Katastrophe löst sich das verhängnisvolle Motiv in leise Harfenglissandi auf.

Der große Jubel, mit dem man der Neufassung begegnete, war nicht von Dauer. Bald schon wurden Sujet und Tonsprache als zu unzeitgemäß, zu märchenhaft empfunden. Vor allem war *Loreley* endlich das, was die Kritiker Jahre zuvor von Catalani verlangt hatten: »Wagnerismo« – doch war dies inzwischen kein Lob mehr, sondern das Etikett für ein aus der Mode gekommenes Theaterkonzept. Nur drei Monate später feierte man enthusiastisch Mascagnis *Cavalleria rusticana* in Rom, Leoncavallos *Pagliacci* folgten, und Catalani wurde fortan nicht müde, in den Vertretern der »Giovine Scuola« (so die zeitgenössische Bezeichnung dieser Komponistengeneration, deren Opern erst später der Stempel des »Verismo« aufgedrückt wurde) seine erklärten künstlerischen Widersacher zu sehen.

Je gefährdeter sein Gesundheitszustand war, desto mehr steigerte Catalani sich in die fast schon krankhafte Vorstellung, Opfer einer Verschwörung von Komponisten, Verlegern und Intendanten zu sein. Nach den Schwierigkeiten, die sich ihm bei der Uraufführung von *Loreley* in den Weg gestellt hatten, war Catalani unsicher und mißtrauisch. Da er nicht an die Unterstützung Ricordis glaubte, beschloß er, selbst ein Libretto zu suchen und seine nächste Oper ohne Auftrag (und damit ohne Aufführungsgarantie) zu komponieren. Schon während eines Kuraufenthaltes im Sommer 1888 las er in der Zeitung *La Perseveranza* Wilhelmine von Hillerns *Geierwally* als Fortsetzungsroman. Die Geschichte der unbeugsamen Wally, die um keinen Preis bereit ist, ihre Vision von Freiheit und Liebe zu verraten, schien wie geschaffen für einen Komponisten, den vor allem die intime Gefühlswelt seiner isolierten Protagonistinnen ansprach. Der Librettist Luigi Illica, der später eng mit Puccini zusammenarbeitete, verstand es mit großem Geschick, die rührseligen Trivialitäten der Vorlage in ergreifende Wahrhaftigkeit aufzulösen. Auch der Komponist vermeidet jede gekünstelte Volkstümlichkeit; von – naheliegender – alpenländischer Folklore keine Spur.

Die einst von Boito geforderte Loslösung von der alten »Formel« gelingt Catalani im Dramma lirico *La Wally* am weitesten. Die dramatische Handlung wird musikalisch durch eine fast leitmotivisch gearbeitete Komposition ergänzt, die weit über die bisher entwickelte Begleit- und Kommentarfunktion hinaus zur Mitgestalterin des Dramas wird. Dennoch nutzt Catalani an signifikanten Stellen für Soli und Ensembles weiterhin geschlossene Formen: Arien, Duette, ganze Ensemblesätze stechen heraus. Die in diesen Momenten dramaturgisch vorgegebene Affektdarstellung wird mit den traditionellen, typisierten Mitteln erreicht und kontrastiert wirkungsvoll die leitmotivisch angelegten und frei komponierten Szenen.

Am längsten beschäftigte Catalani die Ausarbeitung der »Scena del bacio«. Beim Tanz macht der Jäger Giuseppe die hochmütige Höchstbäuerin Wally zum Gespött des ganzen Dorfes, als er ihr wegen einer Wette einen Kuß abverlangt und sie dann zurückstößt. Catalani gelingt es, die Situation des Tanzens während der gesamten Szene präsent zu halten, ohne daß der verwendete Walzer aufdringlich im Vordergrund des musikalischen Geschehens steht.

Freilich ahnt Giuseppe nicht, daß sich Wally unsterblich in ihn verliebt hat. Aus gekränktem Stolz läßt sie einen Mordanschlag auf den Jäger verüben. Trotzdem rettet sie ihn im letzten Moment vor dem sicheren Tod. Von Schuldgefühlen getrieben, flüchtet sie sich in die Einsamkeit des Gletschers. Dieses Schlußbild stellt eine Novität auf der Opernbühne dar: Bei ausdrücklich geöffnetem Vorhang erklingt ein ausgedehntes Orchestervorspiel, das nicht musikalisch eine Landschaft schildert, sondern vielmehr als symphonische Dichtung das Geschehen um die Titelfigur in einer Art Seelenschau resümiert. Giuseppe findet zu

Wally herauf und erklärt ihr seine Liebe. Beim Abstieg ins Dorf wird er von einer Lawine erfaßt, Wally stürzt sich ihm in den Abgrund nach. Der tragische Tod der beiden Liebenden auf dem Weg ins Tal geht weit über den bloßen Theatercoup der herabdonnernden Lawine hinaus. Der im Laufe der gesamten Handlung immer mehr ausgegrenzten Wally ist nach ihrer totalen innerlichen und äußerlichen Emigration keine Rückkehr in die menschliche Gemeinschaft mehr möglich. Die ersehnte Hingabe erfolgt erst nach völliger Isolation im Liebestod.

Die Premiere von *La Wally* am 20. Januar 1892 mit Hericlea Darclée in der Titelrolle sollte Catalanis größter und letzter Erfolg werden. Hochgeschätzt von Publikum und Presse wurden bis zum Ende der Saison insgesamt neunzehn Vorstellungen gegeben, Aufführungen in Lucca, Genua und Anfang 1893 die deutsche Erstaufführung in Hamburg folgten.

Seinen lang ersehnten Ruhm konnte Catalani nur kurz genießen. Alberto Franchettis Jubiläumsoper zur Vierhundertjahrfeier der Entdeckung Amerikas, das Musikdrama *Cristoforo Colombo*, Giacomo Puccinis *Manon Lescaut* und nicht zuletzt Verdis *Falstaff*, die alle innerhalb des folgenden Jahres uraufgeführt wurden und *La Wally* an Popularität weit übertrafen, stehen programmatisch für die unterschiedlichen künstlerischen Richtungen, an deren Erfolg Catalanis Opern letztlich scheiterten. Während er bereits mit Illica Vorbereitungen für ein neues Projekt traf – eine *Nella selva* (Im Wald) betitelte Oper nach Tolstoi –, starb der Komponist neununddreißigjährig am 7. August 1893.

Alfredo Catalani: *La Wally*, Bregenzer Festspiele 1990 (Regie: Tim Albery, Ausstattung: Hildegard Bechtler) mit Mara Zampieri in der Titelpartie

Von der Opernbühne sind heute *La Falce*, *Elda*, *Dejanice* und *Edmea* völlig verschwunden. *Loreley* wird noch ab und an gespielt. Nur die ungewöhnlich genaue Zeichnung der sehnsüchtigen Frau in *La Wally* reizt Publikum wie Regisseure immer wieder und beweist Catalanis dramatische Aktualität im deutschsprachigen Raum unter anderem durch die ambitionierten Inszenierungen von Werner Schroeter in Bremen (1985) und Tim Albery bei den Bregenzer Festspielen (1990).

Was in Catalanis Opern berührt, ist die stetige Verengung, die absolute Konzentration auf den intimen Ausdruck einer Figur; ein Verdichtungsprozeß, in dem nach und nach musikalisch wie szenisch sämtliche dekorativen Schnörkel zugunsten des Ausdrucks eben jener »wahren, menschlichen Gefühle«, wie er Ghislanzoni geschrieben hatte, abgeworfen werden. Die Tendenz zur Einschränkung und gleichzeitigen Betonung universeller Werte wie Liebe und Freiheit durchdringt Catalanis Opern auf allen Ebenen.

Sogar in Catalanis Melodik, die ihn am deutlichsten von allen Zeitgenossen abrückt, läßt sich dies nachweisen. Zum einen bevorzugt er weit gespannte Bögen, die in der Melodielinie dann aber wieder eine sehr enge Führung ohne extreme Intervallsprünge aufweisen. Darin zeigt sich weniger eine melodische Entwicklung als vielmehr ein Umkreisen und Fixieren eines einzigen Tones (oftmals das tonale Zentrum oder eine eng verwandte Funktion). Der Reduzierung der Gesangsmelodie steht dann zumeist eine kantable, symphonisch instrumentierte Orchesterbegleitung gegenüber. Die direkte Affektschilderung wird zunehmend von der Singstimme auf das Orchester übertragen; ein Prozeß, der in *La Wally* schließlich zur Verwendung von partiell leitmotivischer Technik führt.

Dabei ist das Zitat in Catalanis Musik von besonderer Bedeutung. Innerhalb der Werke werden durch Erinnerungs- oder Leitmotive Zusammenhänge geschaffen und die dramatische Spannung durch Vor- und Rückverweise intensiviert. Ähnlich verhält es sich auch mit Catalanis Zitaten aus der deutschen und französischen Oper. Die deutlichen Spuren, die Webers *Freischütz*, Wagners *Lohengrin* und *Tannhäuser* genauso wie Meyerbeers Grands opéras oder Bizets *Carmen* in den Opern von *La Falce* bis *La Wally* hinterlassen haben, beziehen sich immer auf die jeweilige Situation, der das Zitat oder die verwendete musikalische Technik dienlich ist. Es handelt sich nicht um eine unbedachte Übernahme von erfolgreichen Stilrichtungen (wie bei den

Tranquillo Cremona, *L'edera* (Der Efeu), 1878. Für die Gestalt des jungen Mannes diente der mit dem Maler befreundete Alfredo Catalani als Modell

erklärten italienischen Wagner-Epigonen), sondern um eine reflektierte und differenzierte Adaption derjenigen Neuerungen, die Catalani für die Umsetzung seiner Vorstellung von Oper notwendig erschienen.

Vor allem aber war Catalani keineswegs Vorläufer oder gar Mitbegründer der veristischen »Giovine Scuola«, sondern im Gegenteil deren erklärter Antipode. Auch in diesem Punkt muß sehr deutlich die persönliche Mißgunst, die der Komponist seinen Kollegen gegenüber hegte, von den grundsätzlich verschiedenen ästhetischen Ansätzen getrennt werden, die dem (pseudo-)realistischen Verismo-Konzept und der phantastischen, symbolistischen Konzeption Catalanis zugrundeliegen. Auch wenn sich musikalische Anspielungen auf Catalani in Puccinis Werken nachweisen lassen, ist der Instinkt Puccinis für plakative und drastische Theaterwirkung Grundlage eines völlig andersgearteten Opern-Entwurfes als die zurückgenommene, bewußt unspektakuläre dramatische Vorstellungswelt Catalanis. Daß darin gesellschaftliche oder politische Entwürfe und Visionen fehlen, erscheint fast zwangsläufig. Doch auch in den erhaltenen Briefen zeigt Catalani in keinerlei Richtung politische Ambitionen. In seinen Opern ist eine deutliche Tendenz des Rückzugs, des Sich-Entziehens aus der öffentlichen Diskussion festzustellen, findet man schließlich durchaus Hinweise auf die Décadence der Folgegeneration. In dieser zutiefst bürgerlichen Kunst geht es nicht um die Auseinandersetzung mit sozialen Fragen, sondern um den Versuch, die Komplexität des eigenen Empfindens einzukreisen und darzustellen.

Catalani verlagert folgerichtig das Gewicht von der Außenwelt auf das Innenleben seiner titelgebenden Frauengestalten. Nebenfiguren werden von Werk zu Werk unwichtiger, Intrigenhandlungen laufen leer, Konventionen werden gebrochen. Am Ende findet sich nur noch die vereinsamte Frau im wahrsten Sinn des Wortes auf dem Gipfel der gesellschaftlichen Entrückung. Verloren und verstört hält sie an ihrer Vision fest, koste es auch das Leben. Elda, Dejanice, Edmea, Loreley, Wally – alle definieren sich nur über ein Ziel: die Erfüllung ihres Liebesverlangens. Werden sie abgewiesen, ziehen sie sich zurück, flüchten sich aus der Realität in einen freien, übernatürlichen Raum: Dejanice beschwört die Traumgebilde elysischer Inseln, Edmea wird wahnsinnig. Loreley läßt sich in ein verführerisches Geistwesen verwandeln, und Wally beschließt, als Eremitin in der Bergeinsamkeit zu leben. Von den gesellschaftlichen Zuständen entfremdet, verkehrt sich ihr

Bewußtsein, der soziale Raum wird für sie lebensfeindlich, und sie suchen statt dessen nach einer Heimat jenseits der Gesellschaft. Der immer radikaleren Fokussierung auf das Thema der unerfüllten Liebe begegnet Catalani mit einem Kompositionsstil, der zum einen die immer feiner verästelten Gefühlsbahnen nachzieht und zum anderen die nötige Differenzierung für die Komplexität dieser Gefühlswelten bereitstellt. Catalanis Frauen dürfen nur alles wollen oder nichts. Die exzentrische Unbedingtheit, mit der sie ihren Liebesanspruch durchsetzen und sich so weit aus der Gesellschaft entfernen, daß es für sie kein Zurück mehr gibt, ist der eigentliche Motor des Dramas und nicht die aufgesetzte Handlung.

Auch hier stellt der Komponist sein feines Gespür für raffinierte dramatische Strategien unter Beweis, wenn er die Perspektive des Zuschauers zunehmend auf den Blickwinkel der Protagonistin verengt. Vor allem die Schlußakte von *Loreley* und *La Wally* machen diesen Perspektivenwechsel deutlich. Die Protagonistin in räumlicher und menschlicher Isolation ist auch mit äußerster Kraftanstrengung nicht fähig, ihren einmal behaupteten Anspruch an Selbstentfaltung aufzugeben. Da ein solches Bewußtsein aber selbst im Scheitern Größe demonstriert, lassen sich Catalanis opferbereite Frauen auf der privaten Ebene als Vision von individueller Autonomie begreifen.

Mit Alfredo Catalani gilt es einen Komponisten wiederzuentdecken, der die Entfremdung des modernen Menschen von sich selbst vorausgespürt hat und versucht, diese Entfremdung mit einem romantischen Liebeskonzept als Garant für die eigene Identität aufzufangen. Hingabe ist dabei nicht Selbstaufgabe, sondern der existentiell notwendige Versuch, mit dem anderen in Kontakt zu bleiben. Catalanis Frauengestalten sind keine männermordenden Femmes fatales – wie die Zeitgenossinnen Carmen, Dalila und später Salome –, sondern tiefempfindende und leicht verletzbare Wesen, deren unbedingter Liebeswille viel zu radikal eingeklagt wird, als daß die Männer ihn erwidern könnten. Im Gegensatz zu den von Anfang an als Außenseiterinnen gekennzeichneten Frauen (Elda/Loreley und Edmea sind mittellose Waisenmädchen, Dejanice ist eine Prostituierte und Wally eine argwöhnisch beäugte Hoferbin) repräsentieren die Männer in den Opern Catalanis eine Gesellschaft, welche die dem romantischen Liebeskonzept eingeschriebene, destruktive Kraft nicht tolerieren kann. Unbedingte Liebe verträgt sich nicht mit dem bürgerlichen Postulat, daß eine Gesellschaft nur funktionieren kann, wenn alle Mitglieder bereit sind, ihre Autonomie einzuschränken. Setzte die Frau ihr radikales Liebeskonzept durch, würde Selbstverwirklichung mit dem Prinzip Sozialisation kollidieren. Catalanis Frauen wählen statt der Anpassung den Tod. Ausnahme bleibt allein *Edmea*, deren geradezu zwanghaft herbeigeführtes Happy-End einzig der gesellschaftlichen Bestätigung dient.

Handelt es sich nun hierbei um romantischen Eskapismus, um eine Fluchtbewegung ins Jenseits der Realität, wie es die Geistwelten in Catalanis Opern suggerieren, oder muß das weibliche Opfer nicht doch als Zeichen eines kultur- und gesellschaftskritischen Pessimismus gelesen werden? Gerade diese Ambivalenz zwischen naivschwelgerischem Romantizismus und hellsichtigem Psychogramm könnte Anstoß für eine Neuentdeckung Catalanis auf der Bühne sein.

Andreas K. W. Meyer

Pettersson – wer war das eigentlich?

Der Versuch einer Einkreisung

Der schwedische Komponist Allan Pettersson (1911–1980) ist, sogar in Fachkreisen, ein immer noch fast Unbekannter. Erst Ende der sechziger Jahre wurden seine gewaltigen symphonischen Werke entdeckt. Die dramatische Kraft seiner Musik würde Pettersson zum Opernkomponisten prädestiniert haben. Aber ein schweres und fortschreitendes Leiden forderte ihm Beschränkungen ab, und das in jeder Hinsicht. Sein Werk ist zum Plädoyer geworden für die Außenseiter unserer Gesellschaft. Eines ihrer exemplarischen Mitglieder war Pettersson selbst.

Ein Felsblock steht da wie ein Menhir. Allerlei Geröll und Kieselsteine drumherum. Und eben dieser Findling, mit schroffen, scharfen Kanten, aber auch mit fast polierten runderen Formen. Mit den körperlichen Möglichkeiten eines Menschen nicht zu umfassen, nicht zu bewegen. Von gewaltigen Kräften hierher geschoben.
Pettersson?
Ein Film, betitelt *Vox humana – Die menschliche Stimme*: Der Mann, ein alter Mann, kämpft sich Schritt für Schritt, auf einen Stock gestützt, aus einem düsteren Raum, in dessen Mitte ein ramponiertes Metallbett steht. Die freie Hand sucht Halt an Möbeln und Wänden. Ziel der ersten Etappe ist das Treppenhaus.
Der alte Mann ist noch nicht so alt, wie die Krankheiten, wie auch die Krankheit, die ihn so mühevoll seinen Weg sich bahnen läßt, ihn hinzustellen versuchen. Fünfundsechzig Jahre. Sein Geist verweigert sich auch dem Bild des Geschlagenen, das so zwangsläufig von ihm entstehen muß: »Man muß kämpfen! Wenn du um Hilfe fragst, bist du schon verloren! Ein Ertrinkender ohne Hilfe muß nun einmal versuchen, sich selbst zu retten ... wenn er an die Oberfläche kommt, kann er's geschafft haben – sonst ist er das Festmenü der Haie. Wenn einem solchen Mann die lebenslange Haft plötzlich erlassen wird, ist das ein wirkliches Ereignis!«
Und dann bewegt sich der Mann die Treppe hinunter. Im diffusen Licht winden sich die Stufen abwärts. Er quält sich auf jede einzelne zu, er wendet sich um, so daß er mit dem Rücken zur Treppe steht (und mit dem Gesicht zu dem Gefängnis, das er nun für immer verläßt): »Also dann, Kinder!« Er ergreift mit der Linken das Geländer, während sich die Rechte mit dem Stock abstützt: »Es ist schon ein paar Jahre her, daß ich dieses Risiko auf mich genommen habe. Runter kann ich ja noch irgendwie kriechen, aber hoch geht's nicht... ich bin wie ein Käfer, der auf den Rücken gefallen ist... Oh Gott... habt ihr mal Gewichtheber ihr

Allan Pettersson

eigenes Gewicht heben sehen? Sie schreien. Darum schreie ich auch – eine einzige nervöse Reaktion im Hirn hält mich am Gehen! Nun muß ich mich zusammennehmen… es schmerzt doch mehr, als ich dachte! Vor zwei Jahren bin ich mal unten gewesen… Jesus, tut das weh! Du darfst nur den Kampf nie aufgeben, du mußt dich immer auf dich selbst verlassen.«

Dieser Mann verläßt das Haus, das ihn beherbergen, das ihm ein Heim sein sollte und das ihm doch in Wirklichkeit jahrelanges Gefängnis war: Nahezu bewegungsunfähig saß er an einen Raum gefesselt. Und ist das Gefängnis nicht vielleicht sogar der richtige Ort für ihn gewesen, der von sich sagte, er fühle sich mehr mit Verbrechern als mit anderen Menschen verbunden – »Nicht wegen ihrer sogenannten Verbrechen, sondern wegen ihrer Freiheitssehnsucht, ihrer Angst, ihres Schmerzes und ihres Gefühls, ausgeschlossen zu sein«? Und der Staat, in dem der Mann lebt, gibt ihm jetzt eine neue Unterkunft, eine Bleibe, nein, vielleicht ja wirklich ein Zuhause. Ein Haus mit einer Wohnung zu ebener Erde, mit einem Garten: eine Idylle, wie der alte Mann, der so alt, wie er aussieht, gar nicht ist, sie nie hat erleben dürfen.

Pettersson?

Musik: Siebzehn Symphonien, drei Solo- und drei Streichorchesterkonzerte, zwei Liederzyklen, Kammermusik. Ein Komponist, dessen Musik sich jeder Kategorisierung entzieht, obwohl er in seiner Arbeit stets die Verbindung zur Tradition aufrechterhielt – und vielleicht auch, weil er nie zu experimentieren versuchte. Als der Großteil seiner westeuropäischen Komponistenkollegen sich dem Serialismus zuwandte (und auch später, in der »postseriellen« Phase), rang er noch mit den überkommenen Formen: Symphonie, Solokonzert, Kantate, Lieder; keine seiner Partituren sieht die Verwendung elektronischer Instrumente vor, selbst die 16. Symphonie, die letzte, die er noch vollenden konnte, schließt mit einem A-Dur-Akkord der Streicher.

Pettersson?

Eine Permanenz der Vorwürfe. Nicht nur jener Vorwürfe, die er reichlich macht – der Gesellschaft, den Eltern, den Politikern, den kulturellen Verantwortungsträgern, Gott. Vor allem auch die Vorwürfe, die man ihm macht. Immer wieder heißt es, die Triebfeder seiner Arbeit sei das Selbstmitleid gewesen – jahrzehntelange Krankheit, die Abstammung, all die Widrigkeiten, die sein Leben bestimmten, seien die Wurzel seiner Einstellungen, damit auch die Wurzel seines Schaffens gewesen.

Pettersson?

Vehemenz der Reaktion: »Ich habe mich nie selber bemitleidet, ich habe nie weinen können. Mitleid mit anderen kenne ich, aber nicht Selbstmitleid. Mir fällt es schwer, Menschen zu hassen, aber die sich selber bemitleiden, die hasse ich. Das Selbstmitleid ist so verdammt unproduktiv. Glaubst du, daß ich das, was ich geschaffen habe, hätte schaffen können, glaubst du, daß man eine Symphonie, glaubst du, daß man eine einzige Note schreiben kann, die lebt, wenn man dasitzt und sich selbst bemitleidet? Was ich vermittle ist nicht Selbstmitleid, sondern bare Information!«

Pettersson?

Eine musikalische Größe, aber auch ein erratischer Block! Ein Symphoniker von Weltgeltung, die allmählich auch ins Bewußtsein der Konzertbesucher eindringt, wichtig wie in diesem Jahrhundert vielleicht noch Schostakowitsch und Hartmann.

Pettersson?
Gustav Allan, geboren in Västra Ryd, Uppland/Schweden, am 19. September 1911. Vater Karl Viktor Pettersson, Schmied, Alkoholiker, Schläger. Mutter Ida Paulina Pettersson, Näherin, frömmelndes Sektenmitglied mit missionarischen Straßengesangsneigungen. Drei ältere Geschwister; Bruder Harry, 1904 geboren, ist Jugendfreund der unter ähnlichen Bedingungen aufgewachsenen Greta Gustafsson, die in Amerika zu Weltruhm kommen sollte – als Greta Garbo.
Musikalische Früherziehung auf der Straße – durch die zeitweilig bis zu sechzig italienischen Leierkastenmänner, die als Emigranten im Italienischen Haus lebten; durch eine Hinterhofsängerin, die »mit glockenheller Stimme« gesungen habe; durch einen kleinen jüdisch-orthodoxen Jungen, der ebenfalls vor dem heimischen Kellerfenster die Toselli-Serenade auf einer Geige vortrug.

Das Geigenspiel muß Pettersson überzeugt haben – noch als Kind beginnt er mit dem Verkauf von Weihnachtspostkarten, des Umstandes gewiß, von seinen Eltern sowohl aufgrund des mangelnden Verständnisses für künstlerische Neigungen als auch wegen der fehlenden materiellen Möglichkeiten keine Unterstützung erhoffen zu können. Das Ziel: eine eigene Geige. Und da in der Familie auch das Geld für Unterricht nicht aufgebracht werden kann, bringt er sich das Geigenspiel selbst bei.

Dieses Milieu seiner Jugend, dieses Schlagen und Geschlagenwerden, hat Pettersson zum Kämpfer werden lassen. Sowohl in seinem Werk als auch in seinen ungewöhnlich zahlreichen schriftlichen oder mündlichen Stellungnahmen zur Position des Künstlers in der Gesellschaft (wie auch zur Qualität der Gesellschaft) hat Pettersson, ohne je zum parteipolitischen Instrument zu werden, sich in oftmals radikal anmutenden Worten geäußert.

Am wenigsten radikal noch ist jener Satz, der durch die gesamte (schmale) Pettersson-Literatur geistert, aber sein künstlerisches Selbstverständnis illustriert wie kaum ein zweiter: »Das Werk, an dem ich arbeite, ist mein eigenes Leben, das gesegnete, das verfluchte: Um den Gesang wiederzufinden, den die Seele einst gesungen hat!« Wohl nur selten hat ein Komponist des 20. Jahrhunderts so poetisch zum Ausdruck gebracht, was ihn motivierte, und wohl kein anderer dürfte mit so radikaler Gefühlsintensität diesem Gesang der Seele nachgespürt haben. Den Satz schrieb er in einem Brief

Nytorget, Södermalm, um 1906. Zu jener Zeit war der Stockholmer Stadtteil Södermalm, im Gegensatz zu heute, noch eine von Slums geprägte Gegend. In dem hohen Gebäude (Skånegatan 87) wuchs Allan Pettersson auf

an seinen Biographen und fast einzigen Freund, den Stockholmer Musikjournalisten Leif Aare. Man hat den Eindruck, daß es heute – fast siebzehn Jahre nach Petterssons Tod am 20. Juni 1980 – auch still um Leif Aare geworden ist. Das offizielle Schweden der Königlichen Akademie hat Pettersson nicht gemocht, vielleicht mag es auch noch heute seine Freunde nicht.

Der Gegenstand von Petterssons Musik ist der Mensch, gleichgültig ob er nun verbal thematisiert auftritt wie in der auf Texten Pablo Nerudas basierenden 12. Symphonie oder in der Kantate *Vox humana* oder als gewissermaßen ethische Folie wie in den reinen Instrumentalwerken. Als gesegnet konnte Pettersson sein Leben bezeichnen, weil es ihm wie wohl keinem anderen Komponisten des 20. Jahrhunderts gelang, dieses Engagement für den Menschen und das Menschliche hörbar zu machen. Die künstlerische Identifikation mit den Unterdrückten war in seinen Augen eine (notwendige) Selbstaufopferung: »Die Identifikation mit dem Kleinen, Unansehnlichen, Anonymen, mit dem ewig Unveränderlichen, aber ständig Neuen, Frischen. Darin wird dem Menschen das Leben bewahrt.«

Können wir von Petterssons Leben absehen, wenn wir seine Musik hören?

Das »verfluchte«, aber eben auch das »gesegnete« eigene Leben – eine Kindheit in den damals noch von Elendsalkoholismus, Gewalttätigkeit und Kinderreichtum geprägten Slums im Stockholmer Stadtteil Södermalm, eine Jugend unter dem Eindruck und dem Einfluß eines gewalttätigen Vaters und einer ihm gegenüber hilflosen Mutter, ein Leben mit dem ungeliebten Beruf eines Orchesterbratschers, der der Sehnsucht nach dem Komponieren im Wege zu stehen scheint, schließlich der rapide

Allan
Pettersson

Die Hand
des Komponisten
Allan Pettersson

zunehmende gesundheitliche Verfall, der Eindruck mangelnder Anerkennung. Der »Fluch«, der über diesem Leben zu liegen scheint, mag evident erscheinen, schwieriger fällt da wohl schon die Suche nach dem »Segen«.

Der Wunsch, Musiker zu werden, hat zweifelsohne etwas mit dem Wunsch zu tun, der Herkunft zu entfliehen, das Grau wie das Grauen der Kindheit hinter sich zu lassen. Um bei der Aufnahmeprüfung am Stockholmer Königlichen Konservatorium vorspielen zu können, muß er Gelegenheitsarbeiten in Kinos oder in Banken annehmen, er muß sich Demütigungen der Lehrer wie der Mitschüler gefallen lassen; er muß sich von einem Pfarrer, sozialdemokratischer Abgeordneter im Reichstag, aus der Kirche werfen lassen, die ihm Refugium für die ersten kompositorischen Gehversuche war, weil dort das so dringend benötigte Klavier stand, das er selbst sich nicht leisten konnte. Zu *seinem* Instrument, der Bratsche, kam Pettersson erst durch einen Streit mit seinem Lehrer Julius Ruthström (der wiederum als Joachim-Schüler hinlänglich als Konservativer ausgewiesen ist). Pettersson wechselte kurzerhand mit dem Lehrer das Fach. Bis 1939 dauerte seine sehr umfassende Ausbildung – begleitet von ersten auch solistischen Engagements, die die erste kompositorische Phase unterbrachen –; wegen besonderer Leistungen schloß sich noch ein kurzer Studienaufenthalt in Paris an, der ihm durch die Zuerkennung des Jenny-Lind-Stipendiums ermöglicht wurde. Die Arbeit mit Maurice Vieux wird ihm aber möglicherweise nur ein schwacher Ersatz für das erträumte Studium bei Paul Hindemith gewesen sein, in dem er nicht nur den Bratschenvirtuosen, sondern auch den Komponisten gesucht haben dürfte –

das andere große Vorbild, Alban Berg, war schon 1935 gestorben. Der Einmarsch der Deutschen zwang ihn allerdings schon bald zur Rückkehr nach Stockholm, wo ihm bereits ein Platz im Orchester sicher war. Pettersson ist der beste Bratscher Schwedens. Virtuose einer Instrumentengruppe, über die weltweit Musikerwitze gemacht werden. Keineswegs aber ist er Primus inter pares – vielmehr ein Galeerensträfling, dem durch die Tortur des Orchesteralltags das Ausdrucksbedürfnis, der Drang, sich mitzuteilen, ausgetrieben werden soll. Er komponiert, er schreibt, er versucht, sich mitzuteilen, schreibt Kammermusikwerke, drückt in gewissem Sinne als fast Vierzigjähriger noch einmal die Schulbank, als er Unterricht bei Otto Olsson und dem jüngeren Karl-Birger Blomdahl nimmt. Er schwänzt die Arbeit, meldet sich krank, ist hin- und hergerissen, nimmt unbezahlten Urlaub, geht nochmals nach Paris, diesmal zu dem moderaten Honegger und dem dogmatischen Leibowitz. Mit vierzig Jahren, 1951, beginnt er die Arbeit an seiner ersten Symphonie, die (wahrscheinlich) nie vollendet werden sollte. Das Hauptwerk beginnt. Zwei Jahre später quittiert er den Orchesterdienst. 1953 setzt, gleichsam parallel, auch der gesundheitliche Verfall ein: erste Anzeichen jener chronischen Polyarthritis, die Pettersson etwa mit Beginn der sechziger Jahre zu verkrüppeln beginnt. Die 5. Symphonie, das letzte Werk, das er in seiner recht klaren Handschrift niederschreiben kann, steht damit am Anfang einer Phase zunehmender Verschlechterung, die ab September 1970 in einen neunmonatigen Krankenhausaufenthalt wegen eines Nierenleidens mündet; hier entstehen, »im Tunnel des Todes«, wie Pettersson selbst sagt, teilweise auf Mullbinden geschrieben die Symphonien Nr. 10 und 11. Die Krankheit läßt ihn nicht los, sie zieht andere nach sich, die Medikamente haben Nebenwirkungen, das eigene Leiden terrorisiert ihn. Symphonien brechen aus ihm hervor, uraufgeführt zwar alle (wenn auch nicht mehr alle zu Lebzeiten), komponiert aber keineswegs alle im Auftrag. Opern soll er schreiben, doch er fühlt sich außerstande, auf Befehl gegen die tobende Umwelt anzuarbeiten. Gegen den Baulärm in der Umgebung, gegen die Rockmusikbeschallung durch die Nachbarn; aber er kennt sich aus: unfreiwillig ist er über die Entwicklung der Popmusik auf dem laufenden.

Pettersson?

Gigantomanie eines Vielzuspätromantikers? Kompositorische Marotten eines aufmüpfigen Orchestermusikers?

Bis auf wenige Ausnahmen sind Petterssons Symphonien einsätzige Kolossalgemälde von durchschnittlich dreiviertelstündiger Dauer, großorchestrale gewaltige Gesänge des Zorns und der Anklage, schwere Wetter, die ohne die spätromantische Tradition nicht denkbar wären, die aber dennoch geprägt sind vom harscheren Ausdrucksgestus der Musik des 20. Jahrhunderts. Und doch: Wegen ihrer radikalen Emotionalität erscheint uns Allan Petterssons Musik als neu, als im Wortsinne unerhört.

Aber seine Lieder verraten doch noch nichts darüber, die Lieder, die er bis 1945 geschrieben hat, darunter den merkwürdigen Zyklus der 24 *Barfußlieder*. Großteils strophisch gehaltene Gesänge, fast im Volkston, auf eigene, sprachlich manchmal sehr verwirrende Texte, in denen er einerseits die eigene Vergangenheit zu verarbeiten sucht, andererseits aber auch ganz allgemein menschliche Themen behandelt. Auf diese Lieder, als wären sie ein Steinbruch, greift er später häufig als Material für die Symphonien zurück. Liegt es nicht nahe, an Mahler und seine *Wunderhorn*-Symphonien zu denken?

In seiner gewaltigen 6. Symphonie zitiert Pettersson das letzte dieser *Barfußlieder*:

»ER kann löschen mein Lichtlein,
damit ich nichts seh',
zerschlagen mein Glöcklein,
daß nichts ich versteh'.
Mehr kann keiner erraten,
doch wünschen vielleicht,
wenn Wünsche noch geraten:
vor Todes Blick erbleicht.«

Jene Stelle, an der das Lied etwa im letzten Drittel der Symphonie zitiert wird, bezeichnet eine für Pettersson typische Eigenheit: Zunächst erscheinen seine Großformen, bestimmt durch die Schichtung und Reihung düsterer, gewaltiger Klangmassen von nachgerade insistierender Eindringlichkeit, vornehmlich in der Vertikal- und nur vereinzelt auch in der Horizontalrichtung. In der 6. Symphonie hat gerade eben ein von wüst einschlagendem Schlagwerk vorangetriebenes Orchestertutti den Hörer gewissermaßen in den Sessel gepreßt, da ertönt leise und fast verstohlen in Englischhorn und Violoncelli das nur leicht veränderte, in den Notenwerten stark verbreiterte Lied.

Momente wie dieser finden sich in fast allen der großen Symphonien. Lyrische Inseln – in gewisser Weise akustische Oasen in den wüst tosenden Weiten der orchestralen Monumentalgemälde. Und in diesen lyrischen Inseln meint man eine Ahnung zu bekommen von dem, was Pettersson mit dem »Gesang« meinte, »den die Seele einst gesungen hat«. Der unaufhörliche Strom wütend herausgespieener Klage und Anklage hält in diesen Momenten inne. Das wirkt nicht nur wie, das *ist* die Utopie eines besseren Lebens, die Vision einer der Menschheit in ihrer Gänze gerecht werdenden Welt. Die Geste eines Humanisten, der Gnadenakt gewissermaßen eines dunklen Propheten, der den Silberstreif am Horizont zeigt, dessen Existenz er zuvor voller Überzeugung verneint hat. Und das zu tun, wird er nicht müde. Er benennt das Elend der Welt mit einer Eindringlichkeit, die ihresgleichen sucht, mit einer Inbrunst, die gefangennimmt, mit einer Vehemenz, die zugleich lähmt und antreibt. Und: Er verweigert sich dem Ende. Die Thomas Mann'sche »Tugend, nicht aufhören zu können« ist auf ihn angewendet worden. Und tatsächlich hält Pettersson mit seiner Musik, so düster sie uns auch entgegentritt, an einer Vision von der besseren Welt jenseits der von ihm beschriebenen Realität fest. Damit nimmt er, der der lebenslang gefolterte Gefangene seiner Vergangenheit und seiner Krankheiten war, auch das Publikum gefangen.

Gleichgültig, ob man Petterssons Musik mit Begriffen aus auch schon nicht mehr ganz so neuer Terminologie wie dem der Postmoderne belegt oder ob man sie als für sich stehend anerkennt: Sie gehört, wie Musiker und (nicht-schwedische) Wissenschaftler festzustellen bereit sind, zum Gewichtigsten, das im 20. Jahrhundert aus Skandinavien zu uns gedrungen ist. Vollends gerecht könnte man dieser Musik aber nur dann werden, wenn man in der Lage wäre, sie vom Herkunftsland unabhängig zu betrachten, sie als Welt-Musik zu begreifen. Wenn man sich vor Augen führt, daß der namhafte schwedische Musikwissenschaftler Hans Åstrand das erste international besetzte Pettersson-Symposion nutzte, um das in seiner Heimat vielfach grassierende Ressentiment gegen den Komponisten zu untermauern, stellt sich doch ein wenig das Gefühl ein, daß die Welt in dieser Hinsicht den Schweden eine Missionstat schuldet. Einen Propheten im eigenen Lande gälte es zu entdecken.

Der sich unbeliebt gemacht hat mit seinen verbalen Grobheiten, mit seinem Zorn, mit unverständlich erscheinenden Boykottmaßnahmen – so verbot er »für alle Zeiten« seinem ehemaligen Orchester, den Stockholmer Philharmonikern, seine Werke zu spielen, weil deren Chefdirigent Gennadij Roshdestwenskij sich geweigert hatte, ein Werk von Pettersson im Rahmen einer USA-Tournee des Orchesters aufzuführen.

Er beschimpfte die Mächtigen der Königlichen Akademie – darunter auch den oben genannten führenden Musikwissenschaftler. Er hat sich halt unbeliebt gemacht.

Pettersson?

Worte können vielleicht neugierig auf ihn machen... Wer Pettersson war, verrät allein seine Musik... und die spricht nachdrücklich von Größe fernab aller -ismen. Fernab auch von Therapie mit den Mitteln der Kunst. Eben: von Größe! Und die macht einsam.

Das merkt auch, wer staunend, lauschend, prüfend diesen von Geröll und Kieselsteinen umgebenen Findling umkreist.

Allan Pettersson vier Monate vor seinem Tod 1980

Die sechs Madrigalisten in Hans Werner Henzes Oper *Venus und Adonis* (Regie: Pierre Audi; Bühne und Kostüme: Chloé Obolensky). Adonis ist als Stern am Himmel verewigt

125

Gerd Uecker

Wirklichkeit und Wandel

Einige Anmerkungen zum Verhältnis Moderne/Postmoderne

Der dogmatischen Enge der Moderne steht die populistische Beflissenheit der Postmoderne gegenüber. In den Künsten, der Architektur, dem Lebensstil im ganzen haben diese gegensätzlichen Richtungen Einzug gehalten. Der Rezipient, also auch und gerade der Opernbesucher, ist in diesen Richtungskampf einbezogen. Er merkt es nur oft nicht, was nicht als Vorteil zu bezeichnen ist.

Als im Januar 1997 Helmut Lachenmanns Opus *Das Mädchen mit den Schwefelhölzern* an der Hamburgischen Staatsoper zur szenischen Uraufführung kam, nannten die Feuilletons dieses Werk ästhetisch radikal und avantgardistisch und ordneten es der Moderne zu. Die Oper *Schlachthof 5* von Hans-Jürgen von Bose, die die Bayerische Staatsoper etwa sieben Monate davor zur Uraufführung gebracht hatte, wurde von der Kritik hingegen als ein postmodernes Werk bezeichnet.

Beide Komponisten gaben in Gesprächen und durch ihre Kommentare über ihr Werk jeweils Hinweise, die diese Zuordnungen rechtfertigen.

Modern also und postmodern – an diesem Antagonismus entbrannte vor etwa 25 Jahren eine heftige philosophische Diskussion, deren auslaufender Wellenschlag jetzt auf dem Gebiet der Kunst und der Kultur samt den dazugehörenden Randbezirken die Feuilletons erreicht hat. Vor allem das Wort postmodern gehört mittlerweile dort zu den favorisierten Begriffen und verbreitet um sich gleichsam eine Aura wissenden Verständnisses für die ästhetischen Erscheinungen im zyklischen Zusammenhang der Stil- und Zeitepochen unseres Jahrhunderts. Betrachtet man aber den Sinnzusammenhang, in dem der Begriff postmodern steht, genauer, kann man sich des Eindrucks nicht erwehren, daß sich hinter ihm oft nur Vages und Unbestimmtes, ja teilweise nur Emotionales verbirgt, daß der Begriff postmodern ein Modewort geworden ist. Die Häufigkeit, mit der es verwendet wird, scheint heute im umgekehrten Verhältnis zu Präzision und Klarheit seiner Bedeutung zu stehen. Das ist Modeworten eigen. Der Inhalt des Wortes scheint zuweilen sogar ganz aus dem Begriff eliminiert zu sein, so daß man von einem Rahmenbegriff sprechen könnte, der sich aus Unbestimmtheiten, Gefühlstendenzen einer Zeit, verschwommenen ästhetischen Trends und Meinungen zusammensetzt. Man stellt fest – nimmt man den Begriff in seiner Art und in dem, was er im Kern zum Ausdruck bringen will, ernst –, daß gerade diese ihm anhaftende Unbestimmtheit durchaus mit seiner Bedeutung korrespondiert. Denn er faßt kein konkretes eindeutiges Bild mehr, sondern bringt zumindest zum Teil ein widersprüchliches, unscharfes und sinnleer-modisches, wiewohl dem Ideologischen zunei-

Helmut Lachenmann: *Das Mädchen mit den Schwefelhölzern*, uraufgeführt am 26. Januar 1997 in der Hamburgischen Staatsoper (Regie und Bühne: Achim Freyer; Kostüme: Maria-Elena Amos)

gendes Denken und Gestalten zum Ausdruck. Das meint auch Umberto Eco, wenn er – selbst ein postmoderner Autor – von einem Passepartout-Begriff spricht, dessen Funktion darin bestehe, eine Indifferenz zu signifizieren.

Worin liegt nun aber jene Unschärfe, die der Begriff in sich trägt? Erschöpft er sich darin, daß er als Schlagwort den Geist einer Zeit benennt, die sich als Motto das »Anything goes«, wie der Philosoph Paul Feyerabend das bezeichnet, gewählt hat und sich durch einen bislang nie gekannten Pluralismus ästhetischer Anschauungen auszeichnet? Das hieße, ein wenig zu kurz gegriffen. Mit konkretem Sinn zu füllen ist der Begriff wohl nur, wenn man ihn von seinem Präfix post her verstehen und in den antagonistischen Kräften, die ihn mit der Moderne verbinden, die Grundlagen seiner Bedeutung erkennen will. Ohne diese Rückbeziehung auf die Moderne bleibt er hülsenhaft, verkommt gar zur ideologischen Phrase. Dieses post suggeriert Diffuses, darf aber nicht mit antimodern gleichgesetzt werden, was es keinesfalls bedeutet. Es gab in Deutschland einen erklärten Antimodernismus, etwa im Kreis um Stefan George. Aber von ihm aus gibt es keine Verbindungen zu dem, was Postmoderne heute artikuliert. Man sollte auch nicht in Elias Canettis Ausspruch aus seinen letzten *Aufzeichnungen* (München 1993) »Post-etwas: kläglichste Bildung. Etwas, das nichts weiß, nur, daß es NACH ETWAS sein will!« der Weisheit letzten Schluß zu diesem Thema sehen.

Zunächst bezeichnet das post die Moderne als ein Abgeschlossenes, als einen Prozeß, der zu einem Ende, zu einer Ausentwicklung gekommen ist und von dem es sich dadurch, daß es auf eben dieses Abgeschlos-

Billy Pilgrims Halluzinationen im Morphium-Rausch. Szene aus Hans-Jürgen von Boses *Schlachthof 5* (Regie: Eike Gramss; Bühne und Kostüme: Gottfried Pilz)

sene folgt, unterscheiden will. Dabei bleibt die Frage offen, ob und inwieweit die Moderne tatsächlich als abgeschlossen betrachtet werden kann und welche Prämissen einem solchen Urteil jeweils zugrunde lägen. Wenngleich scheinbar trivial, schadet die Feststellung nicht, daß es eine Postmoderne ohne die Moderne nicht gäbe. Diese Bedeutungsverbundenheit der beiden Begriffe wird nur zu leicht im Zusammenhang mit der Frage nach möglichen Inhalten des Begriffes postmodern übersehen.

Allerdings schwingt in dem kleinen Wörtchen post auch eine gewisse Tendenz des Überwunden-Habens mit. Aus dieser Tendenz heraus ist auch jenes ideologische Potential ableitbar, das den engagiert geführten Diskurs Moderne-Postmoderne oftmals prägt und begleitet. Hier liegt eine Gefahr für die Sachlichkeit der Betrachtung. Wie es sich zeigt, wird die Indifferenz oder Vagheit des Begriffs postmodern gerne dazu mißbraucht, konkrete ideologisch-politische Standpunkte mit ihm in Verbindung zu bringen. Galt die Moderne als der geistige Lebensraum einer Linken, so wird die Postmoderne als das Weideland politisch rechtsorientierter Denkart angesehen, mit der Erweiterung, daß es auch noch die Masse der Meinungslosen dort wohlwollend grasen läßt. Solch platte Zuordnung ist schlichtweg leichtfertig, auch wenn noch so viele Beispiele – auch im Bereich der Künste – dies zu beweisen scheinen. Zweifelsfrei offenbaren sie zwar Tendenzen der ideologischen Affinität. Dennoch geht es bei der Postmoderne um weit mehr als nur um eine zusätzliche Etikettierung politischer Zugehörigkeit mit Hilfe eines ästhetischen Begriffs. Aber die Versuchung ist groß, einen philosophischen Terminus, der auf eine kulturelle Krise hinweist, als ideologisches Kleingeld in Umlauf zu bringen. Worte wie Tradition, Konservatismus, neue Verständlichkeit, Breitenakzeptanz, Pluralismus, Relativismus und so weiter stellen ein Terrain dar, auf dem sich Geister aus verschiedensten Welten tummeln können. Daß das Ästhetische zum Kennzeichen von Herrschaftsstrukturen und deren Denken wird, ist ein Faktum. Meist offenbart es früher als die in der gesellschaftlichen Praxis umgesetzte Theorie den Geist der Zeit. Auch in der Oper haben sich die ästhetischen Erscheinungsformen in den letzten dreißig Jahren unübersehbar gewandelt. Neben den Zeichen der Moderne hat sich eine postmoderne Bilderwelt herausgebildet. Zwar hat bisher weder eine Ablösung der Moderne auf der Bühne stattgefunden noch hat das Um-denken der Postmoderne der Gattung eine tatsächliche Wende beschert. Aber gerade in diesem Nebeneinander läßt sich das Gegensätzliche deutlich spüren; die eingangs genannten Uraufführungen liefern Beispiele dafür. Oper ist eine institutionalisierte Kunst. Sie taugt deshalb nicht als Speerspitze einer Avantgarde, sondern zeigt eher eine breite Palette dessen, was man zwischen modern-avantgardistisch und postmodern als zeitgenössisch oder zeitgemäß bezeichnet findet. Dies gilt für den schöpferischen wie für den interpretatorischen Bereich. Ein lebendiges Bild fürwahr! Daß die Musik tot sei, erklärte noch 1996 anläßlich des 75jährigen Jubiläums der Donaueschinger Musiktage Helmut Lachenmann. Schon das Pathos, das in solchen Schlagworten zum Ausdruck kommt, setzt das, was sie meinen, in ein zweifelhaftes Licht. Daß dieser Tod damit auch den der Oper umfaßt, könnte man daraus schließen, daß das *Mädchen mit den Schwefelhölzern* von einem ursprünglich konzipierten »Musiktheater ohne Stimmen« zu einer »Musik ohne Bilder« mutierte (wobei die letzte Bezeichnung vom Komponisten kurz vor der Premiere dann auch noch ersatzlos gestrichen wurde). Unter dem Gesichtspunkt der Reduzierung von Bildern oder der geringen inneren Notwendigkeit bildlicher Umsetzung ist die Oper Lachenmanns tatsächlich in dem Maße modern, in dem umgekehrt das Postmoderne die Neigung zeigt, die Evokation bekannter Zeichen erinnernd ins Unbegrenzte, Unbestimmte zu treiben. So gesehen, hat gerade die Entwicklung des Bühnenbildes in der Oper – und damit die Oper als solche – ein offensichtlicher und tiefgreifender Wandel hinsichtlich ihrer ästhetischen Aussage ergriffen.

Das Erscheinungsbild der Oper war seit jeher einem Wandelprozeß unterworfen. Der derzeitige Wandel korrespondiert erkennbar mit Veränderungen, die die Physiognomie der westlichen Kultur als Ganzes berühren. Am zutreffendsten kann er als der Versuch eines Um-denkens bezeichnet werden, das sich von Prinzipien der Moderne lossagt (und aus dieser Situation heraus die Bezeichnung postmodern nicht zu Unrecht für sich in Anspruch nimmt).

In erster Linie wendet sich das Um-denken gegen das Primat der permanenten Innovation, unter das sich alles moderne Denken stellt. Es bezweifelt und kritisiert die Behauptung, welche die Moderne durch ihren Namen, der etymologisch neu oder neuzeitlich bedeutet, bestätigt, daß nämlich nur das unbedingt Neue eine Möglichkeit der Entwicklung der Welt auf ein Besseres hin darstelle. Ist der Blick der Moderne dogmatisch auf die Zukunft fixiert, neigt das Postmoderne zum Rückblick und – in der Wahl seiner ästhetischen Artikulation – zum

Rückgriff. Diesen legitimiert es durch den sich immer mehr beschleunigenden Veralterungsprozeß, den die Moderne sich selbst bescherte und hinterließ. Die unablässige Produktion des Neuen erzeugte aber in gleichem Maß Vergangenes, Veraltetes. Daß sich so schnell eine sogenannte klassische Moderne in unserem Jahrhundert herausbilden konnte, hängt damit ebenso zusammen wie das schier greifbare Verwelken der Avantgarden. Lachenmanns *Mädchen* bietet mannigfache Anhaltspunkte für diese Zusammenhänge. Der postmodernen Position geht es in diesem Punkt um ein Nachverarbeiten eines ungeheuer umfangreichen ästhetischen Erfahrungszuwachses, den die Moderne in den letzten hundert Jahren der Welt gebracht hat. Ihre Objekte hat sie bei ihrem rasenden Flug in die Zukunft gleichsam abgeworfen, aber nur eine elitäre Minderheit konnte sich mit dieser Hinterlassenschaft identifizieren. Die durch die Moderne geschaffene Welt der neuen Zeichen und ihrer bislang nie gesehenen ästhetischen Phänomene wurde nie zu einem Besitz jener bürgerlichen Schichten, die sich bis in unsere Zeit weiterhin als die Träger der Hochkunst darstellen. Den entsprechenden Nachholprozeß, in Rückblick und Rückgriff einem Bemühen um Selbstvergewisserung ähnelnd, kann man als *ein* Anliegen der Postmoderne interpretieren.

Das permanente Zum-Vorschein-Bringen von Neuem war Sinn und Programm der Moderne. Überwiegend waren es individuelle künstlerische Erfindungen, die in radikaler Abwendung von gewohnten Sehweisen, von tradierten Normen und von der Tradition als solcher standen. Die Vorstellung von einem verbindlichen und damit in der Rezeption Sicherheit gewährenden Kunstbegriff wurde zertrümmert. Zwar gewann damit die Moderne eine neue Wirklichkeitsdimension, nämlich das Diskontinuierliche, das Disparate der Zusammenhänge im Bild von der Welt, allerdings um den Preis, nur bei einer elitären Minderheit Verstehen dafür und Konsens zu finden. Mit dieser Situation, die zuweilen bizarre Formen des Ungleichgewichts annahm, will sich die Postmoderne nicht abfinden.

Ihr geht es um Versöhnung eines entfremdeten Publikums mit der Möglichkeit breiteren Nachvollzugs zeitgenössischer Kunst. Dabei steht im Zentrum der postmodernen Kritik die Autonomie des Kunstwerks. Diese Autonomie bedeutet – als Postulat durchaus anfechtbar –, daß das moderne Kunstwerk nur aus sich selbst heraus erklärbar ist und keiner anderen, jedenfalls keiner historischen Vergleichsparameter zu seiner Legitimation als Kunstwerk bedarf. Dieser Anspruch reduziert seine Rezeptionsmöglichkeiten von vornherein. Die Postmoderne bestreitet jene Autonomie und sieht in der regressiv-elitären Rezeption moderner Kunst eine Fehl- und Endentwicklung. Alternativ stellt sie dem, neben anderem, ästhetisch das Element des Zitats entgegen und will damit wieder jene Brücke schlagen, die die Moderne abgebrochen hat: die Möglichkeit, aus einem prozessualen, historisch-kontingenten Verständnis heraus das Kunstwerk der Gegenwart als eine Fortführung tradierter Interpretationsnormen mit Hilfe gewohnter Zeichensysteme ableiten zu können. Das ist der rezeptive Aspekt. Der andere, der sowohl schöpferische als auch interpretatorische, besteht darin, durch die Anbringung und Verwendung des Zitats ein Geflecht neuer Assoziationsfelder zu schaffen, das den Deutungs- und Verständnishorizont im Hinblick auf ein Kunstwerk erweitern wür-

Wagners *Rheingold* 1997 in der Inszenierung von Kalle Holmberg und in der Ausstattung von Lennart Mörk am Königlichen Theater Stockholm

de. Der rückgreifende Gestus des Zitats birgt aber nur dann Sinn, wenn durch das Zitat dem, worauf es sich bezieht, eine zusätzliche Bedeutung zuwächst, die es ohne das Zitat, allein und aus sich heraus, nicht gehabt hätte.

Durch die Tendenz des postmodernen Umgangs mit dem Zitat – gemäß jenem bereits erwähnten populären Motto des »Anything goes« und der damit indizierten allmöglichen Sinnverleihung und nichts ausschließenden Verwendbarkeit – gerät es in die Gefahr, seinen verbindlichen, identifizierbaren Sinn zu verlieren und sich in beliebiger Bedeutung aufzulösen. Denn: wo alles Sinn annehmen darf, hat auch alles seinen Sinn verloren. Was sollten sonst konkret die pseudogotischen Verzierungen oder Fachwerkerchen in der zeitgenössischen Architektur oder die unzähligen bildlichen Zitate in den heutigen Bühnenbildern bedeuten? Als Beispiel sei hier die *Rheingold*-Inszenierung in Stockholm 1997 (Regie: Kalle Holmberg, Ausstattung: Lennart Mörk) angeführt. Hier erblickt man aus den Epochen zwischen Mittelalter und Gegenwart die verschiedensten Bilder und Zeichen: von der Scheune bis zum Laptop, von der Kaffeemaschine bis zum Amboß, eine gotische Herkunft Walhalls und durch alles hindurchscheinend einen Schuß Pop-art. Stellen diese Zitate denn wirklich immer einen konkreten, interpretatorischen Bedeutungszuwachs dar oder dekorieren sie nicht oft nur einen hübschen, manchmal sogar witzigen Regieeinfall, um sich alsbald als oberflächlich-optischer Reiz wieder zu verflüchtigen, indem sie nichts weiter hinterlassen als eine sich im Unterhaltungswert bescheidende Schmunzelsekunde?

Fragwürdig bleibt der Versöhnungswunsch der Postmoderne auch insofern, als er ein

Zusammengehen von Positionen anstrebt, die sich ihrem Wesen nach einer Versöhnung widersetzen. Ob moderne oder vormoderne Kunst, ob schöpferischer oder interpretierender Bereich – immer speist sich das Entstehen und Verstehen von Kunst aus der Spannung zwischen einem kritischen, zumindest distanzierten Standpunkt zur je gegenwärtigen gesellschaftlichen Situation und einem individuellen geistigen Sinnentwurf. Selbst in den affirmativen Zeugnissen der Kunst verharrt diese Spannung dialektisch im Bann einer Identifikation gewährenden, sinnstiftenden Intention. Das ist Kernbestandteil eines ansonsten sich durchaus wandelnden Verständnisses, auf dem europäische Kunst gründet.

Postmoderner Versöhnungswunsch löst, nicht zuletzt durch das Zitieren, diese Spannung auf. An ihre Stelle tritt eine von Beliebigkeit gezeichnete Einstellung freizeitlich-entspannten Konsumverhaltens zum Kunstwerk, der sogenannte Event, die Open-air-Kultur, die Kuschelklassik, die Massenkonsumierung – die nur zu gern mit Breitenverständnis verwechselt wird – sowie ein im Populismus des Kunstbetriebs wurzelnder Schwund an Individualität des einzelnen Kunstwerks. Ein bekannter Radiosender, der ausschließlich klassische Musik präsentiert, betrachtet es schon als einen Hörerservice, wenn nach den einzelnen Musikteilen, die aus den verschiedensten Werken hintereinandergereiht werden, deren Titel und eventuell auch noch der Interpret genannt werden. Gerade jene Ablösungsphase in der modernen Kunst, in der sich die Entwicklung vom unikaten, Identifizierung heischenden Kunstobjekt zur Vervielfältigung als ästhetischem Ausdrucksmittel, zur zunehmenden Vertechnisierung der Objektsubstanz, zur Öffnung einer High-Tech-Ästhetik abzeichnete, hat der Postmoderne den Boden bereitet. Die Tendenz, auf dem Weg der Omnipräsenz von Kunst und ihrer unbegrenzten Verfügbarkeit sie mit dem alltäglichen Leben zu versöhnen, ist weniger eine Erfindung postmodernen Denkens als vielmehr eine zwangsläufige, wenngleich ungewollte Spätfolge des Innovationsprinzips und Innovationszwanges der Moderne. Und wie jeder Versöhnungswunsch entspringt auch dieser mehr einer Harmonisierungsillusion, als daß er fundamentalen Sachzusammenhängen folgen könnte. Die Versöhnung mit Massenbedürfnissen auf ästhetischem Gebiet hat stets Ideologie auf den Plan gerufen und stets mit verhängnisvollen, ja katastrophalen Auswirkungen.

Der in den letzten Jahren zur kulturpolitischen Jargonkeule gewordene Mangel an sogenannter Besucher-Akzeptanz in der deutschen Theaterlandschaft zeugt fatal von den Folgen postmodernen Versöhnungsdenkens. Die eigentliche Absicht allerdings, die diesem zugrunde liegt, meint im Kern etwas Richtiges: Kritik an einem elitären, teilweise arroganten Dogmatismus und an einem proklamierten Ausschließlichkeitsgestus, der die Moderne im Lauf ihrer Entwicklung zunehmend ummantelt hat. Daß die Postmoderne dabei in die Grauzone des Unbestimmten und der Beliebigkeit treibt, verleitet zur populistischen Auslegung ihrer Intention. Innerhalb dieses indifferenten Bereichs scheint das postmoderne Denken förmlich in den Sog der Affirmation an den Breitengeschmack hineingezogen zu werden, zumal ihm ein entscheidendes Kriterium, nämlich das des argumentativen Diskurses, fehlt. Nur mit diesem ließe sich unmißverständlich eine Grenze ziehen zwischen Anbiederung und reflektierter Bejahung. An seine Stelle tritt, oft als postmoderne Rationalitätskritik ausgegeben, eine Flut von Informationen, die auf dem Wege unbarmherzig-ritueller Wiederholung im Ewig-Gleichen zu Zeichen und Chiffren gerinnen, die nur noch auf sich selbst zu weisen und aus ihrer Selbstbezüglichkeit den einzigen Sinn zu ziehen scheinen. In dieser Entindividualisierung aller Zeichen – was als Protest beginnt, endet in der Lichterkette – ist ein Symbol für die Struktur der demokratischen Gesellschaft als einer Massengesellschaft zu erkennen. Das moderne Denken, das, gesellschaftlich gesehen, auch den Demokratien den Boden bereitet hat, schlägt ab einer bestimmten Entwicklungsstufe dialektisch um: Es hinterläßt anstelle einer ursprünglich Identität stiftenden kulturellen Vernunft einen Basar der Beliebigkeit. Der wird von den Gesetzen des Lifestyle, der Vernetzung, der Relativierung, der Zelebration des Massentrends und der Ermüdung des Subjektbewußtseins geleitet.

Diese und alle in diesen Zusammenhang zu stellenden Erscheinungen, also auch die ästhetischen, die unsere Gegenwart konturieren, werden leichthändig unter dem Oberbegriff postmodern als negative Bilanz kulturkritischer Betrachtung subsumiert. Dabei wird übersehen, daß sich dieses Urteil im Selbstbezug beziehungsweise Zirkelschluß auf den Normenkanon der Moderne zurückberuft. Solcherlei Denkblockaden spiegeln überkommene Antagonismen wider, die ihre Wurzeln oft in ideologischer Fixierung oder in einem mangelnden Verständnis für tiefere Zusammenhänge haben. So verstellen sie auch den Blick auf andere, positive Seiten der Postmoderne. Zum Beispiel – und dies ist bei vielen Theater-Inszenierungen zu beobachten – auf einen erfrischend unbefangenen, unbelasteten, frei verfüglichen Umgang mit historischem Material, auf eine teilweise virtuose Verschränkung von Textualität, eine schier lustvolle Bejahung der Kombination vormals separierter Elemente. Dies öffnet Zugang dem, was in modernen Zeiten ein Schattendasein in der Kunst führte: der Satire, der Komik, dem Humor; sie waren nie Sache der Moderne. Wo die Grenze liegt zum bloßen Gag, wo sich die Impotenz als künstlerische Aussage verkleidet und das Entertainment erschöpft bedient, das ist im Einzelfall zu bestimmen. Eine Berechtigung im breiten Spektrum künstlerischer Sprache haben diese Elemente allemal. Verbunden damit ist eine Abkehr vom esoterischen Experimentieren. Das Bemühen, die Begegnung mit dem Kunstwerk in den exoterischen, also den allgemein zugänglichen, öffentlichen Raum zu verlegen, wird erkennbar. Die Neugierde der Postmoderne, sich im Zeitalter des Mikroprozessors dem ästhetischen Potential der Technik-Avantgarde zu öffnen, steht dem nicht entgegen, vielmehr zeigt sich gerade eine der technischen Welt verfallene Gesellschaft für die Umwandlung jener Ästhetik in künstlerischen Ausdruck in der Regel sehr aufgeschlossen.

Der über das rein Künstlerische hinausweisende Aspekt des postmodernen Denkens ist zu erkennen als eine neu belebte Sensibilität der Wirklichkeit gegenüber, als ein Wechsel in der Lebensbefindlichkeit und eine erwachende Reflexionsbereitschaft darüber. Dabei tritt die Frage nach der Identität ganzer gesellschaftlicher Klassen auf den Plan. Ja, es gibt wohlbegründete Meinungen darüber, den Aspekt der Identität zur entscheidenden Frage der Postmoderne zu erklären und das Bewußtsein bestimmter gesellschaftlicher Identitäten als

die charakteristischste Definition der postmodernen Epoche zu verstehen. Bei diesen Identitäten handelt es sich in erster Linie
– um nationale Identitäten, dabei besonders um solche, die sich als Antwort auf imperialistische artikulieren;
– um sexuelle Identitäten;
– um eine Identität, die das Bewußtsein von Umwelt und deren Schutz zum Inhalt hat;
– um eine ethnische Identität, vornehmlich nicht-westlicher Herkunft.
Solche Hervorhebung spezifischer Identitäten gerät mit mehrerlei fest etablierten Anschauungen von Kunst und Kultur in Konflikt. Die Postmoderne stellt dabei den Zweifel am Glauben an eine transzendentale beziehungsweise universale Kunst und einen daraus abgeleiteten Kunstbegriff in den Vordergrund. Dieser Zweifel bedeutet Kritik an einem überkommenen System, demzufolge Kunst von und für eine bestimmte demographische Gruppe geschaffen wurde, nämlich die einer weißen, westlichen, heterosexuellen in der oberen Mittelklasse. Aus dieser Kritik ist abzuleiten, daß die Postmoderne nicht nur eine Mode und eine auf das Künstlerische beschränkte Erscheinung ist, sondern daß sie ihrer Struktur nach eine kritische Position im soziokulturellen Gefüge unserer Zeit darstellt. Das postmoderne Denken reflektiert so auf einer nicht nur künstlerischen Basis Hierarchiemodelle, die durch Rasse, Klasse, Nationalität, Geschlecht, Sexualität und andere Identitätsformen entstanden sind. Gleichzeitig wendet es sich auch gegen den philosophisch formulierten Gedanken einer unbegrenzten Gültigkeit modernen Denkens.
Künstlerisch gesehen, verdichten sich all diese Aspekte und Phänomene zu einem Zeichen der Metamorphose eines Kunstbegriffs, der Abschied nimmt von jenem, den das 19. und weite Teile des 20. Jahrhunderts als einen bürgerlichen entwickelt haben. Die Moderne hat – das sollte ihr nicht zum Vorwurf gereichen – Orthodoxie etabliert und Denkblockaden Vorschub geleistet. Diese verhindern, Wandel bewußt zu erkennen, zu reflektieren und sich ihm zu stellen. Sie unterbinden zugleich den freien Blick auf andere, positive Aspekte, welche die Metamorphose verheißt. Durch die Begegnung mit Kunst können dem wachen Bewußtsein Impulse vermittelt werden, durch die jene Denkblockaden aufzulösen wären. Diese Impulse gehen zum einen von Kunstwerken aus und von deren Interpretation, sie werden sinnlich erfahr- und deutbar durch die ästhetische Gestalt, in der sie uns entgegentreten; zum anderen von dem Kontext, in dem Kunstwerke mit uns verbunden sind.
Es liegt im Geheimnis der Kunst verborgen, daß die Intention dieser Impulse aufs innigste mit dem Wandel der Welt verwoben ist und diesen in den Kunstwerken und deren Interpretation seismographisch zum Durchschein bringt. Die ästhetischen Erscheinungen beziehungsweise Gestaltformen, mag man sie nun postmodern nennen oder anders, wie sie die Welt heute in fast allen Lebensbereichen überziehen, stellen gleichsam die erschaubare Oberfläche eines tieferen Wandels dar, der sich an Wirklichkeit von Welt vollzieht. Der Wandel des Kunstbegriffs geht dem Bewußtsein vom Wandel der Wirklichkeit voraus. Man kann sich dem postmodernen Denken am besten nähern, wenn man in ihm ein verborgenes Thema erkennt: Darstellung eines Wandels der Wirklichkeit unserer Welt. Darin liegt eine Chance für die Postmoderne. Und, bei aller Kritik, man sollte sie ihr gewähren.

Jochen Missfeldt

Klingling, bumbum und tschingdada

Militärisches, in Musik umgemünzt

Suggestive musikalische Wirkungen sind der Oper so vertraut wie der Musik unter Soldaten. Da werden Gefühle dargestellt und weitergegeben, Empfindungen besonderer Art geweckt. In der jahrtausendealten Tradition der Militärmusik widerspiegelt sich nicht nur kriegerische Handlung und Haltung, sondern auch der musikalische Wandel der Gesellschaft. Die banda *mit ihren Musikeinlagen in der italienischen Oper, auf der Bühne oder hinter der Szene, wie auch die schmissigen Märsche in der Operette haben hier ihre Wurzel. Der Gang durch die Historie der Marschmusik wird auch zur Beschreibung ihrer Anwendungen und ihres Mißbrauchs.*

Das Luftwaffenmusikkorps 4 steht in Olivgrün und in schwarzen Schnürstiefeln im Schnee und wartet auf den Einsatz. Zum Kommandeurwechsel beim Jägerbataillon in Berlin-Kladow beschert das Wetter einige Minusgrade. Hinzu kommen Sonne und Schatten, Wolken und Schneeflocken; auch Wind, der gegen die Instrumente weht. Während der Schellenbaumträger vierzehn Einzelteile einem Kasten entnimmt und zu fünfundzwanzig Kilo und Schellenbaum zusammenfügt, halten seine fünfundvierzig anderen Kameraden sich und ihr Gerät warm. So gut es geht. Die Flöten stecken ihre Instrumente unter den Mantel, die Klarinetten und Oboen tun es ihnen nach. Die Trompeten und Hörner behelfen sich mit behandschuhten Händen an den Ventilen und Mundstück in der Tasche. Und was macht der Mann an der Tuba? Der wärmt auch sein Mundstück, sein Instrument hängt ihm an einem Lederriemen um den Hals. Zuerst friert der Baß ein: die Tuba. Es folgen Baryton, Tenorhorn, Posaunen, dann Hörner und Trompeten. Von eingefrorenen Saxophonen hört man selten, und auch dem Holz rückt die Kälte nicht so schnell zu Leibe. Die Instrumente mögen am liebsten Raumtemperatur und Räume, und darin klingen sie auch am besten.

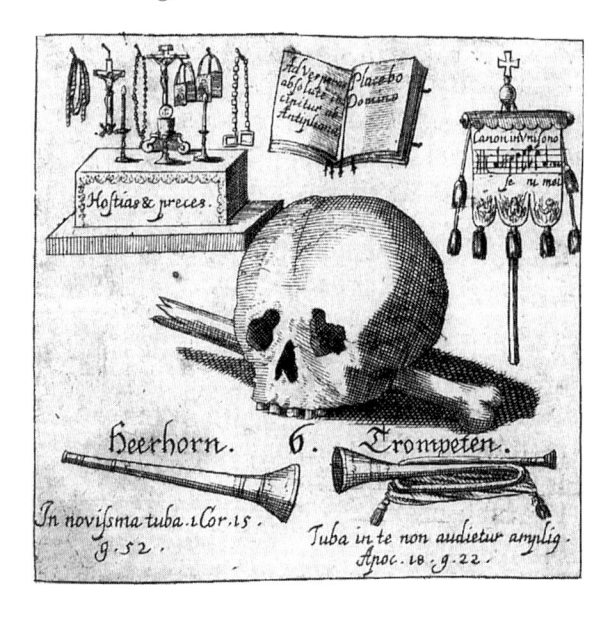

Mit kalten Lippen muß der Flötist über die kalte Mundplatte seines teuren Instruments blasen und den Luftstrom genau auf die gegenüberliegende Kante lenken. An der Kante bricht sich der Strom; am besten, wenn der Strom da halbe-halbe macht: fünfzig Prozent für die Flöte, fünfzig Prozent mehr oder weniger heiße Luft für die Umwelt. So kommen die schönsten Flötentöne heraus.

Für den Auftritt vor Gästen und Waffen hat der Chef seinen Musikern folgendes Programm befohlen: *Bayerischer Defiliermarsch, Yorkscher Marsch, Präsentiermarsch, Nationalhymne*. Aufstellung hat er nun auch befohlen. Ganz vorne marschiert der Chef. Links neben ihm der Schellenbaumträger mit seinen fünfundzwanzig Kilo im Gurtzeug. Drei Schritte dahinter der Tambourmajor und sein Tambourstab. Mit dieser Fahnenstange ohne Fahne zeigt er für jeden sichtbar an, wohin die Blasmusik marschieren und wann sie anfangen soll. Da meldet die Tuba: Instrument eingefroren.

Wie merkt man das? Fühlen Sie mal. Tatsächlich, die Ventile sitzen fest. Da hilft keine warme Luft aus dem Sechs-Liter-Lungenvorrat. Im Gegenteil: die Atemluft zieht sofort als feiner Nebel durchs kalte Blech, die kleinen Wassertropfen im Nebel werden zu Eis, und im Eis frieren die Ventile ein. Das viele Tubablech sammelt die Kälte am schnellsten, ist im Nu ein Kühlschrank mit Gefrierfach. Geht es nicht zur Not auch ohne Baß, Hauptsache es bläst? Aber das Deutschlandlied ohne Baß? So groß darf die Not nicht sein. Wir spielen nicht, entscheidet der Chef, denn nacheinander haben auch die Posaunen, Flügelhörner und Trompeten gemeldet: Instrument eingefroren.

Kein Blas-Konzert also. Die Musik-Soldaten sind schon am Bus und packen ihre Instrumente wieder ein. Der Schellenbaumträger nimmt seinen Schellenbaum wieder auseinander und legt die Einzelteile vorschriftsmäßig in den Kasten und schiebt das Ganze in den Kofferraum. Im Bus ist es gemütlich. Ist das Schicksal der Militärmusik besiegelt? Ihren ursprünglichen Sinn und Zweck hat sie längst eingebüßt. Heute

Instrumentendarstellungen aus Abraham Megerles *Speculum musicomortuale, das ist: Musicalischer Todtenspiegel*, 1672

Trommelschläger bei den Panduren, einem Freikorps aus der Zeit des österreichischen Erbfolgekriegs 1740-1748. Kolorierter Kupferstich von M. Engelbrecht

dient sie nur noch der Unterhaltung und Begleitung zwecks innerer Erhebung; sie nennt sich Gebrauchsmusik. Der praktische Nutzen, den die Militärmusik in alten Zeiten für die Soldaten hatte, ist heute kein Thema mehr.

Die Militärmusik ist so alt wie das Militär selbst. Als es vorbei war mit dem Paradies und die Menschen sich nicht mehr nur im privaten Zweikampf umbrachten, sondern dafür Soldaten, Waffen und Gerät anschafften, schafften sie auch Musikinstrumente an. Götter waren zu beschwören, zu besänftigen, aufzuwiegeln. Wenn die Götter »Krieg« sagten, ertönten Trommeln, Rasseln, Schwirrhölzer, Klappern, Handklatscher, und man blies auf Schnecken, Muscheln oder ausgehöhlten Tierknochen zur Attacke. Musik? Auf jeden Fall Signal. Lärm auch. Davon kriegten die Leute Mut, damit übertönte man Kampflärm und menschliche Stimme. Eine leise Saite, gezupft oder gestrichen, wäre im Kampflärm untergegangen. Darum haben Streicher in der Militärmusik bis heute auch keinen Platz.

Über die antike Militärmusik wissen wir wenig. So viel aber doch: Krieg und Kult sind zwei Seiten einer Medaille und brauchen gleichermaßen Musik, brauchen fast die gleiche Musik. Die Hebräer verwendeten Trompeten (*chazozerot*), »die Gemeinde zu berufen, und wenn das Heer aufbrechen soll« (4. Mose 10). Die Griechen ließen ihre Kriegsmusiker auf einer Art Schalmei blasen. Grell und schrill soll dieses *Aulos* genannte Blasinstrument geklungen und den Kampfgeist der Krieger beflügelt haben. Die Römer hatten für Befehl und Gehorsam eine nützliche Signalmusik. Der römische Tuba-Bläser mußte dreiundvierzig verschiedene Signale in der Schlacht beherrschen, sagt das Lexikon. Im Lager ertönte die *Buccina*, ein großes gebogenes Horn, zum Wecken, Antreten und Schlafengehen. Vorstellbar, daß die Legionen im Gleichschritt marschierten, um schnell von A nach B zu gelangen. Und zum Gleichschritt wurde sicherlich getrommelt. Vielleicht sangen die Legionäre dazu ein Marschlied. Vielleicht blies dazu der Hornist sein *Cornu*.

Die mittelalterlichen Ritter paßten ihre Kriegs-Musik der gepanzerten Reiterei an. Sie entschieden den Krieg hoch zu Roß; und oben, wo der Ritter im Sattel saß, gehörte die *Busine* neben das Schwert. Wenn der Ritter in sein trompetenartiges Horn stieß und losschmetterte, übertönte er damit den Kampflärm. In Wolfram von Eschenbachs *Parzival* heißt es: »die hellen busînen mit krache vor im gâben dôz«. Mit den Rittern erhob sich die Militärmusik in den Adelsstand. Feld- und Hoftrompeter waren bessere Leute und hießen Oberstfeldtrompeter oder Oberhoffeldtrompeter. Sie erhielten Extrasold. Trompetensignale waren Geheimsache; wer sie verriet, wurde hart bestraft.

Nachdem die Kreuzritter ein neues Kriegsmusik-Instrument im Orient kennengelernt und mitgebracht hatten, kam der Baß ins Spiel. Jetzt ertönten zum hellen Trompetenklang die dumpfen Paukenschläge des Heerpaukers. Der Heerpauker stand an privilegiertem Platz beim Fürsten oder Feldherrn. Reich verzierte Kesselpauken auf besonders ausgesuchten Pferden waren darum begehrte Kriegs-Trophäen.

Die Militärmusik blieb jahrhundertelang das, was sie war: Gebrauchsmusik zum Zwecke des Sieges im Kriege. Trommeln und Pfeifen hielten den Landsknechthaufen mit neunzig bis hundert Schritt pro Minute in Bewegung. Die Preußen marschierten im *Ordinaire-Schritt* mit zweiundsiebzig und im *Deployer-Schritt* mit einhundertacht Zählzeiten pro Minute ran an den Feind. Ohne Trommeln und Pfeifen, die dazu Ton und Takt vorgaben, ist die preußische Kriegsmaschine nicht zu denken. Auch nicht zu denken ohne den querflötenden Friedrich? War dessen Flötenspiel, das seinem strengen Vater so gar nicht paßte (weil es ihm so weichlich schien), im tiefsten Grunde das gleiche: die Grundlage für exakte, disziplinierte Bewegung auf dem Marsch und hochgemute Stimmung im Kampf? Einen unentwegt im Schlachtgetümmel spielenden Pfeifer bezeichnete der Große laut Anekdote als tapfersten Mann des Tages. Friedrichs Siege auf dem Kriegsschauplatz sind auch Siege der Musik. Friedrichs Niederlagen entsprechend.

Diese Militärmusik pfiff schon aus dem letzten Loch. Längst hatten die osmanischen Regimenter in den Türkenkriegen von 1683 bis 1699 ihren abendländischen Feinden andere Töne beigebracht. Die morgenländische Musik muß auf das abendländische Gehör sensationell gewirkt haben. Sie brachte einen neuen Baß: die große Trommel. Zusammen mit der Kesselpauke wummerte es wie aus der HiFi-Anlage heute. Dazu schepperte das Becken, klingelte das Triangel, rasselte der Schellenbaum, und Trompeten, Schalmeien, Flöten legten darüber ihre orientalischen Weisen, daß den Zuhörern die Ohren übergingen. Die Türken wichen zurück, ihr Klang aber blieb: Janitscharenmusik und Türkische Banda. Schon 1683 rekrutierte der polni-

Thomas Hardie, genannt Piper Hardie, von den 79th Cameron Highlanders, Schottland, 1853

Die Janitscharen-kapelle. Gruppe aus der Porzellan-Manufaktur Aschaffenburg-Damm

sche König Jan Sobieski eine Janitscharen-Kapelle aus gefangenen Muselmanen. Die ließ er mit erbeuteten Instrumenten und in türkischer Bekleidung auftreten und großes Aufsehen erregen. 1741 führte Franz von der Trenck Maria Theresia sein Freikorps vor. An der Spitze marschierte eine aus ungarischen Zigeunern gebildete Janitscharen-Kapelle. Das ging ins Blut. Mozarts *Entführung aus dem Serail* und Haydns Militär-Symphonie, woraus Johann Strauß senior sein *Radetzkymarsch*-Thema nahm, kommen mit großer Trommel, Becken und Triangel daher und sind nicht die einzigen Schöpfungen dieser musikalischen Befruchtung. Das Gedicht *Die Musik kommt* beginnt der Dichter Detlev von Liliencron mit folgenden Worten: »Klingling, bumbum und tschingdada.«

Die Militärmusik nahm teil am gewaltigen nationalen und internationalen Musikschaffen im 19. Jahrhundert. Immer weniger war sie Gebrauchsmusik für Siegen oder Verlieren, immer mehr diente sie der allgemeinen Unterhaltung. Sie profitierte von den wunderbaren Erfindungen im Instrumentenbau. Die Blechblasinstrumente erhielten ab 1815 gut funktionierende Ventile. Damit war das Blech nicht mehr nur auf Naturtöne begrenzt, und so kamen die Blechbässe ins Spiel. Töne, die bisher fehlten oder nur mit hoher Spielkunst herauskamen, waren nun relativ einfach zu blasen und erlaubten vollwertiges Mitspiel. Was die Ventiltechnik beim Blech erreichte, war beim Holz eine verbesserte Klappentechnik. Nicht nur ein Beitrag zum Klang, sondern auch ein Beitrag zur äußeren Schönheit eines Musikinstruments: Man nehme eine Oboe, Querflöte oder Klarinette in die Hand und versinke in Betrachtung: Es sind Wunderwerke physikalischer Berechnung und mechanischer Präzision.

Gewinn für die Militärmusik kam nicht nur durch den Instrumentenbau, sondern auch durch das Volk. Musik war nicht mehr länger Privileg gehobener Stände. Das Volk sang nun selbst, und die Militärkapellen spielten dazu. Der *Marsch aus Petersburg*, der 1837 nach Preußen kam, wurde zum Berliner Schlager: »Denkste denn, denkste denn, du Berliner Pflanze, denkste denn, ick heirat dir, bloß weil ick mit dir tanze?« Berühmte Komponisten widmeten ihre Schaffenskraft der Militärmusik: Carl Maria von Weber schrieb den *Marsch für das*

2. preußische Husarenregiment 1822. Beethovens *Yorkscher Marsch* war 1864 die preußische Angriffsmusik zum Sturm auf die Düppeler Schanzen und entschied somit den deutsch-dänischen Krieg. Im Juli 1867 traten anläßlich der Weltausstellung in Paris die besten Militärkapellen in den Wettstreit. Wilhelm Wieprecht, der große Mann der preußischen Militärmusik, gewann mit seinen fünfundachtzig Bläsern und Trommlern einen der drei ersten Preise unter anderem mit Carl Maria von Webers *Oberon*-Ouvertüre.

Wie es mit der Militärmusik weiterging, zeigt das Musikbeispiel von 1866: Schlacht von Königgrätz. Der österreichische Generalstab wies der Regimentsmusik folgende Aufgaben zu: 1. Die akustische Verbindung zwischen den vorrückenden Truppen halten. 2. Die vorderste Linie markieren. 3. Den Sturmangriff mit gefälltem Bajonett rhythmisch-musikalisch unterstützen. 4. Die eigenen Soldaten anfeuern und den Gegner verwirren. 5. Hierzu ist von allen Musikkorps der *Radetzkymarsch* in endloser Wiederholung vorzutragen. Die Militärgeschichte schreibt allerdings: »Unter den Klängen des Marsches von Johann Strauß brachen die Angriffe der österreichisch-ungarischen und der sächsischen Regimenter im Feuer der mit Zündnadelgewehr ausgerüsteten preußischen Armee zusammen.«

Um Signal zu geben und Tuchfühlung zu halten, brauchte man die Musik schon bald nicht mehr. Leuchtpistole, Funk, Telefon ersetzten die Hornisten und die Trommler. Die schulten um auf Sanitäter und Meldegänger. Was übrig blieb, erklang als Blasmusik in den Lazaretten zum Trost der Verwundeten und an den Gräbern der Gefallenen zum Trost der nicht Gefallenen.

Aus dem Reichsfliegerorchester der Luftwaffe erklang seit 1934 »arteigene« Fliegermusik mit Hilfe des Saxophons. Damit ignorierte die Luftwaffe den von Nazi-Musiksaubermännern ausgerufenen Boykott gegen dieses »Negerinstrument«. Im Dienste des Größenwahns pfiff, blies, trommelte es bei den Olympischen Spielen 1936: Großkonzert mit 1777 Musikern aus sechsundvierzig Musikkorps. Nach der Niederlage Frankreichs debütierten deutsche Musikkorps am 9. Juli 1940 auf der Place de la Concorde in Paris mit *Preußens Gloria*. Dazu schrieb die *Deutsche Militär-Musiker Zeitung*: »… kann die deutsche Militärmusik dazu beitragen, den Sieg der militärischen Gewalt zum Sieg deutscher Überzeugungskraft zu vertiefen.« Sind die Verhältnisse entsprechend, dann reden auch die Klügsten den Verhältnissen das Wort.

Heerpauker bei The Queen's Own Hussars. Die silbernen Kesselpauken sind Nachbildungen von Beutestücken aus der Schlacht von Dettingen (1743)

Im Wunschkonzert für die Front, Motto: »Die Front reicht ihrer Heimat jetzt die Hände – die Heimat aber reicht der Front die Hände«, sang Lale Andersen schlecht und recht das Lied mit dem Volksliedton und Volksliedtext: »Vor der Kaserne, vor dem großen Tor.« Ein seltsamer Welterfolg, der bis nach England über den Soldatensender Belgrad ging. Dagegen hielten die Franzosen Rina Ketty mit »J'attendrai le jour et la nuit«, ein strahlend gesungenes Chanson, das, fünfzig Jahre später wiederverwendet im Film *Das Boot*, noch immer mitten ins Herz trifft. So marschierte die Heimat musikalisch auf alle Kriegsschauplätze, und die Soldaten saßen mit hängenden Ohren an ihren Volksempfängern. Schöpften Kraft aus der Musik?

Ein Militärkorps schleppt sich spielend durch ein verwüstetes Land. Verwüstet erklingen Takt und Tonalität. Keine Dreiklänge. Von Tonika, Subdominante, Dominante keine Spur. Keine angenehmen, dissonanten Reibungen mit Vorhalt vier vor drei und Auflösung von vier nach drei, wie das so schön nach »Helm ab zum Gebet« raus- und reinkommt. Diese Militärmusik ist völlig anders: jammernde Saxophone, quiekende Oboen, klagende Klarinetten, hustende Trompeten. Kränklich das Ganze. Truppenbesuch der alten Dame? Eine Militärkapelle spielt *Zehn Märsche, um den Sieg zu verfehlen*. Leitung: der Komponist Mauricio Kagel. »In einem solchen Zusammenhang ist es nicht schwer zu erörtern, warum ich diese Musik mit einem so eindeutigen Titel versehen habe. Im Grunde wünsche ich mir keine Marschmusik, die dazu dienen könnte, einen Sieg zu erringen. Seit der Genfer Konvention ist es Musikern und Krankenhelfern in Uniform nicht gestattet, Waffen zu tragen. Daß die akustischen Werkzeuge unserer Zunft hier waffenähnliche Aufputschmittel sind, wird geflissentlich, weil die Wirkung so ungefährlich erscheint, verschwiegen. Das Gegenteil ist der Fall: Musik kann sich in den Köpfen jener wirkungsvoll einnisten, die Sprengköpfe zu verwalten haben«, schreibt Mauricio Kagel auf dem Cover seiner Langspielplatte von 1979.

Die Menschheit ist noch nicht reif für Kagels Militärmusik. Militärmusik von heute fährt Eisenbahn auf den Geleisen, die im neunzehnten Jahrhundert gelegt worden sind. Die Jugend, die sich vor hundert Jahren von den Blechbässen aufregen ließ und die Ohren nicht voll genug kriegen konnte, sitzt heute in der Diskothek, erregt sich am HiFi-Baß und riskiert den Hörschaden. Belächelt Blasmusik? Die aber hält sich tapfer und hat immer noch ihr Publikum. Das Repertoire ist unübersehbar groß. Gesucht sind nicht Komponisten, sondern gute Arrangeure. Gerhard Baumann ist so einer; ein großer alter Mann der Militärmusik. Ein Hüne, 1921 in Mecklenburg geboren. Über zwanzig Jahre leitete er das Zentrale Orchester der NVA. Die Musiker vom Luftwaffenmusikkorps 4, die ihn von damals kennen, hängen immer noch an ihm und an der Musik von damals. Baumann sagt: »Das war schon ein schöner Haufen.« Sowas sagt sich nicht ohne Sentimentalität, und zur Sentimentalität gehört die innere Stimme von Tod und Verklärung.

Till Eulenspiegels lustige Streiche sind genau das richtige Gegenmittel. Die wurden, von ihm arrangiert und einstudiert, erstklassige, schön anzuhörende Konzertblasmusik. Bei der Verwandlung von symphonischer Musik in Blasmusik sind beim Arrangieren immer die Streicher das Problem. Die Geigen werden in der Blasmusik von

Stabsmusikkorps der Bundeswehr

den Klarinetten vertreten. Für Cello und Bratsche springen die Saxophone ein. Um es besser zu haben, hat Meister Baumann seinem Blasorchester vier Kontrabässe und eine Harfe untergeschoben. Wie soll ein Tubist Pizzicato machen! Der kann noch so weich blasen, das kriegt er nicht hin. Und eine Harfe macht sich gut beim Wiener Walzer, »weil die so schön auflösen kann«. Das Konzertblasorchester als Symphonieorchester. Die eingespielten Aufnahmen von anno dazumal beweisen das. Zum Beispiel Dvořáks *Slawischer Tanz Nr. 8* oder die Ouvertüre zu *Die schöne Galathée* von Franz von Suppé. Hier erklingt so sehr die Sehnsucht der Bläser nach den Streichern, daß man die Streicher selbst zu hören glaubt. Meisterschaft, musikalische Lust und Laune, die da erklingen. Baumann hat mit seinen Kunststücken noch nicht aufgehört. Für seine Leute vom Luftwaffenmusikkorps 4 in Berlin-Gatow arrangierte er Beethovens *Wut über den verlorenen Groschen*. Beim Klavier machen das zwei Hände. Im Blasorchester wollen sechzig Musiker beschäftigt sein. Und bei der Verteilung der Themen und Nebenthemen soll jeder seinen gerechten Anteil haben. Hier erweist sich der Arrangeur als guter oder schlechter Künstler. Entweder gibt es Beifall, oder es gibt Buhs. Am 24. Oktober 1994 wurde die *Wut* in der Bonner Beethovenhalle uraufgeführt. Der Chronist des Luftwaffenmusikkorps 4 notiert in seiner Chronik: »Das anfangs dem Berliner Musikkorps gegenüber sehr reservierte Bonner Publikum bedankte sich im Anschluß der Uraufführung dieses Stückes mit minutenlangen Ovationen.«

Peter Halbsgut

Die Bühne im Licht

In eigener Sache: Unsere Hausabteilung Beleuchtung

Der Licht-Designer, auf den abendlichen Besetzungszetteln unserer Theater mit Regisseur und Ausstatter immer öfter zusammen genannt, hat in Deutschland im letzten Jahrzehnt grundsätzliche Bedeutung erlangt. Es geht nicht mehr darum, daß die Bühne hell oder dunkel ist, sondern in welcher Weise sie hell oder dunkel ist. Das Raffinement des Beleuchtungswesens, an vielen Inszenierungen in der Bayerischen Staatsoper wahrzunehmen, sichert der Abteilung Beleuchtung gesteigerte Aufmerksamkeit.

Volker Schlöndorff, der Regisseur der *Lady Macbeth von Mzensk*, wollte Brillanz auf der Bühne, wollte Sonnenschein: »Habt ihr so etwas?« Nein, so etwas hatten wir nicht. Jürgen Rose wollte sein Bühnenbild von *La Damnation de Faust* indirekt beleuchtet sehen und wilde Farbfahrten machen. Jonathan Miller hingegen wollte seine Inszenierung von Donizettis *Anna Bolena* ganz ruhig ausgeleuchtet haben: schöne Farben, kein Schnickschnack, alles sollte hell, sanft und weich sein. Mit Ausnahme des Henker-Auftritts natürlich, am Schluß der Oper.
Bis zu dieser Szene hatte ich ausschließlich herkömmliche Scheinwerfer verwendet, die, bedingt durch die normalen Halogenlampen, die Bühne in ein warm erscheinendes Licht tauchen. Der Henker allerdings bringt eine Brutalität auf die Szene, die auch durch Beleuchtung verdeutlicht werden sollte: Die Kälte dieses Auftritts kann ich als Licht-Designer am besten durch den Einsatz der sogenannten HMIs erreichen. Das sind Tageslicht-Scheinwerfer, die ursprünglich aus dem Film- und Fernsehbereich kommen und die wir von dort in die Theater übernommen haben. Die drei Buchstaben HMI sind ein Kürzel für die Gasfüllung der Lampe, mit welcher der Scheinwerfer betrieben wird.
Der Vorteil dieser HMIs: Sie spenden weißes, kaltes, helles Tageslicht, während die herkömmlichen Scheinwerfer warm wirkendes Licht geben. Allerdings haben die HMIs gegenüber den alten Scheinwerfern einen ganz großen Nachteil: Sie lassen sich nämlich nicht wie die Halogenscheinwerfer in der Helligkeit verändern, also nicht dimmen, sondern im Normalfall nur radikal ein- oder ausschalten. Um nur annähernd die Dimmbarkeit der Halogenlampen zu erreichen, ist eine kostspielige Apparatur nötig. Deshalb ist es für mich bei jeder Inszenierung wichtig, eine Mischung aus den einzelnen Lichtcharakteren zu finden.
Und so wie uns Jonathan Millers Regiekonzept von *Anna Bolena* dazu einlud, konventionell zu leuchten, war mir bei Peter Konwitschnys *Parsifal* von Anfang an klar,

Für jede Vorstellung müssen Bühne und Licht neu eingerichtet werden. Peter Halbsgut beim sogenannten Einleuchten der Abendvorstellung

Kaltes Licht für den Auftritt des Henkers in Gaëtano Donizettis *Anna Bolena*. Szene aus der Münchner Inszenierung von Jonathan Miller aus dem Jahr 1995 (Bühne: Peter J. Davison; Kostüme: Clare Mitchell; Licht: Peter Halbsgut) mit Edita Gruberova in der Titelpartie

daß ich die gesamte Tageslichtpalette ausreizen mußte. Konwitschny sagte beim Vorgespräch: »Kalt muß es sein. Die Personen müssen aussehen, als ob sie Leichen seien.« Also konnte ich Tageslicht als Grundlicht verwenden und die Effekte dann durch Glühlicht setzen.

Diese wenigen Beispiele machen deutlich: Jeder gute Licht-Designer muß auf die jeweilige Regiekonzeption und auf die Ideen des Regisseurs reagieren. Wenn ein Regisseur oder ein Bühnenbildner sich auf der Bühne eine Atmosphäre wünschen, die realistisch sein soll, müssen wir das auch durch bestimmte Lichteffekte herzustellen versuchen. Noch vor zwanzig Jahren konnte man Operninszenierungen anders, vielleicht sparsamer beleuchten, doch seitdem hat sich im Musiktheater vieles verändert.

Das Rampentheater ist weitgehend verschwunden, das heutige Musiktheater will individuelle Geschichten erzählen. Und um diese optisch zu unterlegen, ist auch eine andere Arbeitsweise notwendig geworden. Was sich im übrigen bereits im Sprachgebrauch an den Theatern widerspiegelt: verwenden wir doch mittlerweile lieber den künstlerisch klingenden Terminus Lichtregie anstelle des eher technisch klingenden Wortes Beleuchtung.

Da sich die Technik seit den siebziger Jahren in einem atemberaubenden Tempo weiterentwickelt hat, können wir heute auch auf andere, neuere Scheinwerfer-Typen zurückgreifen als vor zwanzig Jahren. Mit diesen Scheinwerfern haben wir die Möglichkeit, viel heller zu leuchten und eine größere Brillanz zu schaffen. Der Kerzen-

Klare Linien, aggressive Farbigkeit: Szene aus Mozarts *Don Giovanni*, München 1994 (Regie: Nicholas Hytner; Bühne und Kostüme: Bob Crowley; Licht: Jean Kalman)

licht-Charakter, also der gelbliche Schimmer, der sich früher über fast jede Inszenierung legte, ist aus aktuellen Inszenierungen von heute komplett verschwunden, oder er wird bewußt wieder eingesetzt, wenn ein Regisseur eine altertümliche, seltsam distanzierte Atmosphäre schaffen möchte.

Natürlich haben wir nach wie vor die Möglichkeit, Farben auf die Bühne zu bringen. Mit besonders knalligen Farbeffekten arbeiten wir heute vielleicht sogar häufiger als früher. Wenn manches auf der Bühne in grünem, rotem oder blauem Licht erscheint, dann erreichen wir das durch Farbfilter, die vor die Linse des Scheinwerfers gelegt werden. Diese papierdünne Folie in der gewünschten Farbe, entweder aus Plastik oder, bei sehr heiß werdenden Scheinwerfern, aus Glas, filtert alle anderen Farben aus dem Lichtspektrum heraus und bleibt nur durchlässig für die gewünschte Wellenlänge, also den gewünschten Farbton. Muß man während einer Vorstellung den Farbfilter eines älteren Scheinwerfers auswechseln, geht das nur manuell, nicht per Computer, während wir bei Scheinwerfern neuerer Baujahre elektrische Farbwechsler benutzen. Die kann man mit bis zu sechzehn Farben bestücken, die dann leicht abrufbar sind.

Durch das Licht lassen sich gezielt starke Effekte erzielen: Eine dämonische Figur bekäme von mir Fußrampenlicht, würde also von unten angestrahlt, so daß ein Schatten auf den Wänden entsteht und die Gesichtszüge dunkler werden. Licht, das schmeicheln soll, kann man hingegen durch weiche, softe Verfolger erreichen.

147

Szene aus Hans Werner Henzes Oper *Der junge Lord*, München 1995 (Regie: Günter Krämer, Bühne und Kostüme: Andreas Reinhardt; Licht: Peter Halbsgut)

Durch normale Halogenscheinwerfer wirken Gesichtszüge sanfter als im kalten HMI-Licht.

Aber warum ist das Licht auf der Bühne eigentlich so wichtig geworden? Das hat wahrscheinlich mit einem Wandel in unseren Sehgewohnheiten zu tun. Durch den Film und das Fernsehen bekommt jeder von uns täglich Szene und Spiel in immer höherer Perfektion geboten. Unsere Augen haben sich an diesen Standard gewöhnt, und so müssen auch wir im Theater diesen Veränderungen Rechnung tragen. So ist eine hochentwickelte Elektronik im heutigen Theaterbetrieb zu einer unentbehrlichen Selbstverständlichkeit geworden.

Im 19. Jahrhundert war das anders: Anfangs wurden die einzelnen Szenen mit Fackeln, später mit Gaslampen erhellt. Das war, nebenbei gesagt, auch der Grund, warum im 19. Jahrhundert fast jedes Theater mindestens einmal ein Opfer der Flammen wurde. Vor 110 Jahren hatte im Münchner Residenztheater die erste elektrische Bühnenbeleuchtung Deutschlands Premiere. Schon damals war klar: Diese Erfindung würde das Theater des 20. Jahrhunderts revolutionieren.

Bereits um die Jahrhundertwende entwickelte der legendäre Berliner Regisseur Max Reinhardt eine komplizierte Lichtregie mit zahlreichen Farbwechseln für seine Inszenierungen. Sein Zeitgenosse Adolphe Appia verband den dreidimensionalen Bühnenraum untrennbar mit einer subtilen Lichtgestaltung und schrieb: »Licht ist das wichtigste plastische Medium auf der Bühne. Ohne dessen vereinheitlichende Kraft sehen wir nur, was Objekte sind, und nicht, was sie ausdrücken.«

Auf die Erfindung der Glühlampen folgte die Erfindung der Halogentechnik; und heute hat die Lichtregie einer Opernproduktion einen großen Anteil am Gesamtwerk, ja sie steht sogar gleichberechtigt neben Regie und Bühnenbild. Für den verantwortlichen Licht-Gestalter bedeutet das: Wo früher der Mittler zwischen Kunst und Technik gefragt war, ist es heute der künstlerisch mitgestaltende, kreative Designer. Für den Zuschauer ist diese Tatsache auf dem Besetzungszettel zu sehen: Der jeweilige Licht-Designer einer Produktion wird dort zunehmend gleichberechtigt neben Dirigent, Regisseur und Ausstattern genannt.

Im heutigen Theaterbetrieb gibt es kaum noch einen Künstler, der allein verantwortlich für Regie, Bühne, Kostüm und Lichtgestaltung zeichnet. Jemand wie Jean-Pierre Ponnelle, der all das in Personalunion verkörperte, wäre auf der Schwelle zum dritten Jahrtausend nahezu singulär, da sich jeder Künstler immer stärker spezialisiert. Viele Regisseure vertrauen sich heute einem Licht-Designer an, mit dem sie die jeweilige Produktion erarbeiten und oft darüber hinaus fest zusammenarbeiten.

Allerdings: Je komplizierter die Beleuchtungsregie, desto anfälliger wird sie auch für Pannen aller Art. In Frankfurt passierte eines Tages bei einer normalen Repertoire-Vorstellung von Verdis *Otello* folgendes: Der Regisseur hatte verlangt, daß in Desdemonas Schlafgemach eine Reihe von echten Kerzen rund um das Bett aufgestellt waren. Echter Kerzenschein ist jedoch zu schwach, um bis in den Zuschauerraum gut gesehen zu werden. Deshalb wurde auf jede Kerze noch ein Scheinwerfer gelegt, um den Lichtschein für das Publikum deutlich sichtbar zu machen. In den Computer hatten wir vorher eingegeben, in welcher Reihenfolge die Scheinwerfer auszuschalten waren, und der Computer arbeitete auch wie befohlen. Nur die Sängerin leider nicht. Sie war für die ursprüngliche Solistin eingesprungen, und der Abendspielleiter hatte ihr bei der Einweisung am Nachmittag nicht gesagt, in welcher Reihenfolge die Kerzen auszupusten seien. Sie begann vorne links, und prompt ging hinten rechts eine Kerze aus. Sie blies hinten rechts, und an der Seite links verlosch eine weitere.

Doch bis es zu einer Aufführung mit für den Regisseur manchmal höchst ärgerlichen, für das Publikum jedoch oft amüsanten Pannen kommen kann, ist unsere Hauptarbeit bereits getan: Steht eine neue Inszenierung an, wird zunächst das Team festgelegt, das zusammen arbeiten wird. Falls man sich nicht ohnehin schon kennt, trifft man sich das erste Mal auf der Bauprobe, etwa ein halbes Jahr vor der Premiere. Wenn das Produktionsteam dann auf der Bühne sein Raumkonzept präsentiert, kann auch ich mir ungefähr vorstellen, was ich lichttechnisch bei dieser Inszenierung anbieten könnte. Es folgen immer wieder Gespräche, bei denen Regisseur, Bühnen- oder Kostümbildner ihre Wünsche äußern: Ob zum Beispiel für bestimmte Szenen ein bestimmtes Licht notwendig wird, welchen Lichtcharakter die Produktion im ganzen haben soll, welche Effekte notwendig sein werden und so weiter.

Beginnt sechs Wochen vor der Premiere die szenische Produktionszeit, setze ich mich so oft wie möglich in die Proben; so entsteht bei mir im Kopf eine Vorstellung für die Lichtregie. Dieses Konzept bringe ich zu Papier: Ich schreibe einen Beleuchtungsplan. Darauf hat jeder Scheinwerfer eine bestimmte Nummer, und ich lege fest, welcher Scheinwerfer wo aufgehängt wird und wann ich ihn verwenden will. Mit diesem Plan gehe ich in die Beleuchtungsproben, die zwei bis drei Wochen vor der Premiere stattfinden, und biete dem Regisseur das Licht an, das ich mir vorgestellt habe. Dann wird es akzeptiert oder modifiziert, oder wir entwickeln gemeinsam etwas Neues.

Wo allerdings dann in der Musik die endgültigen Beleuchtungseinstellungen liegen, bestimmt in erster Linie der Regisseur. Er selbst oder sein Assistent halten diese Lösung im Klavierauszug fest, unsere Beleuchtungsrepetitorin ebenso. Diese Stellungen werden dann im Beleuchtungs-Stellwerk, dem Herzen unserer Abteilung, das sich in einer der drei Logen hinter dem Parkett befindet, abgespeichert. So wird also praktisch jede Veränderung der Beleuchtung festgehalten: die Helligkeit, das Ändern der Atmosphäre oder das Ansteuern der Verfolger. Am Ende jeder Probe habe ich einen Computerausdruck, der mir sagt, was in welcher Lichtstellung passiert. Allerdings: In welche Richtung die Scheinwerfer ausgerichtet werden und welche Farben sie haben, kann nicht gespeichert werden. Das notiere ich auf einem eigenen Plan, der detailliert beschreibt, worauf wir später in jeder Vorstellung achten müssen.

Zu Lasten dieser Beleuchtungsproben geht mancher spielfreie Tag in der Staatsoper. Denn ein Schließtag vor der Premiere ist meist für die technische Einrichtung der Neuinszenierung und die Beleuchtung freigehalten. Wenn gegen Mittag des Schließtages die Beleuchtungsabteilung loslegen darf, dauert das in der Regel bis 23 Uhr; am nächsten Morgen geht es dann meistens um 8 Uhr weiter. Bis zu zwanzig Stunden dauert so eine Beleuchtungs-Einrichtung – Großkampftage für uns – im Durchschnitt. Länger kaum, denn wir haben ein enges

Aus der Lichtregieloge hinter dem Parkett wird der Ablauf der Vorstellung verfolgt und beleuchtungstechnisch überwacht

Zeitkorsett: Spätestens um 14 Uhr müssen an normalen Tagen, an denen nämlich abends eine Vorstellung läuft, die Beleuchtungsproben beendet sein. Ab dann werden Bühne und Licht für die Abendvorstellung eingerichtet.

Geht also am Abend der Vorhang auf, beginnen unsere Vorbereitungen dafür in der Regel um 14.30 Uhr. Da die Bayerische Staatsoper ein Repertoire-Theater ist, hier also jeden Abend ein anderes Stück auf dem Spielplan steht, müssen wir auch jeden Nachmittag aufs neue die benötigten Scheinwerfer vorbereiten, sie in die Zugstangen hängen oder in die Szene bauen. Und natürlich darauf achten, daß sie die richtige Farbe und die richtige Grundeinstellung haben. In der Regel sind nachmittags acht bis zehn Beleuchter mit dem sogenannten Einleuchten, also dem Einrichten der Scheinwerfer und Verfolger, beschäftigt. Im Zeitalter des Computers sind alle wichtigen Daten wie Zeit und Helligkeit gespeichert und werden automatisch abgerufen. Das also müssen wir am Abend nicht mehr manuell erledigen. Wenn dann der Vorhang aufgeht und ich selbst die Vorstellung betreue, sitze ich in der Lichtregieloge hinter dem Parkett und bin über Funk mit jedem Beleuchter verbunden, um während der Vorstellung notwendige Anweisungen geben zu können. Nach dem Schlußapplaus ist für uns aber noch lange kein Feierabend: Dann müssen wir die Scheinwerfer wieder abbauen, damit am nächsten Nachmittag die neue Vorstellung pünktlich eingeleuchtet werden kann. Eine Inszenierung zu erarbeiten, ist Teamwork: Nicht nur Regisseur und Ausstatter bilden ein Team, sondern auch wir in der Beleuchtungsabteilung arbeiten eng zusammen. Neben vier Beleuchtungsmeistern sind das zwei Stellwerksbeleuchter und 24 Beleuchter. Die Beleuchtungsmeister, die für diesen Beruf eine staatliche Prüfung abgelegt haben, leuchten die Vorstellung ein und verfolgen sie abends aus der Lichtregieloge. Sie entscheiden bei eventuellen Pannen, wie weiter vorgegangen wird, und sind für den beleuchtungstechnischen Ablauf verantwortlich. Die Stellwerksbeleuchter, »board operators« genannt, erarbeiten mit den Licht-Designern und den jeweiligen Beleuchtungsmeistern den lichttechnischen Ablauf einer Produktion. Bei den Endproben und während der Vorstellungen fahren sie, meistens auf Ansage der Beleuchtungsrepetitorin, die im Computer gespeicherten Stellungen ab.

Die anderen Beleuchter befinden sich während der Aufführung auf der Bühne auf genau festgelegten Positionen: im Bereich der Vorbühne, der Portalbrücke, der Galerien rechts und links sowie auf beiden Seiten der Bühne. Mit den fest installierten Scheinwerfern haben sie während der Vorstellung nichts mehr zu tun, da diese aus der Lichtregieloge per Knopfdruck aktiviert werden. (Im übrigen gehört das Beseitigen kleinerer Pannen sowieso zur gewohnten Aufgabe eines Beleuchters. Bemerkt der Zuschauer diese Pannen nicht, hat der Beleuchter gute Arbeit geleistet und mit viel Gefühl gearbeitet.)

In jedem Theater gibt es auch bewegliche Scheinwerfer, die sogenannten Verfolger, die von Hand bedient werden. An jedem Verfolger sitzt ein Beleuchter, der die Personen-Regie genau kennt und weiß, was der Sänger, den er mit seinem Scheinwerfer verfolgen soll, als nächstes macht. Wenn ich in einer Neuinszenierung Verfolger einsetzen soll, will ich, daß das deutlich zu sehen ist: Normale Verfolger, die nur helfen, jemanden im wahrsten Sinne des Wortes »ins rechte Licht« zu rücken, halte ich für ein wenig antiquiert und manchmal überflüssig. Entweder ist das Regie- und Lichtkonzept so, daß alle zu sehen sind (und dann brauchen wir auch keine Verfolger). Oder es sind nicht alle zu sehen, was dann entweder beabsichtigt oder aber ein Zeichen dafür ist, daß mit dem Konzept etwas nicht stimmt. Verfolger, wie sie im Zirkus eingesetzt werden, schätze ich hingegen sehr: Dann nämlich gibt ein greller, scharf umrissener Spot deutlich zu erkennen, daß hier jemand bewußt herausgestellt wird. Früher war das oft die normale Art, eine Vorstellung zu beleuchten. Heute ist man davon allerdings weitgehend abgekommen und setzt diese Scheinwerfer nur noch ganz gezielt-absichtsvoll ein.

In Peter Konwitschnys *Parsifal* zum Beispiel haben wir eine Szene durch einen solchen Verfolger stimmig gemacht: Im 1. Akt befindet sich Amfortas bei den Gralsrittern. Er wirkt verschwommen, undeutlich, hebt sich aus der Menge nicht heraus. Dann seine Lösung aus dem Gral in Richtung Vorbühne: »Erbarmen, Erbarmen, Du Allerbarmer!« Und durch den plötzlich eingesetzten scharfen Verfolger ist die Figur des Amfortas nun hart und deutlich zu sehen.

Das Beleuchten kann man übrigens nicht in einer Ausbildung erlernen. Wenn wir jemanden einstellen, verlangen wir in der Regel eine abgeschlossene Lehre als Elektriker oder eine adäquate Handwerksausbildung. Ich selbst bin gelernter Elektriker, habe 1976 als Beleuchter angefangen und bin später zum Stellwerksbeleuchter avanciert. 1985 habe ich Beleuchtungstechnik studiert und die Prüfung zum Beleuchtungsmeister abgelegt. Doch so eine Prüfung besagt in der Regel noch lange nicht, ob jemand ein Gefühl oder Verständnis für Lichtregie hat. Wie in so viele Berufe muß man auch in diesen erst hineinwachsen.

Aus der grauen Masse der Gralsritter in das grelle Licht des Verfolgers: Amfortas (John Bröcheler) in Peter Konwitschnys *Parsifal*-Inszenierung von 1995 (Bühne und Kostüme: Johannes Leiacker; Licht: Peter Halbsgut)

Die besondere Geschichte

André Krellmann

Wenn du heiratst, krieg ich dich doch

»In hundert Jahren –.« Der Theaterdirektor stach mit seinem Finger in die Luft.

»In hundert Jahren hat die großartige Residenzstadt, wo unser… geliebter Herzog… sein… herrliches Schloß hat… –«

Er machte eine Pause und deutete mit beiden Armen einen geradezu majestätischen Torbogen an, der sich über seinen Bauch hinüber und quer durch das Zimmer spannte.

»In hundert Jahren hat es das auch in Schwerin nur ein einziges Mal gegeben!«

»Was«, fragte Paul.

»Sei still«, sagte seine Mutter und zog ihn ein Stück von den Männern weg und an ihre Schürze heran.

»Einen Elephanten«, antwortete der Direktor. Er beugte sich zu Paul herunter und stützte die durchgedrückten Arme auf den leicht angewinkelten Knien ab. Der Leibesberg, der über Paul in der Luft schwebte, wirkte wie die kreatürliche Bestätigung für den Elephanten, der eben aus seinem Mund gekommen war.

»Elephanten gibt's im Zirkus«, sagte Paul.

»Sei still«, sagte seine Mutter.

»Genau!« sagte der Direktor. »Aber in diesem Fall mußte der Elephant aus dem Zirkus fort. Er wurde quer durch die Stadt geführt bis zum Bahnhof. Er wurde vor einen… gewaltigen!… Wagen gespannt. Und dann zog der Elephant die riesigen Kulissen für unsere Aufführung bis vor das Portal des Großherzoglichen Hooofttheaters –.« Die Lippen des Theaterdirektors streichelten das schöne Wort beim Aussprechen.

»Und dann?« fragte Paul.

»Paul!« sagte seine Mutter.

»Unterwegs setzte der Elephant einen turmhohen Haufen – mitten auf den Marktplatz! Eine ganze Fuhre Mist auf einmal!«

»Oh«, sagte Paul.

»Na komm. Kannst mir beim Einspannen helfen«, sagte sein Vater.

*

Der Wagen rumpelte über das Katzenkopfpflaster der Innenstadt und schlingerte dann durch die ausgefahrenen Wagenspuren in der Sandstraße bis zum Güterbahnhof. Paul sah dem Braunen beim Äppeln zu. »Eine ganze Fuhre Mist«, dachte er und: »wie groß so ein Elephant sein muß für so eine Menge Pferdeäpfel.«

Auf dem Abstellgleis für die Güterzüge, wo im August der Weizen aufgeladen wurde, so viel Weizen, daß die Fuhrwerke in einer Schlange bis auf den Bahnhofplatz anstehen mußten, stand ein einzelner staubiger Güterwagen. Ein magerer, grobknochiger Mann wuchtete die beiden Türen auf. Das Innere des Wagens war ein gewaltiges Durcheinander. Ein hölzerner Pferdekopf und ein ausgestopfter Schwan, weiße Lackstühle mit sehr dünnen, kunstvoll verdrehten Beinen, große, unordentlich gestapelte Stoffballen.

»Und wo sind die Kulissen?« fragte Paul.

»Da oben drin sind sie!« sagte der Magere und tippte Paul auf den Kopf. Sein braunes, faltiges Gesicht hatte etwas Verwahrlostes.

»Spielen Sie auch mit?« fragte Paul.

»Ich schlage die Pauke«, sagte der Mann mit einem wichtigen Ausdruck im Gesicht.

»Geh mal auf die Seite, Junge«, sagte der Vater, und die beiden Männer begannen, das Fuhrwerk zu beladen.

*

Der Wagen mußte dreimal zum Bahnhof zurückfahren, bis alles aus dem Güterwagen komplett zum Schützenhaus gebracht war. Bei der dritten Fahrt stand vor dem Schützenhaus ein leichter, weich gefederter Einspänner. Der gehörte dem Grafen Brausewitz. Den hatten sich die Seesmühlener als Bürgermeister gewählt, weil die hundertfünfzehn Arbeiterstimmen aus der Malzfabrik nicht ausreichten für den Kandidaten der Sozialdemokraten.

Berge von Gerümpel türmten sich im großen Saal, wo im Juni immer der Schützenball war. Pauls Vater und der Magere trugen mit ein paar angeheuerten Helfern von draußen immer noch Neues dazu. Paul überlegte, ob ihn jemand von den Erwachsenen finden würde, wenn er zwischen all dem Sperrholz und Vorhangstoff verloren ginge. Er strich mit der Hand über die weichen Samtpolster der Stühle und ließ vorsichtig ein paar Kristallstücke eines Lüsters aneinanderklingen. Über dem Saal lag eine gedämpfte, trockene Stille. Die staubige Luft roch ganz anders als bei den wilden Festen der Seesmühlener, drei- oder viermal im Jahr. Durch eine Seitentür trat der Theaterdirektor mit dem gräflichen Bürgermeister in den Saal hinaus.

»Wunderbare Musik, mein Lieber, wunderbar –«, brüllte der Graf in seiner jovialen Art. Wie mit einer Handbewegung wischte er die Stille weg und erfüllte den Raum mit seinem Lärm; »– aber das Stück: ein Skandal! Sowas können Sie hier doch nicht geben, in der Provinz, vor lauter anständigen Leuten«, fügte er als Bürgermeister hinzu.

»Aber mein lieber Graf, Herr Bürgermeister. Das Stück… diese Oper… ist über hundert Jahre alt«, versuchte der Direktor den jovialen Ton des Gesprächs zu halten.

»Hundert Jahre odern halbes, wat wissen denn hier die Leute von sowat«, überfuhr ihn der Graf; »ham Se nich was von Lehár aufm Programm? Damit würden Se uns den Abend verschönern!«

»Kommt gar nicht in Frage!« Der Direktor fuchtelte mit beiden Händen in der Luft herum: »Ich prostituiere mich hier nicht vor irgendwelchem Pöbel, ich reise mit meiner Compagnie im Auftrage der Kunst…«

»Ach was Kunst. Die Leute wolln maln paar schöne Beine durch die Luft fliegen sehn mit Strumpfbändern und so! Nu stelln Se sich doch nich so an!«

»Kunst als Auftrag, das ist meine Devise!« Der Direktor schnappte nach Luft. »Meine Kunst *ist* sinnlich, für das Auge *und* für den Geist!«

»Von wegen sinnlich. Das Stück is ne Schweinerei! Und wat heißt hier Geist! Das einzige, was am Ende geistert, sind die Hirngespinste von ein paar Betrunkenen, die nach der Revolution schreien, und dann muß der Wachtmeister sich wieder schinden, um die dämlichen Hammel nach Hause und ins Bett zu kriegen, bevor sie die Stadt zusammenschreien. Was ist daran schon Kunst? Ich werde jedenfalls überlegen, was sich gegen Ihre Aufführung unternehmen läßt!«

Da baute sich der kleine Theaterdirektor vor dem Bürgermeister Graf Brausewitz auf. Die rechte Hand zuckte nach oben und landete mit einem patschenden Geräusch auf dem Brustkorb, dort, wo der Direktor wohl sein Herz vermutete. Die linke griff mit einer kühnen Geste in die Luft, nach oben, gegen die rauchige Balkendecke.

»Sire, geben Sie Gedankenfreiheit!« hauchte der Direktor mit festlicher Verzweiflung und brechender Stimme in den mittäglich stillen Theatersaal.

Auf dem abgetretenen Parkett tanzten die Lichtflecken, weil draußen ein Windstoß in die Kastanien im Lustgarten gefahren war.

*

Die Mutter brachte das Essen. Für den Vater ein paar Brote mit dick Butter auf beiden Seiten und viel Wurst, für Paul mit weniger Butter und Salz. Dafür einen Apfel als Nachtisch. Paul biß mit Lust von seinem Kanten ab und wanderte weiter durch die Theaterlandschaft. Der Magere zog eine Pfeife aus der Tasche. Er habe keinen Hunger.

»Und was passiert nu in dem Stück, daß sich der alte Brausewitz so aufregt?« fragte der Vater den Mageren.

»Is gar nich so wild«, sagte der Magere und zündete seine Pfeife an.

»Hm«, brummte der Vater.

»Zwei aus der Dienerschaft wollen heiraten. Solche von feinen Herrschaften mit einem prächtigen Schloß und Park und was so dazugehört. Na, und da will der alte Graf eben sein Recht haben, worüber sich dann alle ganz fürchterlich aufregen…«

»Wie! Der alte Brausewitz?« fragte der Vater irritiert.

»Ne, in dem Stück kommt auch ein Graf vor«, antwortete der Magere; »und der will eben…«

»Was für ein Recht?« fragte die Mutter, die sich ein paar Minuten zu den Männern gesetzt hatte.

»Laß man, Mutter«, sagte der Vater bedächtig. Die Mutter sagte nichts mehr.

»Na, als Graf hat er eben das Recht, die Hochzeitsnacht mit der Braut zu verbringen, weil sie seine Leibeigene ist«, antwortete der Magere unverdrossen.

In den Lichtbahnen der durch die Kastanien dringenden Sonne tanzte der Staub. Der viele Stoff dämpfte noch zusätzlich die Geräusche, die von der Stadt her in den Saal drangen. Manchmal riß die Stille auf, wenn sich Pauls Zähne tief in den Apfel gearbeitet hatten und ein Fleischstück aus der Frucht herausbrachen.

»Sowas ist doch erfunden«, sagte der Vater. Die Mutter sagte nichts.

»Das ist eben lange her«, antwortete der Magere; »über hundert Jahre. Damals muß das wohl so gewesen sein.«

»Wie soll das alles auf die Bühne passen«, dachte Paul am andern Ende des Saales.

»Muß doch erfunden sein«, sagte der Vater noch einmal.

Der Magere zog an seiner Pfeife und schielte auf die letzte Ecke Brot.

»Und – gibt's sowas immer noch?« fragte die Mutter.

»Mutter, sei doch still«, sagte der Vater.

»Ne«, sagte der Magere, »inzwischen gibt's moderne Gesetze, nich mehr so'n ritterschaftlichen Kram…«

»Ich bring euch nachher einen Kaffee vorbei«, sagte die Mutter.

*

– Wenn du heiratst, krieg ich dich doch! –
Die Mutter ging allein mit den Resten der

Mahlzeit nach Hause. Ihren Sohn hatte sie nicht vom Schützenhaus wegbringen können. Der wollte sehen, wie das Theater aufgebaut wurde. Sie machte den Umweg über die Wismarsche Straße, um ein paar Schaufenster zu sehen, die sich aber gegen gestern nicht verändert hatten. Für jemand aus Groß Bobzien waren sie trotzdem etwas Besonderes.

Groß Bobzien war ein Weiler und bestand aus ein paar Tagelöhnerkaten, einer Schmiede, drei Bauernhöfen, einer Kirche ohne Pfarrer und einem gräflichen Domänenamt. Die Mutter war die Älteste gewesen von drei Söhnen und vier Töchtern, dem Nachwuchs in der gräflichen Schmiede. Als die beiden nächstgeborenen Töchter alt genug waren, um alleine mit der meisten Hausarbeit zurechtzukommen, kam die Älteste zum Grafen in die Lehre. In den ersten Monaten gab es Gemüse zu putzen und die Hühner zu füttern. Später kamen andere hauswirtschaftliche Verrichtungen dazu. Die Tochter lernte, wie man für fünfzig Gäste tagelang die Küche warmhält und das Personal auf Trab bringt. Die gräflichen Treibjagden von den Weihnachtstagen weg bis nach Neujahr waren eine Sensation in der ganzen Gegend. Einmal hatte selbst der Bruder des Großherzogs sich die Ehre gegeben. Nachts mußte das erlegte Wildbret gerupft oder gehäutet, gebraten, gesotten, zu Pasteten verbacken und sonstwie verarbeitet werden. Morgens sammelte sich die Jagdgesellschaft auf den vom Frost weißbepelzten Rasenflächen vor der Freitreppe; die Männer stampften gegen den gefrorenen Boden, um ihre Füße in den engen Reitstiefeln warmzuhalten. Die Küchenmädchen liefen mit gestärkten frischen Kleidern zwischen den Grüppchen hin und her, um Kanapees mit Wildpastete, kunstvoll in Servietten gewickelte Wachtelbeinchen und Schnaps herumzureichen. Aus Kammin war der Pfarrer herübergekommen, weil man ihn eingeladen hatte und er sich so ein Essen nicht entgehen lassen konnte.

Die Tochter war mit einem Tablett handfesterer Stullen zu den Jagdhelfern, die abseits auf den Aufbruch der Herrschaft warteten, geschickt worden. Die Pferde schnaubten ihren weißen Atem in die Winterluft, die Hunde zitterten vor Aufregung. Als das Tablett leer war und die Tochter eine Hand frei hatte, streichelte sie einen der besonders schönen Jagdterrier. Einer der Hufenpächter des Grafen hatte den Hund an der Leine zu führen.

Wie es ihr gehe beim Grafen in seinem schönen Schloß, wollte er wissen, mehr um ein Gespräch anzufangen.

Gut, sie hätten viel Arbeit jetzt mit dem ganzen Wild und den Gästen, aber da sei eben Leben im Haus, antwortete die Tochter befangen.

Mit dem Hornsignal wurde bald danach der Aufbruch der Jagdgesellschaft ins Werk gesetzt.

Da sei einer auf Freiersfüßen um die jüngste Magd des Onkels unterwegs, tönte der Neffe des Grafen, als er an ihr vorbeiritt. Man lachte nebenbei und beeilte sich. Die Hunde waren schon weit voraus.

Am Abend endete das jagdliche Treiben mit einem großen Ball im Grafenschloß. In der Küche herrschte noch einmal Hochbetrieb. Mit rotgeränderten und übernächtigten Augen eilten die Frauen zwischen den Feuerstellen hin und her. Später wurde es dann ruhiger; die Reste kamen von oben zurück und mußten versorgt werden. Was nicht verwahrt wurde, wanderte in die Schweinekiste. Die wurde als letztes von der

Schmiedtochter zu den Stallungen hinübergetragen, damit die Knechte am nächsten Morgen was zum Verfüttern hatten. Draußen fuhr ihr der Frost an die Kehle. Sie mußte husten nach dem stickigen und warmen Küchendunst, den sie seit Stunden geatmet hatte. Von weiter weg aus dem Park hörte sie Stimmen, wohl von Gästen des Festmahls, die sich ein wenig Bewegung verschaffen wollten. Das langgestreckte niedrige Stallgebäude, vom Torhaus unterbrochen, hob sich gegen den Nachthimmel ab. Drinnen herrschte eine angenehme Wärme, Körperwärme von den vielen Tierleibern. Im Halbdämmer der wenigen Stallaternen fand sie aus Gewohnheit den Weg, bückte sich dann und stellte die Kiste an den vorbestimmten Platz. Zwei kräftige Arme umfaßten sie plötzlich von hinten. Die Tochter schrie gar nicht, sie hatte ja die schweren und unsicheren Schritte hinter sich längst gehört. So war das eben bei den Festen auf dem Schloß. Diesmal war's aber keiner der üblichen jungen Heißsporne, dem sie ins Gesicht blickte, als er sie herumriß und ihren Körper gegen eine Wand drückte. Sie sah in die vom Alkohol zerlaufenen, von Gier verzerrten Züge des Grafen. Sie konnte sich zuerst aus dem Griff herauswinden, aber er hatte sie gleich wieder.

»Stell dich nicht so an, denk an deine Stellung«, flüsterte der Graf mit einer gepreßten, seltsam rauhen Stimme.

»Lassen Sie mich los –«, zischte sie, mehr besorgt wegen des Aufsehens, das hiervon die Folge sein würde. Sie konnte sich ein zweites Mal von dem fahrigen Gegrapsche des Alten freimachen und wollte sich entfernen.

»Ich krieg dich ja doch«, keuchte der Graf hinter ihr her. Sie zögerte.

»Wenn du meinen Pächter heiratst, gehörst du mir für eine Nacht – wenn du heiratst, krieg ich dich doch!«

Seitdem wollte die Tochter des Schmieds vom Heiraten nichts mehr wissen.

*

»Fünfe«, brüllte einer der Männer und rannte, seinen Meterstock schwingend, über die Bühne. Paul gingen die Augen über von der ganzen Pracht aus schön geschwungenen Säulen, Samtbordüren und Rokokostühlen. Nur eine gute Stunde hatte der Aufbau gedauert, und jetzt stand dort oben ein ganzes Schloß mit einem Park, in den man durch die großen Fenster der Zimmer hineinblicken konnte.

»Ich wär dann soweit fertig, Herr Direktor«, sagte der Vater.

»Sechs – unddrei – sig«, brüllte der Mann auf der Bühne und knallte den Meterstab auf den Boden. Neben ihm stand mit verzücktem Gesicht eine Frau, die schönste, die Paul jemals gesehen hatte, und hielt einen prächtigen Hut vor sich hin.

»Dan – ke«, entfuhr es in genervtem Ton dem Theaterdirektor. Der Mann am Klavier ließ die Hände in den Schoß fallen, und auf der Bühne brach jede Bewegung ab: »Herrschaften, bitte!« Der Direktor schwang sich mit erstaunlicher Leichtigkeit auf die Bühne; »wir sind hier auf dem Land! Die Zuschauer wollen eine andere Welt sehen, mit Schwung und prallem Leben, voller Freude… – Vorfreude… auf eine Hochzeit…« Er legte Daumen, Zeige- und Mittelfinger beider Hände zusammen und fuchtelte in der Luft herum: »Presto, meine Lieben, presto, bitte!«

Die Schöne fächelte sich mit dem Hut ein wenig Luft ins Gesicht.

»Herr Direktor?« sagte der Vater.

»Jetzt nicht!« entfuhr es unwirsch dem Theaterdirektor.

Paul sah auf den Vater. Der Klavierspieler fing wieder von vorne an. Der Theaterdirektor tanzte vor der Bühne herum und dirigierte mit seinen Händen in die Luft. Auf der Bühne fing alles haargenauso noch einmal von vorne an. »Fünfe«, brüllte der Mann mit dem Meterstab, und die Dame blickte mit Entzücken den Hut an, den sie die ganze Zeit in den Händen gehalten und gar nicht beachtet hatte. Der Direktor war begeistert: »Ja, meine Lieben! Presto! Lebensfreude! Das ist es!«

»Herr Direktor…«, versuchte der Vater es noch einmal. Der Direktor kam mit leuchtendem Gesicht auf den Vater zugeeilt und rieb sich die Hände: »Ja, mein Lieber, was gibt es denn noch?«

»Also ich wollte nur wegen der Bezahlung…«

»Ja, mein Lieber, haben Sie denn bereits die Rechnung verfaßt? Ohne Rechnung kann ich da natürlich gar nichts machen, alles muß seine Ordnung haben!« Aus dem Gesicht des Direktors war mit einem Schlag alles Freundliche verschwunden. Er sah streng, fast ein wenig unfreundlich auf den Vater, der natürlich – das wußte Paul auch – nur einen einfachen Quittungsblock, und den zu Hause, auf dem Kontor-Schreibtisch liegend, besaß.

»Naja, ich hatte mir gedacht –«, der Vater suchte in den Hosentaschen nach etwas, woran er sich festhalten konnte, »– ich hatte mir gedacht, ob Sie vielleicht statt der üblichen Bezahlung drei Eintrittskarten für meine Frau und mich und für den Jungen morgen abend…«

Aus dem Gesicht des Theaterdirektors brach jähe Freude hervor: »Aber mein Lieber! Ich ahne ja nicht, daß in Ihnen ein Verehrer der hohen Kunst vor mir steht! Aber nichts lieber als das. Es wird mir eine Ehre sein, Sie morgen abend hier als meine Gäste empfangen zu dürfen…«

»Dann bedank ich mich auch recht schön«, sagte der Vater.

Paul paßte auf, was als nächstes auf der Bühne geschehen würde. Jetzt hatten der Mann und die Frau einen Chorgesang angestimmt, der aber sehr ungleich war, weil sie nicht die gleichen Reime wußten. Der Direktor beugte sich wieder zu Paul hinunter: »Gefällt es dir?« fragte er.

»Was machen die da oben?« fragte Paul zurück.

»Tja…«; der Direktor fuhr ein paar Mal mit den Händen in der Luft herum. »Also die beiden sind verlobt und wollen heute noch heiraten. Er mißt das Zimmer aus, in dem sie nach der Hochzeit wohnen werden, und seine Verlobte, sie heißt Susanna, zeigt ihm dabei den Hut, den sie sich für die Hochzeit gekauft hat. Und darüber unterhalten sie sich dann. Und weil sie so glücklich sind, singen sie die ganze Zeit…«

*

Vater und Sohn traten durch eine Nebentür aus dem Schützensaal hinaus und ins Freie. Unter den Kastanien im Lustgarten wehte ein leichter kühler Wind, aber das Katzenkopfpflaster der Straßen war noch warm von der Nachmittagssonne. Die Stadt lag ausgestorben in der Abendstille.

In der Wismarschen Straße kam ihnen von weitem die Mutter entgegen, um sie zum Essen zu holen.

»Ob die Eltern vor der Hochzeit auch so gesungen hatten?« dachte sich Paul.

Die Mutter war stehengeblieben und sah ihren beiden Männern entgegen.

»Wenn du heiratst, krieg ich dich doch…« dachte sie.

Die Münchner Opern-Festspiele 1997

Nationaltheater

Eröffnungsliederabend
Sonntag, 29. Juni 1997, 20.00 Uhr

Hermann Prey

Am Flügel: Oleg Maisenberg

Robert Schumann:
Kerner-Lieder, op. 35
Dichterliebe, op. 48

Eröffnungspremiere
Montag, 30. Juni 1997, 19.00 Uhr

Le nozze di Figaro

von Wolfgang Amadeus Mozart

In italienischer Sprache

Neuinszenierung

Musikalische Leitung: Peter Schneider
Inszenierung: Dieter Dorn
Bühne und Kostüme: Jürgen Rose
Licht: Max Keller
Chöre: Udo Mehrpohl

Amanda Roocroft, Monica Groop, Alison Hagley, Trudeliese Schmidt, Margarita De Arellano
Jeffrey Black, Manfred Hemm, Artur Korn, Ulrich Reß, Alfred Kuhn, Kevin Conners

Dienstag, 1. Juli 1997, 19.00 Uhr

Macbeth

von Giuseppe Verdi

In italienischer Sprache

Musikalische Leitung: Mark Elder
Inszenierung: Harry Kupfer
Bühnenbild: Hans Schavernoch
Kostüme: Reinhard Heinrich
Choreographie: Roland Giertz
Licht: Hans Toelstede
Chöre: Udo Mehrpohl

Elena Filipova, Jennifer Trost
Paolo Gavanelli, Jan-Hendrik Rootering, Eduardo Villa, James Anderson, Gerhard Auer, Rüdiger Trebes, Hans Wilbrink, Jan Zinkler, Solisten des Tölzer Knabenchors

Mittwoch, 2. Juli 1997, 19.30 Uhr

Bayerisches Staatsballett

Schwanensee

Ballett von Ray Barra nach Petipa/Iwanov

Musik: Peter I. Tschaikowsky
Musikalische Leitung: Alexander Brezina
Choreographie: Ray Barra nach Marius Petipa/Lew Iwanov
Bühne und Kostüme: John Macfarlane
Licht: David Finn

Solisten und Ensemble des Bayerischen Staatsballetts

Donnerstag, 3. Juli 1997, 19.00 Uhr

Le nozze di Figaro

von Wolfgang Amadeus Mozart

In italienischer Sprache

Musikalische Leitung: Peter Schneider
Inszenierung: Dieter Dorn
Bühne und Kostüme: Jürgen Rose
Licht: Max Keller
Chöre: Udo Mehrpohl

Amanda Roocroft, Monica Groop, Alison Hagley, Trudeliese Schmidt, Margarita De Arellano
Jeffrey Black, Manfred Hemm, Artur Korn, Ulrich Reß, Alfred Kuhn, Kevin Conners

Schlußapplaus für das Ensemble von Verdis Oper *Macbeth* nach der Premiere am 21. Februar 1997 im Nationaltheater

Freitag, 4. Juli 1997, 20.00 Uhr

Belcanto-Konzert

Edita Gruberova

Anne Salvan, James Anderson, Harry Dworchak, Markus Hollop

Musikalische Leitung: Marcello Viotti
Das Bayerische Staatsorchester

Ausschnitte aus Opern von Gaëtano Donizetti, Vincenzo Bellini und Gioacchino Rossini

Samstag, 5. Juli 1997, 19.00 Uhr

Macbeth

von Giuseppe Verdi

In italienischer Sprache

Musikalische Leitung: Mark Elder
Inszenierung: Harry Kupfer
Bühne: Hans Schavernoch
Kostüme: Reinhard Heinrich
Choreographie: Roland Giertz
Licht: Hans Toelstede
Chöre: Udo Mehrpohl

Elena Filipova, Jennifer Trost
Paolo Gavanelli, Jan-Hendrik Rootering, Eduardo Villa, James Anderson, Gerhard Auer, Rüdiger Trebes, Hans Wilbrink, Jan Zinkler, Solisten des Tölzer Knabenchors

Konzeptions-gespräch für *Le nozze di Figaro:* Bühnen-bildner Jürgen Rose und Regis-seur Dieter Dorn (stehend)

Sonntag, 6. Juli 1997, 19.00 Uhr

Le nozze di Figaro

von Wolfgang Amadeus Mozart

In italienischer Sprache

Musikalische Leitung: Peter Schneider
Inszenierung: Dieter Dorn
Bühne und Kostüme: Jürgen Rose
Licht: Max Keller
Chöre: Udo Mehrpohl

Amanda Roocroft, Monica Groop, Alison Hagley, Trudeliese Schmidt, Margarita De Arellano
Jeffrey Black, Manfred Hemm, Artur Korn, Ulrich Reß, Alfred Kuhn, Kevin Conners

Montag, 7. Juli 1997, 19.00 Uhr

Die verkaufte Braut

von Bedřich Smetana

Musikalische Leitung: Jun Märkl
Inszenierung: Thomas Langhoff
Bühne und Kostüme: Jürgen Rose
Choreographie: Tomasz Kajdanski
Licht: Peter Halbsgut
Chöre: Eduard Asimont

Marita Knobel, Petra-Maria Schnitzer, Anne Pellekoorne, Irmgard Vilsmaier
Hans Günter Nöcker, Alfred Kuhn, Ulrich Reß, Peter Seiffert, Jan-Hendrik Rootering, Roman Sadnik, Ferry Gruber; Zirkus Baldoni

Dienstag, 8. Juli 1997, 19.00 Uhr

Anna Bolena

von Gaëtano Donizetti

In italienischer Sprache

Musikalische Leitung: Fabio Luisi
Inszenierung: Jonathan Miller
Bühne: Peter J. Davison
Kostüme: Clare Mitchell
Licht: Peter Halbsgut
Chöre: Eduard Asimont

Edita Gruberova, Vesselina Kasarova, Anne Salvan
Francesco Ellero D'Artegna, Harry Dworchak, José Bros, James Anderson

Mittwoch, 9. Juli 1997, 19.00 Uhr

Le nozze di Figaro

von Wolfgang Amadeus Mozart

In italienischer Sprache

Musikalische Leitung: Peter Schneider
Inszenierung: Dieter Dorn
Bühne und Kostüme: Jürgen Rose
Licht: Max Keller
Chöre: Udo Mehrpohl

Amanda Roocroft, Monica Groop, Alison Hagley, Trudeliese Schmidt, Margarita De Arellano
Jeffrey Black, Manfred Hemm, Artur Korn, Ulrich Reß, Alfred Kuhn, Kevin Conners

Donnerstag, 10. Juli 1997, 19.00 Uhr

Die verkaufte Braut

von Bedřich Smetana

Musikalische Leitung: Jun Märkl
Inszenierung: Thomas Langhoff
Bühne und Kostüme: Jürgen Rose
Choreographie: Tomasz Kajdanski
Licht: Peter Halbsgut
Chöre: Eduard Asimont

Marita Knobel, Petra-Maria Schnitzer, Anne Pellekoorne, Irmgard Vilsmaier
Hans Günter Nöcker, Alfred Kuhn, Ulrich Reß, Peter Seiffert, Jan-Hendrik Rootering, Nicholas Scarpinati, Ferry Gruber; Zirkus Baldoni

Freitag, 11. Juli 1997, 19.00 Uhr

Anna Bolena

von Gaëtano Donizetti

In italienischer Sprache

Musikalische Leitung: Fabio Luisi
Inszenierung: Jonathan Miller
Bühne: Peter J. Davison
Kostüme: Clare Mitchell
Licht: Peter Halbsgut
Chöre: Eduard Asimont

Edita Gruberova, Vesselina Kasarova, Anne Salvan
Francesco Ellero D'Artegna, Harry Dworchak, José Bros, James Anderson

Samstag, 12. Juli 1997, 19.30 Uhr

Ariadne auf Naxos

von Richard Strauss

Musikalische Leitung: Sir Colin Davis
Inszenierung: Tim Albery
Bühne und Kostüme: Antony McDonald
Choreographie: Rose English
Licht: Mimi Jordan Sherin

Susan Graham, Christine Schäfer, Cheryl Studer, Nathalie Boissy, Silvia Fichtl, Annegeer Stumphius
Rufus Beck, Hermann Prey, Thomas Moser, James Anderson, Claes H. Ahnsjö, Jan Zinkler, Hans Wilbrink, Martin Gantner, Kevin Conners, Alfred Kuhn, Ulrich Reß

Sonntag, 13. Juli 1997, 19.00 Uhr

Giulio Cesare

von Georg Friedrich Händel

In italienischer Sprache

Musikalische Leitung: Ivor Bolton
Inszenierung: Richard Jones
Bühne und Kostüme: Nigel Lowery
Choreographie: Amir Hosseinpour
Licht: Mimi Jordan Sherin

Ann Murray, Kathleen Kuhlmann, Trudeliese Schmidt, Pamela Coburn
Christopher Robson, Jan Zinkler, Marcello Lippi, Axel Köhler

Montag, 14. Juli 1997, 19.30 Uhr
Bayerisches Staatsballett

Schwanensee

Ballett von Ray Barra nach Petipa/Iwanov

Musik: Peter I. Tschaikowsky
Musikalische Leitung: André Presser
Choreographie: Ray Barra nach Marius Petipa/
Lew Iwanov
Bühne und Kostüme: John Macfarlane
Licht: David Finn

Solisten und Ensemble des Bayerischen
Staatsballetts

Dienstag, 15. Juli 1997, 19.30 Uhr

Ariadne auf Naxos

von Richard Strauss

Musikalische Leitung: Sir Colin Davis
Inszenierung: Tim Albery
Bühne und Kostüme: Antony McDonald
Choreographie: Rose English
Licht: Mimi Jordan Sherin

Susan Graham, Christine Schäfer, Cheryl Studer,
Nathalie Boissy, Silvia Fichtl, Annegeer
Stumphius
Rufus Beck, Hermann Prey, Thomas Moser, James
Anderson, Claes H. Ahnsjö, Jan Zinkler, Hans
Wilbrink, Martin Gantner, Kevin Conners, Alfred
Kuhn, Urich Reß

Mittwoch, 16. Juli 1997, 19.00 Uhr

Giulio Cesare

von Georg Friedrich Händel

In italienischer Sprache

Musikalische Leitung: Ivor Bolton
Inszenierung: Richard Jones
Bühne und Kostüme: Nigel Lowery
Choreographie: Amir Hosseinpour
Licht: Mimi Jordan Sherin

Ann Murray, Kathleen Kuhlmann, Trudeliese
Schmidt, Pamela Coburn
Christopher Robson, Jan Zinkler, Marcello Lippi,
Axel Köhler

Donnerstag, 17. Juli 1997, 11.00 Uhr

Abschlußkonzert
der »Münchner Singschul '97«

Das Bayerische Staatsorchester
Leitung: Heinrich Bender

Mitwirkende: Teilnehmer der Meisterklassen Inge
Borkh, Renate Holm, Astrid Varnay, Kurt Moll

Donnerstag, 17. Juli 1997, 20.00 Uhr

Liederabend
Bryn Terfel

Am Flügel: Malcolm Martineau

Lieder von Robert Schumann, Georg Friedrich
Händel, Gerald Finzi, Franz Schubert und
walisische Folk Songs

Freitag, 18. Juli 1997, 19.00 Uhr

Aida

von Giuseppe Verdi

In italienischer Sprache

Musikalische Leitung: Roberto Abbado
Inszenierung: David Pountney
Bühne: Robert Israel
Kostüme: Dunya Ramicová
Choreographie: Nils Christe
Licht: Mimi Jordan Sherin
Chöre: Udo Mehrpohl

Dolora Zajick, Maria Guleghina, Annegeer
Stumphius
Harry Dworchak, Dennis O'Neill, Kurt Rydl,
Alexandru Agache, James Anderson

Letzte Anweisungen von Dirigent Sir Colin Davis an die drei Nymphen Najade, Dryade und Echo vor der Generalprobe von Richard Strauss' Ariadne auf Naxos

Samstag, 19. Juli 1997, 19.30 Uhr
Bayerisches Staatsballett

Ein Sommernachtstraum

Ballett von John Neumeier

Musik: Felix Mendelssohn Bartholdy / György Ligeti / traditionelle mechanische Musik
Musikalische Leitung: André Presser
Choreographie: John Neumeier
Bühne und Kostüme: Jürgen Rose

Judith Turos
Kirill Melnikov
sowie Solisten und Ensemble des Bayerischen Staatsballetts

Sonntag, 20. Juli 1997, 19.00 Uhr

Idomeneo

von Wolfgang Amadeus Mozart

In italienischer Sprache

Musikalische Leitung: Peter Schneider
Inszenierung: Andreas Homoki
Bühne und Kostüme: Wolfgang Gussmann
Licht: Hans Toelstede
Chöre: Udo Mehrpohl

Rebecca Evans, Eliane Coelho, Rosita Kekyte, Yamina Maamar
Gösta Winbergh, John Mark Ainsley, Kobie van Rensburg, James Anderson, Lee In-Hak, Raphael Sigling

Regisseur Andreas Homoki bei einer *Idomeneo*-Probe mit Rainer Trost (Idamante) und Rebecca Evans (Ilia)

Montag, 21. Juli 1997, 19.00 Uhr

Carmen

von Georges Bizet

In französischer Sprache

Musikalische Leitung: Giuseppe Sinopoli
Nach einer Produktion von:
Lina Wertmüller (Inszenierung)
Enrico Job (Bühne und Kostüme)
Moses Pendleton (Choreographie)
Franco Marri (Licht)
Spielleitung: Nicolas Trees
Chöre: Udo Mehrpohl

Elena Zaremba, Leontina Vaduva, Nathalie Boissy, Natascha Petrinsky
Maurizio Muraro, Martin Gantner, Placido Domingo, Gino Quilico, Jan Zinkler, Urich Reß, Manfred Ultsch

Dienstag, 22. Juli 1997, 19.00 Uhr

Aida

von Giuseppe Verdi

In italienischer Sprache

Musikalische Leitung: Roberto Abbado
Inszenierung: David Pountney
Bühne: Robert Israel
Kostüme: Dunya Ramicová
Choreographie: Nils Christe
Licht: Mimi Jordan Sherin
Chöre: Udo Mehrpohl

Dolora Zajick, Maria Guleghina, Annegeer Stumphius
Harry Dworchak, Dennis O'Neill, Kurt Rydl, Alexandru Agache, James Anderson

Mittwoch, 23. Juli 1997, 19.00 Uhr

Xerxes (Serse)

von Georg Friedrich Händel

In italienischer Sprache

Musikalische Leitung: Ivor Bolton
Inszenierung: Martin Duncan

Bühne und Kostüme: Ultz
Choreographie: Jonathan Lunn
Licht: Alan Burrett
Chöre: Eduard Asimont

Ann Murray, Patricia Bardon, Iride Martinez, Julie Kaufmann
Christopher Robson, Umberto Chiummo, Jan Zinkler

Donnerstag, 24. Juli 1997, 19.00 Uhr

La Traviata

von Giuseppe Verdi

In italienischer Sprache

Musikalische Leitung: Jun Märkl
Inszenierung: Günter Krämer
Bühne: Andreas Reinhardt
Kostüme: Carlo Diappi
Licht: Wolfgang Göbbel
Chöre: Eduard Asimont

Cristina Gallardo-Domás, Anne Salvan, Marita Knobel, Christiane Hoefler
Frank Lopardo, Paolo Gavanelli, Ulrich Reß, Hans Günter Nöcker, Heinz Klaus Ecker, Karl Helm, James Anderson, Michael Kupfer, Raphael Sigling

Freitag, 25. Juli 1997, 19.00 Uhr

Aida

von Giuseppe Verdi

In italienischer Sprache

Musikalische Leitung: Roberto Abbado
Inszenierung: David Pountney
Bühne: Robert Israel
Kostüme: Dunya Ramicová
Choreographie: Nils Christe
Licht: Mimi Jordan Sherin
Chöre: Udo Mehrpohl

Dolora Zajick, Elena Filipova, Annegeer Stumphius
Harry Dworchak, Dennis O'Neill, Kurt Rydl, Alexandru Agache, James Anderson

Samstag, 26. Juli 1997, 20.00 Uhr

Liederabend
Montserrat Caballé

Am Flügel: Manuel Burgueras

Sonntag, 27. Juli 1997, 19.30 Uhr

Das Rheingold

von Richard Wagner

Musikalische Leitung: Peter Schneider
Inszenierung: Nikolaus Lehnhoff
Bühne: Erich Wonder
Kostüme: Frieda Parmeggiani

Felicity Palmer, Pamela Coburn, Kathleen Kuhlmann, Caroline Maria Petrig, Annegeer Stumphius, Anne Salvan
James Morris, Jürgen Freier, Stig Andersen, Graham Clark, Franz-Josef Kapellmann, Helmut Pampuch, Jan-Hendrik Rootering, Kurt Rydl

Montag, 28. Juli 1997, 19.00 Uhr

La Traviata

von Giuseppe Verdi
In italienischer Sprache

Musikalische Leitung: Jun Märkl
Inszenierung: Günter Krämer
Bühne: Andreas Reinhardt
Kostüme: Carlo Diappi
Licht: Wolfgang Göbbel
Chöre: Eduard Asimont

Cristina Gallardo-Domás, Silvia Fichtl, Marita Knobel, Christiane Hoefler
Frank Lopardo, Paolo Gavanelli, Ulrich Reß, Hans Günter Nöcker, Gerhard Auer, Karl Helm, James Anderson, Michael Kupfer, Raphael Sigling

Dienstag, 29. Juli 1997, 16.00 Uhr

Die Walküre

von Richard Wagner

Musikalische Leitung: Peter Schneider
Inszenierung: Nikolaus Lehnhoff
Bühne: Erich Wonder
Kostüme: Frieda Parmeggiani

Nadine Secunde, Gabriele Schnaut, Felicity Palmer, Annegeer Stumphius, Irmgard Vilsmaier, Jennifer Trost, Silvia Fichtl, Helena Jungwirth, Marita Knobel, Anne Pellekoorne, Anne Salvan
Siegfried Jerusalem, Matti Salminen, James Morris

Mittwoch, 30. Juli 1997, 19.30 Uhr

Bayerisches Staatsballett

Romeo und Julia

Ballett von John Cranko

Musik: Sergej Prokofjew
Musikalische Leitung: André Presser
Choreographie: John Cranko
Bühne und Kostüme: Jürgen Rose

Anna Villadolid
Luca Masala
sowie Solisten und Ensemble des Bayerischen Staatsballetts

Donnerstag, 31. Juli 1997, 17.00 Uhr

Die Meistersinger von Nürnberg

von Richard Wagner

Musikalische Leitung: Peter Schneider
Inszenierung: August Everding
Bühne und Kostüme: Jürgen Rose
Chöre: Udo Mehrpohl

Adrianne Pieczonka, Silvia Fichtl
Bernd Weikl, Kurt Moll, Claes H. Ahnsjö, Hans Wilbrink, Alan Opie, Alfred Kuhn, Kevin Conners, Hermann Sapell, James Anderson, Hans Günter Nöcker, Rüdiger Trebes, Markus Hollop, Gösta Winbergh, Ulrich Reß, Karl Helm

Der König ist tot, es lebe der König: Macbeth (Paolo Gavanelli) nach dem Mord an König Duncan. Szene aus Harry Kupfers *Macbeth*-Inszenierung (Bühne: Hans Schavernoch, Kostüme: Reinhard Heinrich)

Altes Residenztheater
(Cuvilliés-Theater)

Montag, 28. Juli 1997, 20.00 Uhr

Festspiel-Kammerkonzert des Bayerischen Staatsorchesters

Franz Schubert:
Trio B-Dur für Klavier, Violine und Violoncello, op. post. 99, D 898
Quintett A-Dur für Klavier, Violine, Viola, Violoncello und Kontrabaß, op. post. 114, D 667 (*Forellenquintett*)

Münchner Klaviertrio: Adrian Lazar (Violine), Gerhard Zank (Violoncello), Hermann Lechler (Klavier); Tilo Widenmeyer (Viola), Thomas Jauch (Kontrabaß)

Prinzregententheater

Sonntag, 13. Juli 1997, 11.00 Uhr
Einführungsmatinée zur Premiere von Claudio Monteverdis

L'incoronazione di Poppea

Prof. Dr. Jürgen Schläder:
Sittenbild mit Unmoral.
Monteverdis moderner Umgang mit der römischen Kaisergeschichte

Montag, 14. Juli 1997, 19.00 Uhr

L'incoronazione di Poppea
von Claudio Monteverdi

Versöhnung zwischen Musiktragödie und -komödie: In Tim Alberys Inszenierung von *Ariadne auf Naxos* (Bühne und Kostüme: Antony McDonald) begegnen sich Komponist (Susan Graham) und Zerbinetta (Christine Schäfer) am Ende noch einmal in der Spiegelung des Protagonisten-Paares Ariadne (Luana DeVol) und Bacchus (Thomas Moser)

In italienischer Sprache
Neuinszenierung
Musikalische Leitung: Ivor Bolton
Inszenierung: David Alden
Bühne: Paul Steinberg
Kostüme: Buki Shiff
Licht: Pat Collins

Nadja Michael, Anna Caterina Antonacci, Dorothea Röschmann, Caroline Maria Petrig, Silvia Fichtl, Jennifer Trost, Marita Knobel
Axel Köhler, David Daniels, Kurt Moll, Christian Elsner, Christian Baumgärtel, Claes H. Ahnsjö, Hans Jörg Mammel, Gerhard Auer, Jochen Schäfer, Rüdiger Trebes

Freitag, 18. Juli 1997, 19.00 Uhr

L'incoronazione di Poppea
von Claudio Monteverdi
Produktionsleitung und Besetzung wie am 14. 7.

Samstag, 19. Juli 1997, 20.00 Uhr

Duo-Abend
Dame Felicity Lott/Ann Murray
Am Flügel: Graham Johnson

Duette und Lieder von Johannes Brahms, Benjamin Britten, Hermann Darewski, Gabriel Fauré, William Gray, Richard Hagemann, Antony Hopkins, Felix Mendelssohn Bartholdy, George Meyer, Wolfgang Amadeus Mozart, Johann Christoph Pepusch, Henry Purcell, Camille Saint-Saëns, Franz Schubert, Robert Schumann, Reginald Tabbush, Kurt Weill und Hugo Wolf

Montag, 21. Juli 1997, 19.00 Uhr

L'incoronazione di Poppea
von Claudio Monteverdi
Produktionsleitung und Besetzung wie am 14. 7.

Donnerstag, 24. Juli 1997, 19.00 Uhr

L'incoronazione di Poppea
von Claudio Monteverdi
Produktionsleitung und Besetzung wie am 14. 7.

Samstag, 26. Juli 1997, 20.00 Uhr

Sonder-Akademiekonzert
Leitung: Ivor Bolton
Solistin: Ann Murray
Werke von Georg Friedrich Händel und Frank Martin

Beate Vollack als gefeierte Interpretin der Giselle in der Choreographie des gleichnamigen Balletts durch den Schweden Mats Ek (Bühne und Kostüme: Marie-Louise Ekman), Bayerisches Staatsballett 1996

Rückblick auf die Spielzeit 1996/97

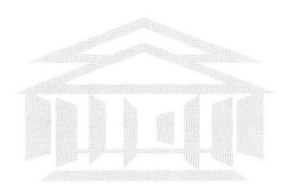

Szene aus Strauss' *Ariadne auf Naxos:* Luana DeVol (Ariadne), Annegeer Stumphius (Echo), Christine Schäfer (Zerbinetta) und ihre Komödiantentruppe mit Martin Gantner (Harlekin), Kevin Conners (Scaramuccio), Alfred Kuhn (Truffaldino), Ulrich Reß (Brighella). Regie: Tim Albery, Bühne und Kostüme: Antony McDonald

Premieren

28. Oktober 1996 – Nationaltheater

Ariadne auf Naxos

von Richard Strauss

Neuinszenierung

Musikalische Leitung: Sir Colin Davis
Inszenierung: Tim Albery
Bühne und Kostüme: Antony McDonald
Choreographie: Rose English
Licht: Mimi Jordan Sherin

Susan Graham (Der Komponist), Christine Schäfer (Zerbinetta), Luana DeVol (Primadonna/Ariadne), Nathalie Boissy (Najade), Silvia Fichtl (Dryade), Annegeer Stumphius (Echo)
Rufus Beck (Der Haushofmeister), Hermann Prey (Ein Musiklehrer), Thomas Moser (Der Tenor/Bacchus), James Anderson (Ein Offizier), Claes H. Ahnsjö (Ein Tanzmeister), Jan Zinkler (Ein Perückenmacher), Hans Wilbrink (Ein Lakai), Martin Gantner (Harlekin), Kevin Conners (Scaramuccio), Alfred Kuhn (Truffaldin), Ulrich Reß (Brighella)

12. November 1996 – Prinzregententheater
Bayerisches Staatsballett

Black Cake

Ballett von Hans van Manen

Musik: Peter I. Tschaikowsky, Leoš Janáček, Igor Strawinsky, Pietro Mascagni, Jules Massenet

Premiere im Rahmen des Gala-Abends zur Eröffnung des Prinzregententheaters

Musikalische Leitung: André Presser
Choreographie: Hans van Manen
Bühne und Kostüme: Keso Dekker

Anna Villadolid, Judith Turos, Elena Pankova
Patrick Teschner, Luca Masala, Kirill Melnikov

Ensemble des Bayerischen Staatsballetts

1. Dezember 1996 – Nationaltheater
Bayerisches Staatsballett

Giselle – Mats Ek

Ballett von Mats Ek

Musik: Adolphe Adam

Premiere

Musikalische Leitung: Heinrich Bender
Choreographie: Mats Ek
Bühne und Kostüme: Marie-Louise Ekman
Licht: Göran Westrup

Beate Vollack (Giselle), Sherelle Charge (Bathilde/Myrtha)
Norbert Graf (Albrecht), Oliver Wehe (Hilarion)

Ensemble des Bayerischen Staatsballetts

11. Januar 1997 – Nationaltheater

Venus und Adonis

von Hans Werner Henze

Uraufführung

Auftragskomposition der Bayerischen Staatsoper

Musikalische Leitung: Markus Stenz
Inszenierung: Pierre Audi
Bühne und Kostüme: Chloé Obolensky
Choreographie: Min Tanaka
Licht: Jean Kalman

Nadine Secunde (Die Prima Donna), Chris Merritt (Clemente, junger Opernsänger), Ekkehard Wlaschiha (Der Heldendarsteller); Simone Schneider, Jennifer Trost, Anne Pellekoorne, Kevin Conners, Michael Kupfer, Rüdiger Trebes (Madrigalisten/Hirten)

Tänzer: Barbara Zander (Venus), Guido Schimanski (Adonis), Benito Marcelino (Mars), Stefan Maria Marb (Die Stute), Toni Abbattista (Der Hengst), Paul Lorenger (Der Eber)

21. Februar 1997 – Nationaltheater

Macbeth

von Giuseppe Verdi

Neuinszenierung

Musikalische Leitung: Mark Elder
Inszenierung: Harry Kupfer
Bühne: Hans Schavernoch
Kostüme: Reinhard Heinrich
Choreographie: Roland Giertz
Licht: Hans Toelstede
Chöre: Udo Mehrpohl

Elena Filipova (Lady Macbeth), Jennifer Trost (Kammerfrau der Lady Macbeth)
Paolo Gavanelli (Macbeth), Jan-Hendrik Rootering (Banco), Eduardo Villa (Macduff), James Anderson (Malcolm), Gerhard Auer (Arzt), Rüdiger Trebes (Diener des Macbeth), Michael Kupfer (Mörder), Jan Zinkler (Erscheinung), 2 Tölzer Knaben (Erscheinungen)

15. März 1997 – Nationaltheater
Bayerisches Staatsballett
Premiere
Neueinstudierungen

Sinfonie in C

Ballett von George Balanchine

Musik: Georges Bizet (Sinfonie in C)
Choreographie: George Balanchine

Elena Pankova, Luca Masala
Natalja Trokaj, Kirill Melnikov
Tina-Kay Bohnstedt, Alen Bottaini
Kusha Alexi, Christian Ianole

Hans Werner Henze nimmt nach der Uraufführung seiner Oper *Venus und Adonis* am 11. Januar 1997 im Nationaltheater den Beifall des Publikums entgegen

Zakouski

Musik: Sergej Rachmaninow, Sergej Prokofjew, Igor Strawinsky, Peter I. Tschaikowsky
Choreographie: Peter Martins
Kostüme: Barbara Matera

Violine: Luis Michal
Klavier: Maria Babanina

Elena Pankova, Nikolaj Hübbe (New York City Ballet)

Chamber Symphony

Ballett von Lucinda Childs

Musik: John Adams (Chamber Symphony)
Choreographie: Lucinda Childs
Bühne und Kostüme: Ronaldus Shamask
Licht: Johann Darchinger

Natalja Trokaj, Anna Villadolid
Stefan Moser, Norbert Graf

Svadebka

Ballett von Jiří Kylián

Musik: Igor Strawinsky (Les Noces)
Choreographie: Jiří Kylián
Bühne und Kostüme: John Macfarlane
Licht: Jennifer Tipton

Judith Turos, Norbert Graf

Ensemble des Bayerischen Staatsballetts
Gesangssolisten: Jennifer Trost, Anne Pellekoorne;
James Anderson, Rüdiger Trebes
Chor der Hochschule für Musik

Klavier: Denise Gaudry, Stephan Schmidt, Donald Wages, Bogdana Nebolubova

Musikalische Leitung: André Presser

Judith Turos und Ensemble-Mitglieder des Bayerischen Staatsballetts in Jiří Kyliáns Ballett *Svadebka* (Bühne und Kostüme: John Macfarlane), 1997 im Nationaltheater

8. April 1997 – Prinzregententheater

Gemeinschaftsproduktion mit der Münchener Biennale

Uraufführung

Helle Nächte

Text: Helmut Krausser

Musik: Moritz Eggert

Oper nach Motiven aus *Tausendundeiner Nacht* und *Mysterien* von Knut Hamsun

Musikalische Leitung: Peter Hirsch
Inszenierung: Tilman Knabe
Bühne: Alfred Peter
Kostüme: Katrin Maurer

Päivi Elina, Simone Schneider, Irmgard Vilsmaier, Anna Salvan, Martina Koppelstetter, Helena Jungwirth, Anne Pellekoorne, Gundula Köster
Claes H. Ahnsjö, Wolfgang Wirsching, Hans Wilbrink, Rüdiger Trebes, Charles Maxwell, Peter Pruchniewitz

Mitglieder des Bayerischen Staatsorchesters

16. Mai 1997 – Nationaltheater

Die verkaufte Braut

von Bedřich Smetana

Neuinszenierung

Musikalische Leitung: Jun Märkl
Inszenierung: Thomas Langhoff
Bühne und Kostüme: Jürgen Rose
Choreographie: Tomasz Kajdanski
Licht: Peter Halbsgut
Chöre: Eduard Asimont

Marita Knobel (Ludmila), Petra-Maria Schnitzer (Mařenka), Anne Pellekoorne (Háta), Irmgard Vilsmaier (Esmeralda)
Hans Günter Nöcker (Krušina), Alfred Kuhn (Mícha), Urich Reß (Vašek), Peter Seiffert (Jeník), Jan-Hendrik Rootering (Kecal), Roman Sadnik (Zirkusdirektor), Ferry Gruber (Ferenc); Zirkus Baldoni

17. Mai 1997 – Prinzregententheater

Bayerisches Staatsballett

Ein Traumspiel

Ballett von Davide Bombana

Musik: Axel-Frank Singer

Uraufführung

Musikalische Leitung: André Presser
Choreographie: Davide Bombana
Bühne und Kostüme: Dorin Gal
Licht: Jacques Châtelet

Solisten und Ensemble des Bayerischen Staatsballetts

30. Juni 1997 – Nationaltheater

Le nozze di Figaro

von Wolfgang Amadeus Mozart

Neuinszenierung

Musikalische Leitung: Peter Schneider
Inszenierung: Dieter Dorn
Bühne und Kostüme: Jürgen Rose
Licht: Max Keller
Chöre: Udo Mehrpohl

Amanda Roocroft (La Contessa Rosina), Monica Groop (Cherubino), Alison Hagley (Susanna), Trudeliese Schmidt (Marcellina), Margarita De Arellano (Barbarina)
Jeffrey Black (Il Conte d'Almaviva), Manfred Hemm (Figaro), Artur Korn (Bartolo), Ulrich Reß (Don Basilio), Alfred Kuhn (Antonio), Kevin Conners (Don Curzio)

14. Juli 1997 – Prinzregententheater

L'incoronazione di Poppea

von Claudio Monteverdi

Neuinszenierung

Musikalische Leitung: Ivor Bolton
Inszenierung: David Alden
Bühne: Paul Steinberg
Kostüme: Buki Shiff

Nadja Michael (Ottavia), Anna Caterina Antonacci (Poppea), Dorothea Röschmann (Drusilla), Silvia Fichtl (Fortuna/Venere), Jennifer Trost (Virtù/Pallade), Caroline Maria Petrig (Damigella), Marita Knobel (Nutrice)
Axel Köhler (Ottone), David Daniels (Nerone), Kurt Moll (Seneca), Christian Elsner (Arnalta), Christian Baumgärtel (Valletto), Claes H. Ahnsjö (1. Soldat/Lucano/Freund Senecas/Tribun), Hans Jörg Mammel (2. Soldat/Liberto), Gerhard Auer (Mercurio/Littore/Freund Senecas/Konsul), Rüdiger Trebes (Konsul), Jochen Schäfer (Freund Senecas/Tribun)

»Die Kunst bleibt«

Daniel Spoerris Installation *Re-Naissance*

Für ihren Beitrag zu den Münchner Opern-Festspielen 1996 bat die Bayerische Vereinsbank Daniel Spoerri um seine Installation *Re-Naissance*. Auf dem Max-Joseph-Platz vor dem Nationaltheater errichtete der Künstler seine Assemblage aus grasbedeckten Sofas, die um eine Säule angeordnet waren, und thematisierte damit Gegenwärtigkeit und Vergänglichkeit als Polaritäten in der Kunst. Wieland Schmied, Präsident der Bayerischen Akademie der Schönen Künste, erläuterte dazu in seiner Eröffnungsrede, das Verhältnis der Dinge in ihrer Verbindung miteinander werde sich von Woche zu Woche, wenn nicht von Tag zu Tag verändern. Wie sehr diese Veränderung als Prozeß eintrat, zeigen unsere Abbildungen. Schmied: »Die Säule mit der Hand, der Vase, dem Engelskopf wird bleiben, wie sie ist, aber das Gras wird welken.« Sein Resümee in bezug auf Spoerris Botschaft lautete: »Die Kunst bleibt. Aber für die Natur müssen wir etwas tun.«

Grasbedeckte Sofas als Symbol für Veränderung und Vergänglichkeit: Daniel Spoerris Installation *Re-Naissance* auf dem Max-Joseph-Platz lud während der Münchner Opern-Festspiele 1996 zum Verweilen und Nachdenken ein

Akademiekonzerte
des Bayerischen Staatsorchesters

7. und 8. Oktober 1996

1. Akademiekonzert

Joseph Haydn:
Konzert für Violoncello und Orchester,
C-Dur, Hob. VIIb 1

Gustav Mahler:
Symphonie Nr. 1, D-Dur

Leitung: Giuseppe Sinopoli
Solistin: Han-Na Chang

11. und 12. November 1996

2. Akademiekonzert

Wolfgang Amadeus Mozart:
Symphonie Nr. 32, G-Dur, KV 318

Joseph Haydn:
Symphonie C-Dur, Hob. I 97

Johannes Brahms:
Symphonie Nr. 1, c-Moll, op. 68

Leitung: Sir Colin Davis

9. und 10. Dezember 1996

3. Akademiekonzert

Felix Mendelssohn Bartholdy:
Violinkonzert e-Moll, op. 64

Dmitri Schostakowitsch:
Symphonie Nr. 8, c-Moll, op. 65

Leitung: Semyon Bychkov
Solistin: Kyoko Takezawa

20. und 21. Januar 1997

4. Akademiekonzert

Hans Pfitzner:
Vorspiele zu den drei Akten der Oper *Palestrina*

Béla Bartók:
Konzert für Viola und Orchester

Anton Bruckner:
Symphonie Nr. 1, c-Moll

Leitung: Peter Schneider
Solist: Dietrich Cramer

24. und 25. März 1997

5. Akademiekonzert

Franz Schubert:
Symphonie Nr. 6, C-Dur, D 589

Ludwig van Beethoven:
Klavierkonzert Nr. 2, B-Dur, op. 19

Igor Strawinsky:
Le Sacre du Printemps

Leitung: Zubin Mehta
Solist: Radu Lupu

8., 9. und 10. Juni 1997

6. Akademiekonzert

Manfred Trojahn:
*… mit durchscheinender Melancholie –
ein Brahms-Portrait für Orchester*

Antonín Dvořák:
Konzert für Violoncello und Orchester,
h-Moll, op. 104

Jean Sibelius:
Symphonie Nr. 2, D-Dur, op. 43

Leitung: Peter Schneider
Solist: Lynn Harrell

Kammersängerin Edita Gruberova am 9. Januar 1997 im Kultusministerium: Staatsminister Hans Zehetmair überreicht der gefeierten Künstlerin den Bayerischen Verdienstorden. Die ersten Gratulanten: Staatsintendant Peter Jonas (ganz rechts), Operndirektor Gerd Uecker (2. von links), Geschäftsführender Direktor Dr. Roland Felber (halb verdeckt links neben Edita Gruberova)

Sonderkonzerte

des Bayerischen Staatsorchesters

1. Dezember 1996 – Prinzregententheater

Sonder-Akademiekonzert

Anläßlich der Wiedereröffnung des Prinzregententheaters

Richard Strauss:
Don Juan, op. 20
Till Eulenspiegels lustige Streiche, op. 28
Also sprach Zarathustra, op. 30

Leitung: Sir Georg Solti

4. Juli 1997 – Nationaltheater

Belcanto-Konzert

Im Rahmen der Münchner Opern-Festspiele

Leitung: Marcello Viotti
Solistin: Edita Gruberova

Anne Salvan, James Anderson, Harry Dworchak, Markus Hollop

Ausschnitte aus Opern von Gaëtano Donizetti, Vincenzo Bellini und Gioacchino Rossini

26. Juli 1997 – Prinzregententheater

Sonder-Akademiekonzert

Im Rahmen der Münchner Opern-Festspiele

Leitung: Ivor Bolton
Solistin: Ann Murray

Werke von Georg Friedrich Händel und Frank Martin

Kammermusik-Matinéen und -Serenaden

des Bayerischen Staatsorchesters

Thema: Kammermusik europäischer Länder

13. und 15. Oktober 1996

1. Kammermusik: Tschechien und Ungarn

Wolfgang Amadeus Mozart/Georg Druschetzky:
Variationen über ein Thema von Gluck
»Unser dummer Pöbel meint«, KV 455,
für 2 Klarinetten, 2 Fagotte und 2 Hörner

Frigyes Hidas:
5 Miniatures für 2 Klarinetten, 2 Fagotte
und 2 Hörner

František Vincenc Kramář:
Parthia B-Dur für Klarinette Solo, Klarinette,
2 Fagotte und 2 Hörner

Jiří Kratochvíl:
Trio für Klarinette, Horn und Fagott

Mátyás Seiber:
Serenade Es-Dur für 2 Klarinetten,
2 Fagotte und 2 Hörner

Hans Schöneberger, Jürgen Key (Klarinette); Holger Schinköthe, Klaus Botzky (Fagott); Siegfried Machata, Wolfram Sirotek (Horn)

17. und 19. November 1996

2. Kammermusik: Italien und England

Claudio Monteverdi:
Suite aus der Oper *Orfeo* (Arr. Dieter Wendel)

Anthony Holborne:
Suite *The Fairie Round* (Arr. Roger Harvey)

Georg Friedrich Händel:
Music for the Royal Fireworks (Arr. Elgar Howarth)

Giacomo Puccini:
Suite aus der Oper *Tosca* (Arr. Manfred Honetschläger)

Jim Parker:
A Londoner in New York

Goff Richards:
Homage to the Noble Grape

Leitung: Walter Hilgers

Blechbläserensemble der Bayerischen Staatsoper:
Uwe Kleindienst, Ralf Scholtes, Friedemann Schuck, Andreas Kittlaus (Trompete); Ulrich Pförtsch, Robert Kamleiter, Thomas Klotz, Uwe Füssel, Richard Heunisch (Posaune); Johannes Dengler, Maximilian Hochwimmer, Rainer Schmitz, Wolfram Sirotek (Horn); Robert Tucci (Tuba); Andreas Vonderthann, Hermann Holler (Schlagzeug)

26. und 28. Januar 1997

3. Kammermusik: Spanien

Juan Crisóstomo de Arriaga:
Streichquartett Nr. 2, A-Dur

Joaquín Rodrigo:
Sonata pimpante A-Dur für Violine und Klavier

Cristóbal Halffter:
Sonate op. 20 für Violine solo

Joaquín Turina:
Klavierquartett a-Moll, op. 67

Luis Michal, Susanne Gargerle (Violine); Roland Krüger (Viola); Wolfgang Bergius (Violoncello); Begoña Uriarte (Klavier)

23. und 25. Februar 1997

4. Kammermusik: Skandinavien

Joseph Martin Kraus:
Streichquartett Nr. 4, D-Dur

Edvard Grieg:
Streichquartett g-Moll, op. 27

Christian Sinding:
Quintett e-Moll, op. 5, für 2 Violinen, Viola, Violoncello und Klavier

Das Leopolder-Quartett: Wolfgang Leopolder, Cäcilie Sproß (Violine), Gerhard Breinl (Viola), Friedrich Kleinknecht (Violoncello); Hermann Lechler (Klavier)

13. und 15. April 1997

5. Kammermusik: Rußland

Sergej Rachmaninow:
Sonate g-Moll, op. 19, für Klavier und Violoncello

Dmitri Schostakowitsch:
Quintett g-Moll, op. 57, für Klavier, 2 Violinen, Viola und Violoncello

Barbara Burgdorf, Kai Bernhöft (Violine); Stephan Finkentey (Viola); Christoph Hellmann (Violoncello); Michael Schäfer (Klavier)

15. und 17. Juni 1997

6. Kammermusik: Frankreich

Ernest Chausson:
Klavierquartett A-Dur, op. 30

Maurice Ravel:
Tzigane
Konzertrhapsodie für Violine und Klavier

Claude Debussy:
Streichquartett g-Moll, op. 10

Arben Spahiu, Martin Klepper (Violine); Christiane Arnold (Viola); Rupert Buchner (Violoncello); Nobuko Nishimura (Klavier)

28. Juli 1997

Festspiel-Kammermusik

Franz Schubert:
Trio Es-Dur für Klavier, Violine und Violoncello, op. post. 100, D 929
Quintett A-Dur für Violine, Viola, Violoncello, Kontrabaß und Klavier, op. post. 114, D 667 (*Forellenquintett*)

Münchner Klaviertrio: Adrian Lazar (Violine), Gerhard Zank (Violoncello), Hermann Lechler (Klavier); Tilo Widenmeyer (Viola); Thomas Jauch (Kontrabaß)

Liederabende und Liedermatinéen

14. Oktober 1996 – Altes Residenztheater (Cuvilliés-Theater)

Dennis O'Neill

Am Flügel: Ingrid Surgenor

Lieder und Arien von Giuseppe Verdi, Vincenzo Bellini, Gaëtano Donizetti, Stanislao Gastaldon, Ruggero Leoncavallo, Giacomo Puccini, Francesco Paolo Tosti, Francesco Cilea

17. März 1997 – Altes Residenztheater (Cuvilliés-Theater)

Amanda Roocroft

Am Flügel: Malcolm Martineau

Lieder und Arien von Georg Friedrich Händel, Robert Schumann, Richard Strauss, Alban Berg, Franz Liszt, John Ireland

29. Juni 1997 – Nationaltheater

Hermann Prey

Am Flügel: Oleg Maisenberg

Robert Schumann:
Kerner-Lieder, op. 35, Dichterliebe, op. 48

17. Juli 1997 – Nationaltheater

Bryn Terfel

Am Flügel: Malcolm Martineau

Lieder von Robert Schumann, Georg Friedrich Händel, Gerald Finzi, Franz Schubert und walisische Folk Songs

19. Juli 1997 – Prinzregententheater

Dame Felicity Lott/Ann Murray

Am Flügel: Graham Johnson

26. Juli 1997 – Nationaltheater

Montserrat Caballé

Am Flügel: Manuel Burgueros

Regisseure bei der Arbeit

Eike Gramss (rechts) mit Komponist Hans-Jürgen von Bose und Ausstatter Gottfried Pilz beim Konzeptionsgespräch zu *Schlachthof 5*

Harry Kupfer (rechts) bei einer Probe mit dem *Macbeth*-Darsteller Paolo Gavanelli

Andreas Homoki (links) in einer *Idomeneo*-Diskussion mit Staatsintendant Peter Jonas

Thomas Langhoff (rechts) mit Ausstatter Jürgen Rose beim Konzeptionsgespräch zu *Die verkaufte Braut*

Ballettwoche 1997

(15. bis 21. März 1997)

15. März 1997
Bayerisches Staatsballett
Premiere
Neueinstudierungen

Sinfonie in C

Ballett von George Balanchine

Musik: Georges Bizet (Sinfonie in C)
Choreographie: George Balanchine

Elena Pankova, Luca Masala
Natalja Trokaj, Kirill Melnikov
Tina-Kay Bohnstedt, Alen Bottaini
Kusha Alexi, Christian Ianole

Zakouski

Musik: Sergej Rachmaninow, Sergej Prokofjew, Igor Strawinsky, Peter I. Tschaikowsky
Choreographie: Peter Martins
Kostüme: Barbara Matera

Violine: Luis Michal
Klavier: Maria Babanina

Elena Pankova, Nikolaj Hübbe
(New York City Ballet)

Chamber Symphony

Ballett von Lucinda Childs

Musik: John Adams (Chamber Symphony)
Choreographie: Lucinda Childs
Bühne und Kostüme: Ronaldus Shamask
Licht: Johann Darchinger

Natalja Trokaj, Anna Villadolid
Stefan Moser, Norbert Graf

Svadebka

Ballett von Jiří Kylián

Musik: Igor Strawinsky (Les Noces)
Choreographie: Jiří Kylián
Bühne und Kostüme: John Macfarlane
Licht: Jennifer Tipton

Judith Turos, Norbert Graf

Ensemble des Bayerischen Staatsballetts
Gesangssolisten: Jennifer Trost, Anne Pellekoorne; James Anderson, Rüdiger Trebes
Chor der Hochschule für Musik
Klavier: Denise Gaudry, Stephan Schmidt, Donald Wages, Bogdana Nebolubova

Musikalische Leitung: André Presser

16. März 1997
Bayerisches Staatsballett

Onegin

Ballett von John Cranko
Musik: Peter I. Tschaikowsky/Kurt-Heinz Stolze
Musikalische Leitung: André Presser
Choreographie: John Cranko
Bühne und Kostüme: Jürgen Rose

Judith Turos, Anna Villadolid
Kirill Melnikov, Vladimir Malakhov, Peter Jolesch
Ensemble des Bayerischen Staatsballetts

17. und 18. März 1997
Gastspiel der Compañía Nacional de Danza, Madrid, Nacho Duato

Cautiva

Musik: Alberto Iglesias
Choreographie: Nacho Duato

Por Vos Muero

Musik: Spanische Musik des 15. und 16. Jahrhunderts
Choreographie: Nacho Duato

Mediterrania

Musik: Jerónimo Maesso, Maria del Mar Bonet, Peter Griggs, Lisa Gerrard, Brendan Perry, Juan Alberto Arteche, Javier Paxarion
Choreographie: Nacho Duato

19. März 1997
Bayerisches Staatsballett

Giselle – Mats Ek

Ballett von Mats Ek
Musik: Adolphe Adam
Musikalische Leitung: Heinrich Bender
Choreographie: Mats Ek
Bühne und Kostüme: Marie-Louise Ekman
Licht: Göran Westrup

Beate Vollack, Cherelle Charge
Norbert Graf, Oliver Wehe
Ensemble des Bayerischen Staatsballetts

20. März 1997
Bayerisches Staatsballett

Don Quijote

Ballett von Ray Barra nach Marius Petipa
Musik: Ludwig Minkus
Musikalische Leitung: André Presser
Choreographie: Ray Barra nach Marius Petipa
Bühne: Thomas Pekny
Kostüme: Silvia Strahammer

Susan Jaffe, Natalja Trokaj, Judith Turos
José Manuel Carreño, Luca Masala, Peter Jolesch,
Gianluca Lo Gaglio
sowie Solisten und Ensemble des Bayerischen
Staatsballetts

21. März 1997
Bayerisches Staatsballett

Giselle

Ballett von Peter Wright nach Petipa, Coralli, Perrot
Musik: Adolphe Adam
Musikalische Leitung: André Presser
Choreographie: Peter Wright nach Petipa, Coralli,
Perrot
Bühne und Kostüme: Peter Farmer

Elena Pankova, Natalja Trokaj
Kirill Melnikov, Norbert Graf
sowie Solisten und Ensemble des Bayerischen
Staatsballetts

Anna Villadolid und Norbert Graf in Lucinda Childs' Choreographie *Chamber Symphony* (Bühne und Kostüme: Ronaldus Shamask), Nationaltheater 1997

Einführungsveranstaltungen Oper

Leitung: Hanspeter Krellmann

9. Januar 1997 – Altes Residenztheater (Cuvilliés-Theater)

Zur Uraufführung von
Hans Werner Henzes

Venus und Adonis

Mit Hans Werner Henze (Komponist), Hans-Ulrich Treichel (Librettist), Markus Stenz (Dirigent)

Gesprächsleitung: Peter Jonas

16. Februar 1997 – Altes Residenztheater (Cuvilliés-Theater)

Zur Neuinszenierung von
Giuseppe Verdis

Macbeth

Prof. Dr. Udo Bermbach:
Das Verhältnis von Macht und Wahnsinn in bezug auf Macbeth

11. Mai 1997 – Altes Residenztheater (Cuvilliés-Theater)

Zur Neuinszenierung von
Bedřich Smetanas

Die verkaufte Braut

Mit Jun Märkl (Dirigent)
und Prof. Dr. Jürgen Schläder

Gesprächsleitung: Hanspeter Krellmann

13. Juli 1997 – Prinzregententheater

Zur Neuinszenierung von
Claudio Monteverdis

L'incoronazione di Poppea

Prof. Dr. Jürgen Schläder:
Sittenbild mit Unmoral
Monteverdis moderner Umgang mit der römischen Kaisergeschichte

Einführungsveranstaltung Ballett

10. Mai 1997 – Prinzregententheater

Zur Uraufführung von
Davide Bombanas Ballett

Ein Traumspiel

Lesung

20. April 1997 – Altes Residenztheater (Cuvilliés-Theater)

Dietrich Fischer-Dieskau / Gert Westphal

Kreisleriana: Texte von E. T. A. Hoffmann

Sonderveranstaltung

2. März 1997 – Altes Residenztheater (Cuvilliés-Theater)

Matinée für Wolfgang Sawallisch

anläßlich des 50jährigen Bühnenjubiläums des Bayerischen Generalmusikdirektors (1971–1992) und Staatsoperndirektors (1982–1992)

Wolfgang Sawallisch wurde anläßlich seines 50jährigen Bühnenjubiläums geehrt. Gemeinsam mit der Gesellschaft zur Förderung der Münchner Opern-Festspiele und den Freunden des Nationaltheaters hatte die Bayerische Staatsoper am 2. März 1997 ins Cuvilliés-Theater eingeladen. Das Bild oben zeigt den Jubilar mit Staatsminister Hans Zehetmair sowie Erhardt D. Stiebner (rechts), Vorsitzender des Fördervereins, und Dr. Hubert Mennacher, den Vorsitzenden der Nationaltheater-Freunde.
Auf dem Bild unten nimmt Sawallisch den Applaus des Publikums entgegen.
In der ersten Reihe: Mechthild Sawallisch neben Peter Jonas

Zubin Mehta dirigierte im 5. Akademiekonzert das Bayerische Staatsorchester am 24. März 1997

Opernstudio der Bayerischen Staatsoper

(bis 31. Juli 1997)

Leitung: Heinrich Bender

4. Dezember 1996
Mitwirkung bei der Jahreshauptversammlung der Gesellschaft zur Förderung der Münchner Opern-Festspiele
Altes Residenztheater (Cuvilliés-Theater)

3. März 1997
Gaëtano Donizetti

Don Pasquale
Für die »Freunde des Nationaltheaters« e.V.
Altes Residenztheater (Cuvilliés-Theater)

27. Juni 1997
Gaëtano Donizetti

Don Pasquale
Seebühne, Westpark München

Aufführungsstatistik 1996/97

Mit den Gastspielen
»Die Staatsoper in Bayern«

Opern

Aida	7
Anna Bolena	5
Ariadne auf Naxos	12
Il Barbiere di Siviglia	3
La Bohème	7
Carmen	11
Così fan tutte	4
La Damnation de Faust	6
Don Giovanni	7
Don Pasquale	4
Der fliegende Holländer	5
Giulio Cesare	7
Hänsel und Gretel	8
Idomeneo	8
L'incoronazione di Poppea	4
Die Liebe zu den drei Orangen	9
Macbeth	8
Madama Butterfly	5
Die Meistersinger von Nürnberg	2
Nabucco	6
Le nozze di Figaro	4
Parsifal	4
Peter Grimes	4
Das Rheingold	1
Der Rosenkavalier	4
Salome	3
Schlachthof 5	4
Das Schloß	3
Tosca	3
La Traviata	8
Il Trovatore	7
Venus und Adonis	10
Die verkaufte Braut	7
Die Walküre	4
Xerxes	5
Die Zauberflöte	6

Ballette

Black Cake	11
Chamber Symphony	5
Concertante	8
Concerto Barocco	6
Déjà vu	7
Don Quijote	5
Dornröschen	5
Fearful Symmetries	4
Fünf Tangos	6
Giselle (Mats Ek)	10
Giselle (Peter Wright)	5
Große Fuge	8
Max und Moritz	8
Onegin	8
Romeo und Julia	1
Sarkasmen	7
Schwanensee	16
Shannon Rose	7
Sinfonie in C	5
Ein Sommernachtstraum	8
Svadebka	7
Ein Traumspiel	8
Trois Gnossiennes	4
Zakouski (Pas de deux)	7
Ballett-Gastspiel der Compañía Nacional de Danza (Madrid)	2
Ballett-Matinéen der Heinz-Bosl-Stiftung	4
Tag der offenen Tür	1
Theater und Schule: »Studio«	1

Konzerte, Matinéen etc.

Akademiekonzerte	13
Sonder-Akademiekonzerte	2
Belcanto-Konzert	1
Kammermusik-Matinéen	6
Kammermusik-Serenaden	6
Festspiel-Kammerkonzert	1
Matinée für Prof. Wolfgang Sawallisch	1
Liederabende	6
Abschlußkonzert der Münchner Singschul '97	1
Klangspuren	6
Helle Nächte	3
Veranstaltungen des Opernstudios	3
Lesung	1
Einführungsveranstaltungen	5
Kultur live aus der Staatsoper	6
Festspiel-Gottesdienst	1

Vorschau auf die Eröffnungspremiere der Münchner Opern-Festspiele 1998: Bauprobe zur Neuinszenierung von Wagners *Tristan und Isolde*.
Von links: Dirigent Zubin Mehta, Staatsintendant Peter Jonas, Regisseur Peter Konwitschny, Produktionsdramaturg Werner Hintze und Ausstatter Johannes Leiacker

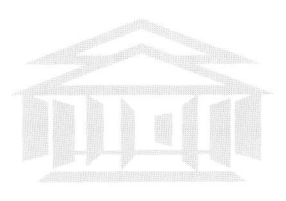

Vorschau auf die Spielzeit 1997/98

Das Ensemble der Bayerischen Staatsoper

Gesellschaft zur Förderung der
Münchner Opern-Festspiele

Premieren der Spielzeit 1997/98

Pierre Mendell:
Plakatentwürfe
für die Neupro-
duktionen der
Spielzeit 1997/98

27. Oktober 1997 – Nationaltheater

Elektra

Richard Strauss
Hugo von Hofmannsthal

Musikalische Leitung: Peter Schneider
Inszenierung, Bühne und Kostüme:
Herbert Wernicke
Chöre: Eduard Asimont

Marjana Lipovsek, Gabriele Schnaut, Nadine Secunde, Irmgard Vilsmaier, Margarita De Arellano, Marita Knobel, Anne Pellekoorne, Helena Jungwirth, Silvia Fichtl, Annegeer Stumphius, Caroline Maria Petrig

William Cochran, Monte Pederson, Karl Helm, Kevin Conners, Gerhard Auer

Hörfunk-Übertragung im Programm Bayern 4

22. Dezember 1997 – Nationaltheater

Die Fledermaus

Johann Strauß
Carl Haffner und Richard Genée
nach Meilhac und Halévy

Musikalische Leitung: Simone Young
Inszenierung: Leander Haußmann
Bühne: Bernhard Kleber
Kostüme: Doris Haußmann
Chöre: Eduard Asimont

Cheryl Studer, Birgid Steinberger
Thomas Allen, Ekkehard Wlaschiha, Christopher Robson, Eduardo Villa, Martin Gantner, Ulrich Reß, Ignaz Kirchner

Hörfunk-Übertragung im Programm Bayern 4

25. Februar 1998 – Nationaltheater

The Midsummer Marriage

Michael Tippett

In englischer Sprache

Münchner Erstaufführung

Musikalische Leitung: Mark Elder
Inszenierung: Richard Jones
Bühne: Jaha Hadid
Bühnenbild-Associate: Giles Cadle
Kostüme: Nicky Gillibrand

Choreographie: Amir Hosseinpour
Licht: Mimi Jordan Sherin
Chöre: Udo Mehrpohl

Alison Hagley, Catherine Wyn-Rogers, Nadja Michael
Philip Langridge, Esa Ruuttunen, Christopher Ventris, Phillip Ens

Hörfunk-Übertragung im Programm Bayern 4

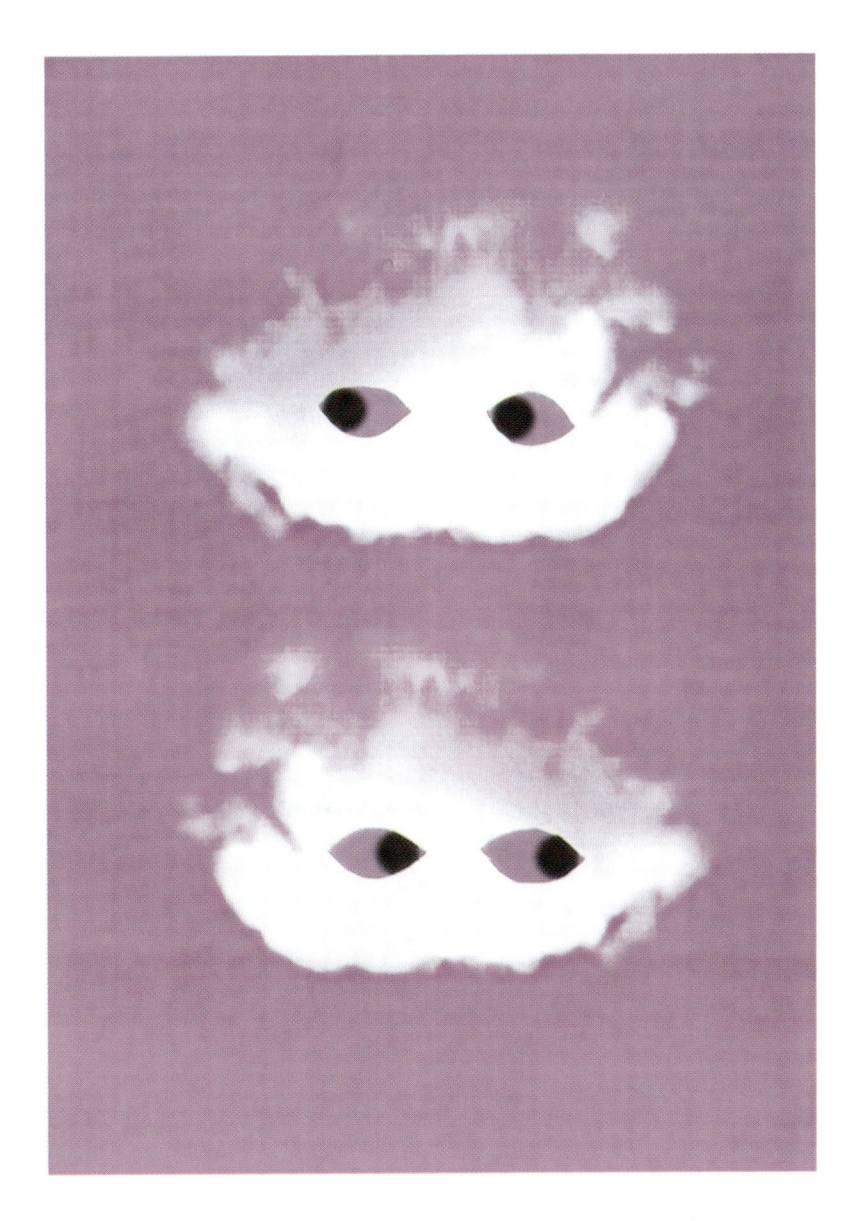

24. Mai 1998 – Nationaltheater

Was ihr wollt

Manfred Trojahn
Claus H. Henneberg

Uraufführung

Auftragskomposition der Bayerischen Staatsoper

Musikalische Leitung: Michael Boder
Inszenierung und Bühne: Peter Mussbach
Kostüme: Andrea Schmidt-Futterer

Iride Martinez, Jeanne Piland, Julie Kaufmann
Rainer Trost, Dale Duesing, Eberhard Lorenz,
Jan Zinkler, Björn Waag

Hörfunk-Übertragung im Programm Bayern 4

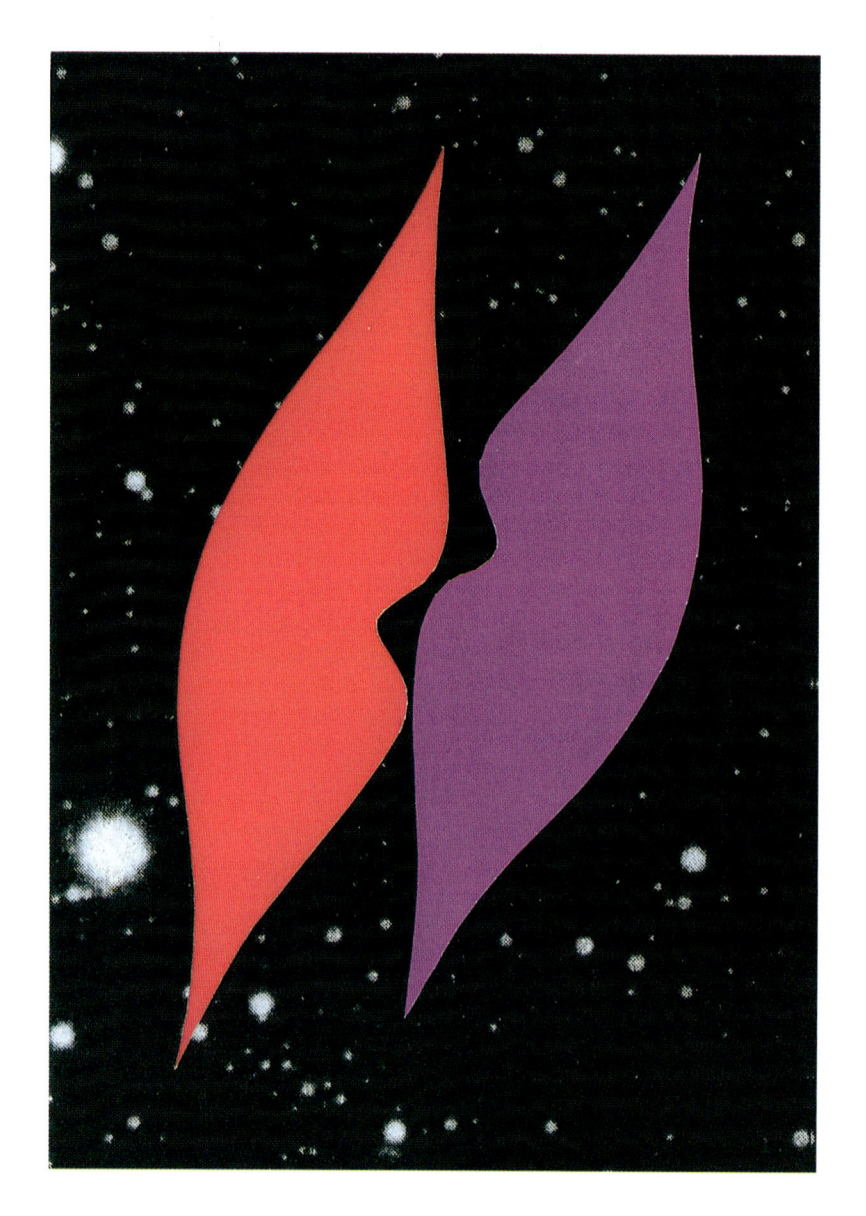

30. Juni 1998 – Nationaltheater

Eröffnung der Münchner Opern-Festspiele

Tristan und Isolde

Richard Wagner

Musikalische Leitung: Zubin Mehta
Inszenierung: Peter Konwitschny
Bühne und Kostüme: Johannes Leiacker
Chöre: Udo Mehrpohl

Waltraud Meier, Marjana Lipovsek
Siegfried Jerusalem, Kurt Moll, Bernd Weikl,
Claes H. Ahnsjö, Kevin Conners, Ulrich Reß

Hörfunk-Übertragung im Programm Bayern 4

Bayerisches Staatsballett

Ballettdirektorin: Konstanze Vernon

15. November 1997 – Nationaltheater

Die Kameliendame

Ballett von John Neumeier
nach dem Roman von Alexandre Dumas d. J.
Musik: Frédéric Chopin
Musikalische Leitung: André Presser
Choreographie: John Neumeier
Bühne und Kostüme: Jürgen Rose
Solisten und Ensemble des Bayerischen Staatsballetts

23. März 1998 – Nationaltheater

Eröffnung der Ballettwoche 1998

La Bayadère

Ballett von Marius Petipa
Neufassung von Patrice Bart
Musik: Ludwig Minkus
Musikalische Leitung: André Presser
Choreographie: Patrice Bart nach Marius Petipa
Bühne und Kostüme: Tomio Mohri
Solisten und Ensemble des Bayerischen Staatsballetts

23. Juni 1998 – Prinzregententheater

Uraufführungen

Ballette von Jens Östberg, Davide Bombana u. a.
Musik: N. N.
Choreographie: Jens Östberg, Davide Bombana u. a.
Bühne und Kostüme: N.N.
Solisten und Ensemble des Bayerischen Staatsballetts

Choreograph Davide Bombana bei einer Probe mit Kirill Melnikov zu *Woyzeck-Fragmente*, 1995

Peter Schneider vor seiner letzten Spielzeit als Chefdirigent des Bayerischen Staatsorchesters. Ab 1998/99 ist er Erster Gastdirigent der Bayerischen Staatsoper

Akademiekonzerte

des Bayerischen Staatsorchesters im Nationaltheater

Chefdirigent: Peter Schneider

6. und 7. Oktober 1997

1. Akademiekonzert

Walter Haupt: Requiem
Uraufführung des Auftragswerks

Peter Schneider

Angela-Maria Blasi, Sopran
Eike Wilm Schulte, Bariton
Wolf Euba, Sprecher

8. und 9. Dezember 1997

2. Akademiekonzert

Isaac Albéniz: Suite española, op. 47
(Bearbeitung von Rafael Frühbeck de Burgos)
Hector Berlioz: Symphonie fantastique, op. 14

Rafael Frühbeck de Burgos

12. und 13. Januar 1998

3. Akademiekonzert

Felix Mendelssohn Bartholdy:
Hebriden-Ouvertüre, op. 26
Robert Schumann: Klavierkonzert a-Moll, op. 54
Franz Schmidt: Symphonie Nr. 4, C-Dur

Horst Stein

Stefan Vladar, Klavier

9. und 10. März 1998

4. Akademiekonzert

Joseph Haydn: Symphonie G-Dur, Hob. I, 92
Benjamin Britten: Violinkonzert d-Moll, op. 15
Peter I. Tschaikowsky: Symphonie Nr. 4, f-Moll, op. 36

Paavo Berglund

Ida Haendel, Violine

11. und 12. Mai 1998

5. Akademiekonzert

Antonín Dvořák: Violinkonzert a-Moll, op. 53
Josef Suk: *Asrael*-Symphonie c-Moll, op. 27

Peter Schneider

Julia Fischer, Violine

14. (Matinée), 15. und 16. Juni 1998

6. Akademiekonzert

Giovanni Gabrieli: Canzona
Joseph Haydn: Messe C-Dur, Hob. XXII, 9
In tempore belli (Paukenmesse)
Giuseppe Verdi: Quattro pezzi sacri

Zubin Mehta

Solisten: Jennifer Trost, Silvia Fichtl,
N. N., Martin Gantner

Chor der Bayerischen Staatsoper

23. Juli 1998

Festspiel-Konzert des Bayerischen Staatsorchesters

Programm wird noch bekanntgegeben

Giuseppe Sinopoli

Zubin Mehta wird zur Eröffnung der Münchner Opern-Festspiele 1998 die *Tristan*-Premiere dirigieren und zwei Monate danach sein Amt als Bayerischer Generalmusikdirektor antreten

Kammermusik-Matinéen und -Serenaden

des Bayerischen Staatsorchesters im Alten Residenztheater (Cuvilliés-Theater)

12. und 14. Oktober 1997

1. Kammermusik

Franz Schubert:
Streichtrio B-Dur, D 471

Ernst von Dohnányi:
Serenade op. 10 für Streichtrio

Johannes Brahms:
Klavierquartett A-Dur, op. 26

Daniela Huber (Violine), Monika Hettinger (Viola), Roswitha Timm (Violoncello), Monika Stöhr (Klavier)

9. und 11. November 1997

2. Kammermusik

Johannes Brahms:
Klaviertrio c-Moll, op. 101

Béla Bartók:
Kontraste für Violine, Klarinette und Klavier

Olivier Messiaen:
Quatuor pour la fin du temps
für Violine, Klarinette, Violoncello und Klavier

Michael Durner (Violine), Udo Hendrichs (Violoncello), Jürgen Key (Klarinette), Hugo Seebach (Klavier)

14. und 16. Dezember 1997

3. Kammermusik

Wolfgang Amadeus Mozart:
Allegro B-Dur, KV 516 c, zu einem Quintett für Klarinette und Streichquartett
(Ergänzung des Fragments durch Robert Levin)

Peter Frey:
Four strings

Johannes Brahms:
Klarinettenquintett h-Moll, op. 115

Barbara Burgdorf, Traudi Pauer (Violine), Stephan Finkentey (Viola), Oliver Göske (Violoncello), Ivan Mähr (Klarinette)

25. und 27. Januar 1998

4. Kammermusik

Hans Pfitzner:
Sextett g-Moll, op. 55, für Violine, Viola, Violoncello, Kontrabaß, Klarinette und Klavier

Gioacchino Rossini:
Duett D-Dur für Violoncello und Kontrabaß

Antonín Dvořák:
Quintett G-Dur, op. 77, für 2 Violinen, Viola, Violoncello und Kontrabaß

Eva Maria Nagora, Katharina Lindenbaum-Schwarz (Violine), Andreas Grote (Viola), Peter Wöpke (Violoncello), Alexander Rilling (Kontrabaß), Hartmut Graf (Klarinette), Moritz Eggert (Klavier)

15. und 17. März 1998

5. Kammermusik

Joseph Haydn:
Divertimento Hob. IV für Flöte, Violine und Violoncello

Felice Giardini:
Streichtrio Nr. III, C-Dur, für Violine, Viola und Violoncello

Gabriel Pierné:
Voyage au »Pays du Tendre«
für Harfe, Flöte, Violine, Viola und Violoncello

Max Reger:
Serenade D-Dur, op. 77a, für Flöte, Violine und Viola

Albert Roussel:
Sérénade, op. 30, für Harfe, Flöte, Violine, Viola und Violoncello

Rosemarie Schmidt-Münster (Harfe), Andrea Ikker (Flöte), Ulrich Grußendorf (Violine), Esa Kamu (Viola), Rupert Buchner (Violoncello)

7. und 9. Juni 1998

6. Kammermusik

Ludwig van Beethoven:
Trio B-Dur, op. 11, *Gassenhauer-Trio*, für Klavier, Klarinette und Violoncello

Dmitri Schostakowitsch:
Sonate op. 40 für Violoncello und Klavier

Johannes Brahms:
Trio a-Moll, op. 114, für Klavier, Klarinette und Violoncello

Franz Amann (Violoncello), Hans Schöneberger (Klarinette), Michael Schäfer (Klavier)

20., 22. und 23. Februar 1998

Faschings-Kammerkonzert

Von und mit: Erich Gargerle, Daniela Huber, Blechbläserensemble der Bayerischen Staatsoper

27. und 30. Juli 1998

Festspiel-Kammerkonzert

Franz Schubert:
Streichquartett g-Moll, D 173

Richard Wagner:
Siegfried-Idyll, E-Dur, für 2 Violinen, Viola, Violoncello, Kontrabaß, Oboe, Flöte, 2 Klarinetten, Fagott, 2 Hörner und Trompete

Johannes Brahms:
Serenade Nr. 1, D-Dur, op. 11
(Originalfassung, rekonstruiert von Jorge Rotter)

Markus Wolf, Arben Spahiu (Violine), Dietrich Cramer (Viola), Yves Savary (Violoncello), Thomas Jauch (Kontrabaß), Henrik Wiese (Querflöte), Simon Dent (Oboe), Hans Schöneberger, Hubert Hilser (Klarinette), Karsten Nagel (Fagott), Johannes Dengler, Wolfram Sirotek (Horn), Uwe Kleindienst (Trompete)

Liederabende und Liedermatinéen

8. Februar 1998 – Altes Residenztheater (Cuvilliés-Theater)

Julie Kaufmann

Lieder von Franz Schubert, Anton Webern, Hans Pfitzner und Aribert Reimann

20. März 1998 – Nationaltheater

N. N.

26. Juni 1998 – Nationaltheater

Cecilia Bartoli

5. Juli 1998 – Prinzregententheater

Dame Felicity Lott

9. Juli 1998 – Herkulessaal der Residenz

Edita Gruberova / Vesselina Kasarova

12. Juli 1998 – Prinzregententheater

Hermann Prey

18. Juli 1998 – Herkulessaal der Residenz

Margaret Price

Pressekonferenz anläßlich der Uraufführung von *Venus und Adonis:* Komponist Hans Werner Henze mit Dirigent Markus Stenz (links neben ihm), Staatsintendant Peter Jonas, Pressesprecherin Ulrike Hessler und Chefdramaturg Hanspeter Krellmann (ganz links)

Einführungsveranstaltungen

Leitung: Hanspeter Krellmann

26. Oktober 1997, 11.00 Uhr
Altes Residenztheater (Cuvilliés-Theater)

Richard Strauss

Elektra

15. Februar 1998, 11.00 Uhr
Altes Residenztheater (Cuvilliés-Theater)

Michael Tippett

The Midsummer Marriage

17. Mai 1998, 11.00 Uhr
Altes Residenztheater (Cuvilliés-Theater)

Manfred Trojahn

Was ihr wollt

28. Juni 1998, 11.00 Uhr
Altes Residenztheater (Cuvilliés-Theater)

Richard Wagner

Tristan und Isolde

Klangspuren

Gesprächskonzerte im Gasteig – Carl-Orff-Saal

Die Bayerische Staatsoper in Zusammenarbeit mit der Münchener Biennale und der Münchner Volkshochschule.
Gefördert von den Freunden des Nationaltheaters e.V.

Konzeption und Gesprächsleitung:
Siegfried Mauser und Peter Ruzicka

Im Zentrum der Gesprächskonzerte stehen Uraufführungen junger Komponisten. Gemäß des Gesamtkonzepts, das auf historische Spurensuche angelegt ist, wird jeweils *ein* wichtiger Komponist der musikalischen Tradition, der eine besondere Bedeutung für das uraufgeführte Werk oder dessen Komponisten hat, mit mehreren Werken einbezogen. Dabei soll die Vielfalt möglicher Bezugspunkte zur musikalischen Klassik thematisiert und am konkreten Einzelfall exemplifiziert werden. So geraten der junge Komponist und sein Werk in ein sinnvolles Spannungsfeld zu einer bedeutenden historischen Erscheinung.

Die Biennale und die Bayerische Staatsoper vergaben Kompositionsaufträge an: Andreas F. Lechner, Param Vir, Matthias Pintscher, Charlotte Seither, Jeff Beer, Toshio Hosokawa

Mitglieder des Bayerischen Staatsorchesters

8. Oktober, 12. November und 10. Dezember 1997
4. Februar, 25. März und 1. April 1998

Kammermusik Spezial

Die Gesprächskonzerte aus der Reihe »Klangspuren« werden in Vor-Aufführungen am Vormittag des jeweiligen Konzerttages für interessierte Schüler der Oberstufe Münchner und bayerischer Gymnasien nach vorheriger Anmeldung (Eva Maria von Wildemann, Tel.: 089/21 85 10 06) unter dem Titel »Kammermusik Spezial« in Probenräumen der Bayerischen Staatsoper präsentiert.

Kultur live

aus der Bayerischen Staatsoper

Diskussionen mit Publikumsbeteiligung

In Zusammenarbeit mit dem Bayerischen Rundfunk

Diskussionen mit Publikumsbeteiligung im Königssaal des Nationaltheaters über kulturelle Gegenwartsfragen

Hörfunk-Live-Übertragung im Programm Bayern 2 Radio

10 bis 11 Uhr

Die Diskussionsthemen und Termine entnehmen Sie bitte den aktuellen Monats-Spielplänen

Das Ensemble der Bayerischen Staatsoper
(Stand 1. 5. 1997)

Staatsintendant
Peter Jonas

Musikalische Leitung, Chefdirigent
Peter Schneider

Geschäftsführender Direktor
Vertreter des Intendanten
in allen nicht-künstlerischen
Angelegenheiten
Dr. Roland Felber

Operndirektor
Vertreter des Intendanten
in allen künstlerischen Angelegenheiten
Gerd Uecker

Ballettdirektorin
Konstanze Vernon

Stellvertretender Direktor
und designierter Ballettdirektor
ab Spielzeit 1998/99
Ivan Liška

Chefdramaturg
Dr. Hanspeter Krellmann

Pressesprecherin und Leiterin der
Public Relations Abteilung
Dr. Ulrike Hessler

Direktor des musikalischen Bereichs
Karlheinz Zierold

Technischer Direktor
Gerhard Zahn

Direktorin des Kostümwesens
Silvia Strahammer

Szenische Produktionsleitung
Helmut Lehberger

Ausstattungskoordination
Constance Larcher

Chordirektor
Udo Mehrpohl

Stellvertretender Chordirektor
Eduard Asimont

Leiter der Bühnenmusik
Gregor Raquet

Spielleiter und Regieassistenten
Bettina Göschl, Kerstin Pöhler,
Aron Stiehl, Stefan Tilch, Nicolas Trees

Studienleiter
Stephan Schmidt

Musikalische Einstudierung
Thom Christoph, Denise Gaudry,
Rita Loving, Tomoko Okada, Anton
Ruppert, Donald Wages, Klaus
von Wildemann

Büro des Staatsintendanten
Katrin Fasel, Natalia Ritzkowsky, Eva Maria
von Wildemann-Duday

Büro der musikalischen Leitung und des
Direktors des musikalischen Bereichs
Ingrid Nützl

Künstlerisches Betriebsbüro
Gerd Uecker (Leitung)
Ronald H. Adler (Assistent und Vertreter
des Operndirektors), Monika Finkel, Ursula
Schleuning, Judith Janowski; Adelheid
Busse (Regiekanzlei); Wolfgang
Eichelmann, Peter Jolesch (Vorzimmer des
Betriebsbüros)

Dramaturgie
Dr. Anette Unger (Dramaturgin), Ingrid
Zellner (Dramaturgin), Krista Thiele
(Sekretariat)

Public Relations Abteilung
Franziska Hunke (Pressebüro), Richard
Hartmann (Marketing-Beratung)

Inspizienten
Nikolaus Ehlers, Holger Haase, Marianne
Halbsgut, Heino Kurth

Beleuchtungsinspizienten
Tanja Gronde, Hilde Harrer, Gudrun
Lichtenauer

Souffleusen
Barbara Cooney (ab 15. 9. 1997), Helga
Korks (bis 31. 7. 1997), Christiane
Montulet, Carmen Sylva Schileru

Statisterie
Ralf Wedler (Leitung), Renate Schulz, N.N.
(Kinderstatisterie)

Fotograf/in
Wilfried Hösl, Christine Woidich

Verwaltung

Geschäftsführender Direktor
Dr. Roland Felber

Sekretariat
Evelyne Harder, Renate Braun-Gruber

Juristische Mitarbeiterin und Stellvertreterin
des Geschäftsführenden Direktors
Dr. Andrea Siems

Haushaltsreferat
Bernd Kargl (Leitung), Ruth Bachhuber,
Erwin Ryser

Personalverwaltung
Karl-Heinz Dittebrand (BAT, MTL), Udo
Haupt, Ingrid Bunz, Isolde Meyer
Wolfgang Schöfthaler (Solo, Orchester,
Chor, Ballett, BTT), Robert Paizoni,
Stephanie D. Bachhuber

Sachgebiet Betriebswirtschaftliche Fragen
Christiane Pitz

Allgemeine Theaterverwaltung, Gastspiele,
Rundfunk- und Fernsehübertragungen
Herbert Rabhansl

Sachgebiet Ballett
Michaela Gempel

Bibliothek
Sibylle van Bosch, Detlef Eberhard

Registratur, Poststelle und Offizianten
Reinhold Linka (Leitung), Peter Zeller, Uwe
Kleinau, Josef Warmer

Telefonzentrale
Sigrid Jäntschi, Barbara Plank, Marianne
Wagner

Hausinspektion
Steffen Werner (Leitung)

Künstlerisches Personal

Dirigenten
Roberto Abbado, Marc Albrecht, Antonello
Allemandi, Heinrich Bender, Paavo
Berglund, Bertrand de Billy, Michael Boder,
Ivor Bolton, Alexander Brezina, Semyon

Bychkov, Paul Daniel, Noel Davies, Sir Colin Davis, Jacques Delacôte, Hans Drewanz, Mark Elder, John Fiore, Asher Fisch, Rafael Frühbeck de Burgos, James Allen Gähres, Michael Halász, Peter Hirsch, Marek Janowski, Fabio Luisi, Jun Märkl, Zubin Mehta, André Presser, Carlo Rizzi, Peter Schneider, Giuseppe Sinopoli, Sir Georg Solti, Horst Stein, Markus Stenz, Marcello Viotti, Ralf Weikert, Simone Young, Hans E. Zimmer

Instrumentalsolisten
Manuel Burgueras, Han-Na Chang, Dietrich Cramer, Julia Fischer, Ida Haendel, Lynn Harrell, Graham Johnson, Radu Lupu, Oleg Maisenberg, Malcolm Martineau, Ingrid Surgenor, Kyoko Takezawa, Stefan Vladar

Regisseure
Tim Albery, David Alden, Pierre Audi, Wolf Busse, Robert Carsen, Giulio Chazalettes, Willy Decker, Dieter Dorn, Martin Duncan, August Everding, Götz Friedrich, Henning von Gierke, Eike Gramss, Pet Halmen, Leander Haußmann, Andreas Homoki, Nicholas Hytner, Richard Jones, Tilman Knabe, Peter Konwitschny, Günter Krämer, Harry Kupfer, Thomas Langhoff, Nikolaus Lehnhoff, Herbert List, Juri Ljubimow, Jonathan Miller, Peter Mussbach, David Pountney, Luca Ronconi, Otto Schenk, Ferruccio Soleri, Herbert Wernicke, Lina Wertmüller

Bühnenbildner
Hildegard Bechtler, David Borowskij, Bob Crowley, Peter J. Davison, Henning von Gierke, Wolfgang Gussmann, Jaha Hadid, Pet Halmen, Rudolf Heinrich, Richard Hudson, Robert Israel, Enrico Job, Herbert Kern, Bernhard Kleber, Johannes Leiacker, Nigel Lowery, Antony McDonald, Peter Mussbach, Chloé Obolensky, Margherita Palli, Alfred Peter, Gottfried Pilz, Andreas Reinhardt, Jürgen Rose, Ulisse Santicchi, Hans Schavernoch, Paul Steinberg, Otto Stich, Carlo Tommasi, Ultz, Herbert Wernicke, Erich Wonder, Jörg Zimmermann

Kostümbildner
Franz Blumauer, David Borowskij, Bob Crowley, Carlo Diappi, Ute Frühling, Nicky Gillibrand, Wolfgang Gussmann, Pet Halmen, Doris Haußmann, Reinhard Heinrich, Rudolf Heinrich, Richard Hudson, Enrico Job, Herbert Kern, Johannes Leiacker, Nigel Lowery, Katrin Maurer, Antony McDonald, Clare Mitchell, Chloé Obolensky, Frieda Parmeggiani, Gabriella Pescucci, Gottfried Pilz, Dunja Ramicová, Andreas Reinhardt, Jürgen Rose, Ulisse Santicchi, Andrea Schmidt-Futterer, Buki Shiff, Silvia Strahammer, Ultz, Herbert Wernicke, Jörg Zimmermann

Choreographen (Oper)
Nils Christe, Rose English, Roland Giertz, Amir Hosseinpour, Tomasz Kajdanski, Jonathan Lunn, Moses Pendleton, Min Tanaka, Birgitta Trommler

Licht-Designer
Alan Burrett, Pat Collins, Johann Darchinger, Wolfgang Göbbel, Peter Halbsgut, Mimi Jordan Sherin, Jean Kalman, Max Keller, Konrad Lindenberg, Franco Marri, Peter Mumford, Jürgen Rose, Olaf-Siegfried Stolzfuß, Hans Toelstede

Sängerinnen
Graciela Alperyn, Anna Caterina Antonacci, Margarita De Arellano, Patricia Bardon, Cecilia Bartoli, Gabriela Benackova-Cap, Angela-Maria Blasi, Nathalie Boissy, Barbara Bonney, Debria Brown, Sally Burgess, Montserrat Caballé, June Card, Pamela Coburn, Eliane Coelho, Michele Crider, Luana DeVol, Melanie Diener, Ghena Dimitrova, Isoldé Elchlepp, Päivi Elina, Susanne Elmark, Rebecca Evans, Tiziana Fabbricini, Silvia Fichtl, Elena Filipova, Nuccia Focile, Elizabeth Futral, Cristina Gallardo-Domás, Miriam Gauci, Dominique Gless, Galina Gorchakova, Susan Graham, Denyce Graves, Sheri Greenawald, Monica Groop, Edita Gruberova, Maria Guleghina, Nancy Gustafson, Alison Hagley, Kathryn Harries, Sabine Hass, Markella Hatziano, Evelyn Herlitzius, Ann Howard, Soile Isokoski, Helena Jungwirth, Galina Kalinina, Vesselina Kasarova, Julie Kaufmann, Rosita Kekyte, Elena Kelessidi, Yvonne Kenny, Marita Knobel, Martina Koppelstetter, Joanna Kozlowska, Kathleen Kuhlmann, Hellen Kwon, Marjana Lipovsek, Felicity Lott, Frances Lucey, Georgina Lukacs, Yamina Maamar, Alessandra Marc, Iride Martinez, Waltraud Meier, Nadja Michael, Ann Murray, Luba Orgonosova, Felicity Palmer, Dagmar Peckova, Anne Pellekoorne, Caroline Maria Petrig, Natascha Petrinsky, Adrianne Pieczonka, Jeanne Piland, Deborah Polaski, Nina Rautio, Robynne Redmon, Therese Renick, Dorothea Röschmann, Olga Romanko, Amanda Roocroft, Martina Rüping, Anne Salvan, Christine Schäfer, Trudeliese Schmidt, Marilyn Schmiege, Gabriele Schnaut, Simone Schneider, Petra-Maria Schnitzer, Nadine Secunde, Jadwiga Sosinska, Birgid Steinberger, Cheryl Studer, Annegeer Stumphius, Birgitta Svendén, Nina Terentieva, Stefania Toczyska, Jennifer Trost, Violeta Urmana, Leontina Vaduva, Irmgard Vilsmaier, Ute Walther, Yvonne Wiedstruck, Cornelia Wulkopf, Catherine Wyn-Rogers, Dolora Zajick, Elena Zaremba, Delores Ziegler, Eva Zwedberg

Sänger
Theo Adam, Alexandru Agache, Claes H. Ahnsjö, John Mark Ainsley, Valery Alexejev, Thomas Allen, Stig Andersen, James Anderson, Francisco Araiza, Gerhard Auer, José Azocar, Christian Baumgärtel, Hermann Becht, Johannes Beck, Jeffrey Black, Toni Blankenheim, Hans-Peter Blochwitz, Wolfgang Brendel, John Bröcheler, José Bros, Martin A. Bruns, Paata Burchuladze, Ian Caley, Vladimir Chernov, Umberto Chiummo, Graham Clark, William Cochran, Vinson Cole, Kevin Conners, David Daniels, Carlos Diaz, Placido Domingo, Reinhard Dorn, Dale Duesing, Karl-Friedrich Dürr, Harry Dworchak, Heinz Klaus Ecker, André Eckert, Francesco Ellero D'Artegna, Christian Elsner, Kieth Engen, Phillip Ens, Simon Estes, Franco Farina, Angelos Fotiadis, Tom Fox, Jürgen Freier, Lucio Gallo, Martin Gantner, Kenneth Garrison, Paolo Gavanelli, Raul Gimenez, Heinz Göhrig, Paul Groves, Ferry Gruber, Raimund Grumbach, Franz Grundheber, Hector Guedes, Reinhard Hagen, Robert Hale, Christof Hartkopf, Franz Hawlata, Alan Held, Karl Helm, Manfred Hemm, Christoph Hierdeis, Markus Hollop, Gottfried Hornik, Gwynne Howell, Dmitri Hvorostovsky, Keith Ikaia-Purdy, Lee In-Hak, Hernán Iturralde, Siegfried Jerusalem, Guenter von Kannen, Franz-Josef Kapellmann, Torsten Kerl, John Keyes, Axel Köhler, Artur Korn, Johannes Martin Kränzle, Heinz Kruse, Alfred Kuhn, Michael Kupfer, Philip Langridge, Manuel Lanza, Sergej Larin, Sergei Leiferkus, Marcello Lippi, Frank Lopardo, Jorge Lopez-Yanez, Eberhard Lorenz, Ralf Lukas, Mario Malagnini, Hans Jörg Mammel, Richard Margison, Boris Martinovic, Charles Maxwell, Donald McIntyre, Chris Merritt, Kurt Moll, José Montero, Brian Montgomery, Bengt-Ola Morgny, James Morris, Thomas Moser, Maurizio Muraro, Hans Günter Nöcker, Bent Norup, Vicente Ombuena, Dennis O'Neill, Alan Opie, Gudjon Oskarsson, Michael Pabst, Helmut Pampuch, Monte Pederson, Hermann Prey, Ronald Pries, Graham Pushee, Gino Quilico, Wolfgang Rauch, Kobie van Rensburg, Ulrich Reß, Christopher Robson, Anthony Rolfe Johnson, Jan-Hendrik Rootering, Esa Ruuttunen, Kurt Rydl, Jaakko Ryhänen, Giuseppe Sabbatini, Roberto Saccà, Roman Sadnik, Matti Salminen, Richard Salter, Hermann Sapell, Roberto Scandiuzzi, Nicholas Scarpinati, Albert Schagidullin, Uwe Schönbeck, Roland Schubert, Eike Wilm Schulte, Bruno Sebastian, Peter Seiffert, Enric Serra, Neil Shicoff, William Shimell, Gerhard Siegel, Raphael Sigling, Kristinn Sigmundsson, Hans Sotin, Peter Straka, Kurt Streit, Falk Struckmann, Javier Suarez-Ribaudo, Jonathan Summers, Bryn Terfel, David Thaw, Martin Thompson, Alan Titus,

Helena Jungwirth, langjähriges Ensemble-Mitglied der Bayerischen Staatsoper, wurde von Kultusminister Hans Zehetmair zur Bayerischen Kammersängerin ernannt. Rechts im Bild Helena Jungwirths Ehemann Kammersänger Claes H. Ahnsjö

Zelotes Edmund Toliver, Rolf Tomaszewski, John Tomlinson, Rüdiger Trebes, Rainer Trost, Christopher Ventris, Eduardo Villa, Björn Waag, Roland Wagenführer, Deon van der Walt, Patrick Alexis Weglehner, Bernd Weikl, Paul Whelan, Hans Wilbrink, Gösta Winbergh, Hermann Winkler, Wolfgang Wirsching, Ekkehard Wlaschiha, Matthias Zerbian, Jan Zinkler
Solisten des Tölzer Knabenchors

Sprecher
Wolf Euba, Dietrich Fischer-Dieskau, Gert Westphal

Schauspieler
Heidy Forster, Christiane Hoefler, Gundula Köster

Rufus Beck, Christoph Gerhardt, Walter von Hauff, Ignaz Kirchner, Abbas Maghfurian, Peter Matić, Peter Pruchniewitz, Peter Wagner

Tänzer
Barbara Zander
Benito Marcelino, Guido Schimanski

Opernstudio
(bis 31. 7. 1997)

Leitung
Heinrich Bender

Korrepetition
Joachim Pohl, Walther Thomas

Dramatischer Unterricht
David Thaw, Carl Heinz Erkrath

Stimmdramatische Unterweisung
Astrid Varnay

Sprechunterricht
Margarete Adler, Thea Mertz

Pantomimik und Bewegungslehre
Ferenc Barbay

Mitglieder
Rosita Kekyte, Yamina Maamar, Simone Schneider
Johannes Beck, Alexander Crössmann, Lee In-Hak, Michael Kupfer, Claudius Muth, Jochen Schäfer, Raphael Sigling

213

Spaß bei den Proben zu *Schlachthof 5*: Dirigent Paul Daniel und Komponist Hans-Jürgen von Bose (oben) amüsieren sich über die Ohrfeigen-Demonstration von Regisseur Eike Gramss (unten Mitte) an Billy Pilgrim (Martin Gantner, links). Rechts Kenneth Garrison als Weary

Das Bayerische Staatsorchester

1. Violine
Luis Michal (1. Konzertmeister), Markus Wolf (1. Konzertmeister), N. N. (1. Konzertmeister), Eva Maria Nagora (Stellvertr. Konzertmeisterin), Barbara Burgdorf (Stellvertr. Konzertmeisterin), Wolfgang Leopolder, Arben Spahiu, Erich Gargerle, Richard Oelkers, Hiroko Yoshida, Erich Pizka, Joachim Boruvka, Kai Bernhöft, Maria Moscher, Jan Gruszecki, Aldo Volpini, Rainer Sadlik, Cäcilie Sproß, Dorothea Ebert, Dorothea Keller, Michael Durner, Felix Gargerle, N. N., N. N.

2. Violine
Rudolf Schmidt (Stimmführer), N. N. (Stimmführer), Katharina Lindenbaum-Schwarz, Adrian Lazar, Jürgen Frehde, Bernd Wunderlich, Brigitte Schwittek, Jiří Kveton, Marilyn-Marie Knüppel, Walter Probst, Ulrich Grußendorf, Daniela Huber, Eckhart Hermann, Martin Klepper, Susanne Gargerle, Silvie Bachhuber, Traudi Pauer, Katrin Fechter, N.N.

Viola
Roland Metzger (Solobratscher), Dietrich Cramer (Solobratscher), Gerhard Breinl, Stephan Finkentey, Wolfgang Reschke, Trudie Horváth, Peter Kugler, Roland Krüger, Esa Kamu, Florian Ruf, Andreas Grote, Christiane Arnold, Tilo Widenmeyer, Johannes Zahlten, Monika Hettinger, Anne Wenschkewitz

Violoncello
Franz Amann (Solocellist), Peter Wöpke (Solocellist), Yves Savary (Solocellist), Wolfram Reuthe, Friedrich Kleinknecht, Karl Heinz Feit, Horstmar Probst, Wolfgang Bergius, Gerhard Zank, Christoph Hellmann, Oliver Göske, Udo Hendrichs, Rupert Buchner, Roswitha Timm

Kontrabaß
Christoph Möhle (Solokontrabassist), Thomas Jauch (Solokontrabassist), Michael Rieber (Solokontrabassist), Walter Götz (bis 31.7.1997), Alexander Rilling, Alfred Nickel, Peter Schell, Wolfram Schmid, Pankraz Brendel, Heinz Peter Müller, Uwe Thielmann, Wolfgang Lauppe

Harfe
Michael Scheer (Soloharfenist), Birgit Kleinwechter (Soloharfenistin)

Flöte
Henrik Wiese (Soloflötist), N. N. (Soloflötist), Gernot Woll, Fritz Peter Ruppert, Wilfried Elstner, Andrea Ikker

Oboe
Hagen Wangenheim (Solooboist), Simon Dent (Solooboist), Klaus König, Gottfried Sirotek, Bernhard Emmerling, Helmut Wollenweber

Klarinette
Ivan Mähr (Soloklarinettist), Hans Schöneberger (Soloklarinettist), Klaus Sass, Jürgen Key, Hubert Hilser, Hartmut Graf

Fagott
Karsten Nagel (Solofagottist), Holger Schinköthe (Solofagottist), Klaus Botzky, Dietrich Kallensee, Raimund Schreml, Katrin Hoffmann

Horn
Hans Pizka (Solohornist), Siegfried Machata (Solohornist), Johannes Dengler (Solohornist), Karl-Heinz Fedder, Rainer Schmitz, Volker Hardt, Wolfram Sirotek, Manfred Neukirchner, Rolf Jürgen Eisermann, Maximilian Hochwimmer

Trompete
Christian Böld (Solotrompeter), Uwe Kleindienst (Solotrompeter), Gerd Zapf, Ralf Scholtes, Friedemann Schuck, Andreas Kittlaus

Posaune
Ulrich Pförtsch (Soloposaunist), N. N. (Soloposaunist), Robert Kamleiter, Thomas Klotz, Richard Heunisch, Uwe Füssel

Tuba
Robert Tucci, Alexander von Puttkamer

Pauke
Siegfried Wolf (Solopauker), Gerd Quellmelz (Solopauker)

Schlagzeug
Hermann Holler, Walter Haupt, Ralph Harrer, Andreas Vonderthann, Dieter Pöll

Leiter des Orchesterbüros
Klaus Einfeld

Orchesterbüro
Dr. Gerd Hüttenhofer, Christian König

Orchesterwarte
Manfred Hascher, Josef Hlawna, Peter Ritschel

Orchestervorstand
Aldo Volpini, Holger Schinköthe, Rupert Buchner

Vorstand der Musikalischen Akademie e.V.
Gottfried Sirotek, Friedrich Kleinknecht, Hans Schöneberger

Künstlerischer Beirat des Bayerischen Staatsorchesters
Friedrich Kleinknecht, Roland Metzger, Karsten Nagel, Eva Maria Nagora, Hans Schöneberger

Chor der Bayerischen Staatsoper

1. Sopran
Helga Müller-Mösbauer, Hedy Tegtmeier-Veicht, Solmunde Schaller-Reinhard, Elke Föll-Großhans, Nancy Prager, Barbara von Hammerstein, Irmingard Stümmer, Anita Salven-Berry, Karen von Sachsen-Gessaphe, Bettina-Maria Freise, Elke Lindinger, Silke Bauder, Bettina Kühne, Franziska Wallat, Sieglinde Wagner

2. Sopran
Cosima Domroese, Inge Heller, Maria Mikulska, Eveline Ertl, Haruyo Maruyama, Barbara Münzel, Angela Schwaiger, Monika Weisser, Ulrike Klakow, Sabine Heckmann

1. Alt
Margaret Liebl-McLean, Mechthild Osseforth, Karin Wohlhüter-Lehmbach, Hildegard Peters-Schöfthaler, Gabriele Beißner, Lucy Craig, Ruth Bohdansky-Folkert, Ulrike Uhlmann, Eli Larssen, Joan Campbell

2. Alt
Ingrid Polzin, Christa Boronkay-Komár, Helga Merrill, Lore Siebke, Maria Weikmann, Petra Schürer, Renate Hackenberg, Marietta Lumper, Teresa Labrzycka-Labri, Antonia Brunner, Eleanor Barnard

1. Tenor
Adolf Beer, Alwin Novy, Joachim Heinz, Georg Türelmes-Tarai, Manfred Berger, Osamu Kobayashi, Thomas Johns, Thomas Silverbörg, Steven Kronauer, Werner Rau, Julian-R. Robinson-Porter, Jacek Rogowski, Jürgen Raml, Joseph Cercy

2. Tenor
Werner Liebl, Ernst-Josef Müller, Karl-Heinz Derichs, Edmund Brunskill, Michael Rohe, Johann Bohdansky, Peter Kassel, Harald Thum, Gintaras Vysniauskas, Peter Lurié, Markus Roberts

1. Baß
Hans Mursch, Lothar Schreiber, Rainer-Jakob Wichartz, Dieter Miserre, Herbert Huber, Alfred Endres, Martin Cooke, Haukur P. Haraldsson, Thomas Haiber, Rolf A. Scheider

2. Baß
Mathias Pleis, Otto Dechantsreiter, Heinz Schmidtpeter, Kurt Benninghaus, Helmut Meinhardt, Cezary Godziejewski, Michael Skerka, Alois Rauschhuber, Manfred Zrenner, Manfred Buller, Taras Konoshchenko, David Jehle, Nikolaus Coquillat

Zum ersten Mal gibt es neben den Kammersängern der Bayerischen Staatsoper eine Bayerische Kammertänzerin: Judith Turos (bei der Überreichung der Ernennungsurkunde durch Kultusminister Hans Zehetmair mit Ballettdirektorin Konstanze Vernon)

Leiter des Chorbüros
N. N.

Chorvorstand
Jürgen Raml, Irmingard Stümmer, Martin Cooke

Das Bayerische Staatsballett

Direktorin
Konstanze Vernon

Stellvertretender Direktor und designierter Ballettdirektor ab Spielzeit 1998/99
Ivan Liška

Assistentin der Ballettdirektorin
Andrea Lohner

Verwaltung
Michaela Gempel

Dramaturgie/Produktion/Gastspiele
Bettina Wagner-Bergelt

Assistentin
Gabriela Hubert

Produktion/Presse
Wolfgang Oberender

Ballettmeister
Colleen Scott, Cherie Trevaskis (Choreologin), Davide Bombana, Stefan Erler (Leiter des Opernballetts), Thomas Mayr

Trainingsmeister a.G.
Diana Cartier, Larissa Dobrojan, David Howard, Jeremy Leslie-Spinks, Caroline Llorca, Alexander Prokofjev, Michel Rahn, Robert Strajner

Dirigenten
Heinrich Bender, Alexander Brezina, André Presser

Pianisten
Maria Babanina, Ivo Klatev, Bogdana Nebulobova, Elena Savina

Choreographen
George Balanchine, Ray Barra, Patrice Bart, Davide Bombana, Lucinda Childs, Nils Christe, John Cranko, Mats Ek, Jiří Kylián, Hans van Manen, Peter Marcus, Peter Martins, Ohad Naharin, John Neumeier, Jens Östberg, Angelin Preljocaj, Youri Vàmos, Peter Wright

Bühnen- und Kostümbildner
Keso Dekker, Marie-Louise Ekman, Peter Farmer, Ulrich Franz, Dorin Gal, Thierry Leproust, John Macfarlane, Tomio Mohri, Thomas Pekny, Angelin Preljocaj, Jürgen Rose, Steven Rubin, Michael Scott, Ronaldus Shamask, Silvia Strahammer, Jean-Paul Vroom

Licht-Designer
Joop Cabort, Jacques Châtelet, Johann Darchinger, David Finn, Maurizio Montobbio, Mark Stanley, Jennifer Tipton, Göran Westrup

Tänzerinnen
Erste Solistinnen: Kiki Lammersen, Elena Pankova, Judith Turos, Anna Villadolid
Solistinnen: Kusha Alexi, Tina-Kay Bohnstedt, Natalja Trokaj, Beate Vollack
Demi-Solo: Flore Benoit, Valentina Divina, Simone Geiger, Christiana Stefanou
Gruppentänzerinnen: Andrea Bernhard, Saskia van Bosch, Marie-Laure Briane, Laure Bridel-Picq, Sherelle Charge, Silvia Confalonieri, Jade Dardano, Maria Eichwald, Fiona Evans, Chantal Gagnebin, Caroline Geiger, Lisa Jones, Olivia Jorba Cartoixa, Elodie Lavoignat, Emiliana Lione, Tatjana Nemtseva, Veronika Reithmeier, Anna Schnyder, Simone Schoester, Ronel Sivroni

Tänzer
Erste Solisten: Kirill Melnikov, Oliver Wehe
Solisten: Norbert Graf, Udo Kersten, Luca Masala, Mark Pace, Patrick Teschner
Demi-Solo: Alen Bottaini, Denis Bragatto, Guan Deng, Christian Ianole, Jean-Christophe Lesage, Stefan Moser
Gruppentänzer: Oleksi Bessmertni, Salvatore Crudo, Marc Geifes, Joost Gribling, Mirko Hecktor, Thierry Hussain, Vincent Loermans, Gianluca Lo Gaglio, Oleg Makhov, Marc Mondelaers, Jean-Claude Nelson, Kevin Old, Jaš Otrin, Thomas Paepcke, Lawrence Rabson, Jaroslav Soly, Alexandre Vacheron

Charakter-Darsteller
Gabriela Hubert, Maxi Krausser a.G., Irene Steinbeißer
Ferenc Barbay, Peter Jolesch a.G., Jürgen Wienert

Gäste
Altynai Asylmuratova, Evelyn Hart, Susan Jaffe, Simone Noja
José Manuel Carreño, Nikolaj Hübbe, Manuel Legris, Vladimir Malakov, Oliver Matz, Tamas Solymosi

Kostümwesen

Direktorin des Kostümwesens
Silvia Strahammer

Organisatorische Betriebsleitung
Birgit Egen (Vertreterin der Kostümdirektorin in nicht-künstlerischen Angelegenheiten)

Produktionsleitung
Silke Urbanek (Vertreterin der Kostümdirektorin in künstlerischen Angelegenheiten)

Regine Ott

Büro der Kostümdirektion
Hanna Holzbauer, W. Pascal Frick

Lagerverwaltung
Liliane Kappl, Maria Wagner

Maske

Chefmaskenbildner
Rudolf Herbert

Maskenbildner/innen
Oliver Akhavan-Aghdam, Irene Ambrozy, Gabriele Ammann, Angelika Brey, Katja Fischer, Renate Gammel, Karin Keil, Helmut Maier, Michaela Meister-Bomba, Susanne Morczynski, Christiane Ogorek, Jürgen Rasche, Brigitte Rataj, Britta Rehm, Martha Scherer, Sabine Tanriyiöver, Alexandra Winkler

Assistentinnen
Emilie Prosty, Lenka Radezky, Kerstin von Riegen, Monika Schirding de Almeida

Volontärin
Tonia Osseforth

Damenschneiderei

Leitung
Angelika Hof, Ulrike Sagstetter

Werkstattleiterin
Heidi Gansterer

Elke Bechtold, Jaqueline Fallert, Anette Felix, Elisabeth Gschwendtner, Gabriele Hanschke, Marion Helm, Erna Kiener, Heidemarie Koll, Rosemarie Laumeyer, Christine Merwald, Anneliese Neff, Kirsten Proft, Katrin Rohrer, Angelika Schwienbacher, Nada Trvdovski, Veronika Zingl, Monika Zippel

Herrenschneiderei

Leitung
Norbert Klos, Alois Rösch

Vorarbeiter
Josef Ettl, Peter Güttsches

Ahmed Bakhit, Christopher Boser, Mijo Bucar, Wolfgang Buchner, Paul Feber, Angelika Hufnagel, Stefan Jass, Ria Manuela Kachel, Manuel Maier, Gerwin Müller, Marianne Pasternak, Jeerapan Pizka, Pierre-Henri Pothier, Birgit Stöber, Simon Valentin, Robert Zahn

Repertoireschneiderei und Ausbildungswerkstätte

Leiterin der Repertoireschneiderei verbunden mit Lehrlingsausbildung
Renate Kacjan

Schneider/innen
Monika Berger, Domenico Stano, Karin Wagner

Auszubildende
Konstanze Babion, Amand Castilla, Josephine von Crailsheim, Raphaela Geißler, Monika Nußer, Lena Wabel

Schuhmacherei

Schuhmachermeister
Christoph Hein

Günter Herbert, Mario Zahn

Rüstkammer

Rüstmeister
Adolf Munzig

Eugen Sorg

Modistinnen

Edda Kriembardis, Susanne Leber, Margarethe Luegmair-Ertl

Garderobe und Magazin

Garderobenmeister/Garderobenmeisterin
Werner Dittrich, Marianne Zimmermann

Magazinleiterin
N.N.

Vorarbeiter/innen des Garderobenwesens
Albertine Beer, Eugenie Blum, Renate Haller, Ute Hauenstein, Günther Meergans, Ivan Povoljnjak, Irene Schirdewan

Garderober/Garderoberinnen
Natasha Barton, Ursula Baude, Alexander Beck, Christa Bouymin, Jessica Breves, Christine Dorn, Katharina Gall, Gisela Hartmann, Seweryn Hys, Stephanie Kinna, Jacqueline Koch, Johanna Köstler, Manfred Kolbe, Georg Alexander Magori, Angelika Maier, Rosmarie Mödl, Ellen Sammak, Alexander Lucian Sebrak, Rolando Teduccio, Magdalena Ulmschneider, Josefine Wachtler

Wäscherei

Gisela Friedrich, Ursula Kilinger, Katharina Sebrak

Alltag in der Kostümabteilung: Silvia Strahammer, Direktorin des Kostümwesens, und Mitarbeiter

Vom Konzeptionsgespräch über die Probenarbeit bis zur Premierenfeier: Entstehungsprozeß einer Operninszenierung am Beispiel von Hans Werner Henzes *Venus und Adonis* (Regie: Pierre Audi; Bühne und Kostüme: Chloé Obolensky; Choreographie: Min Tanaka)

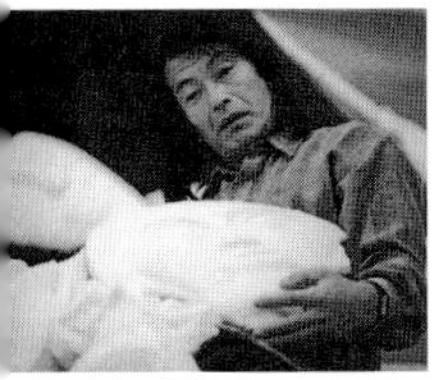
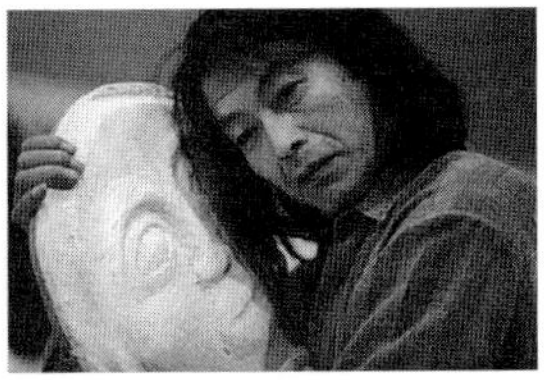
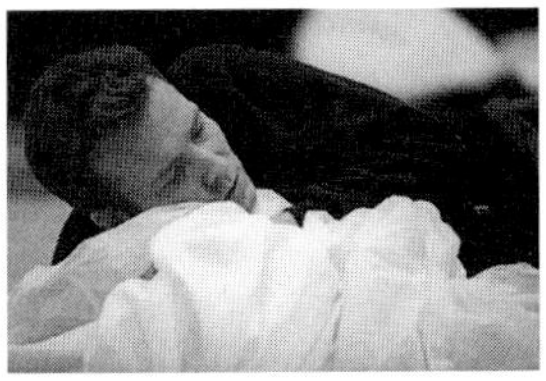
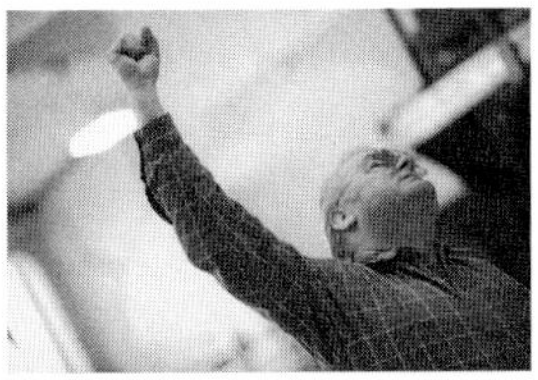
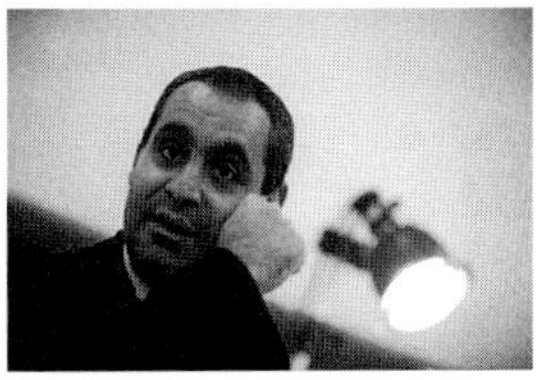
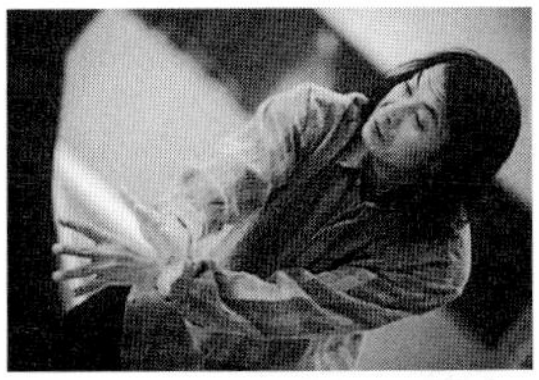
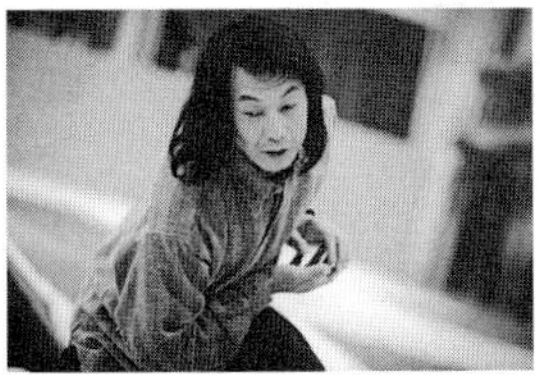
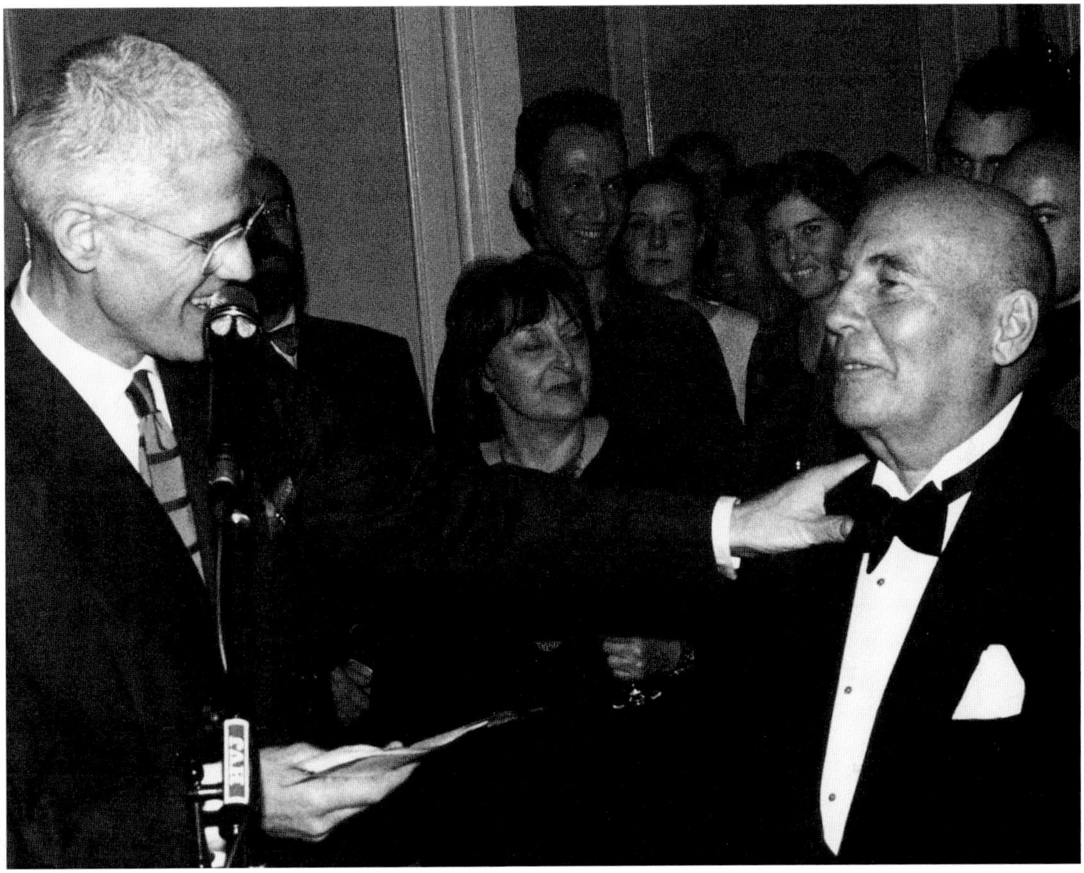
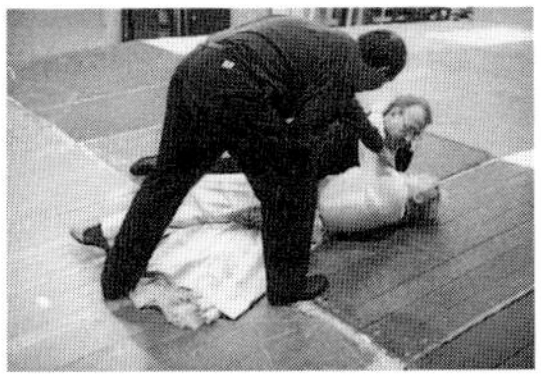
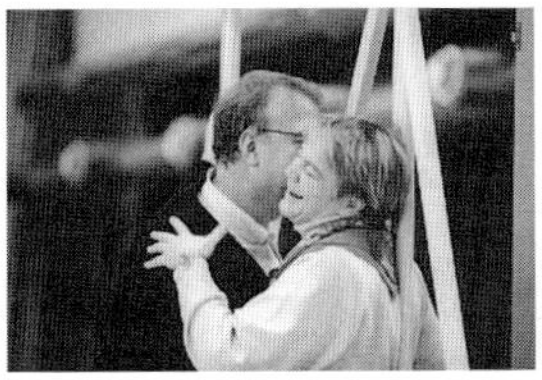
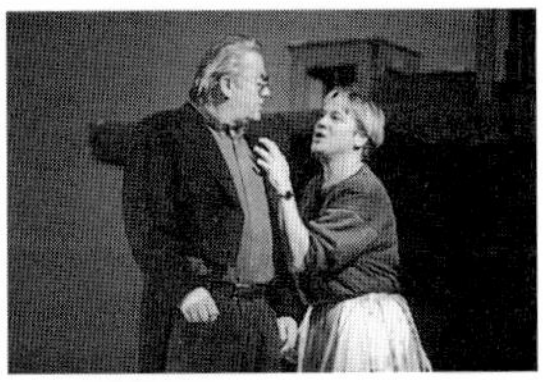
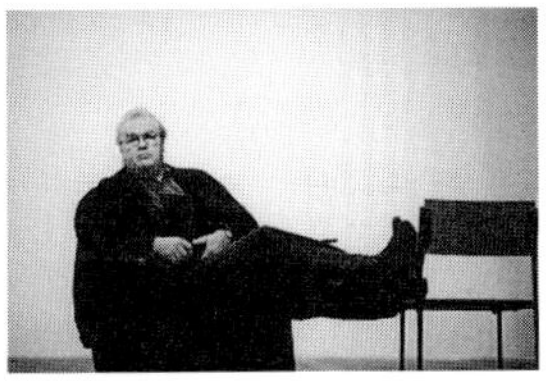
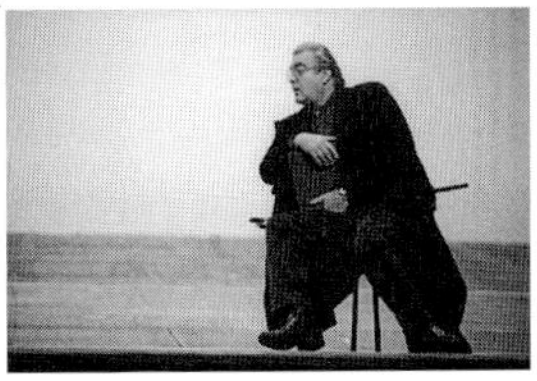
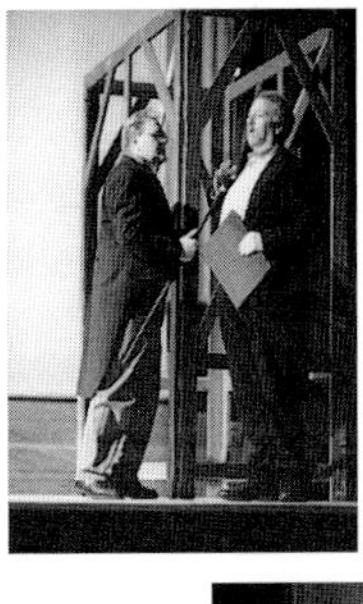
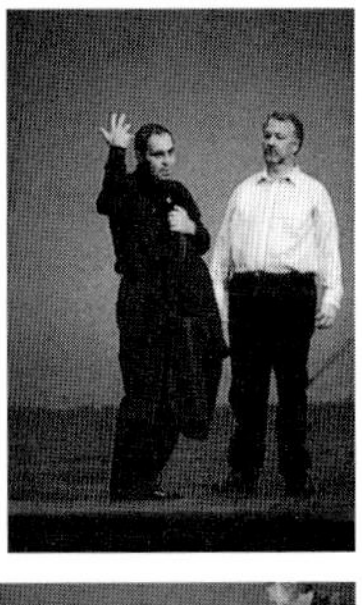
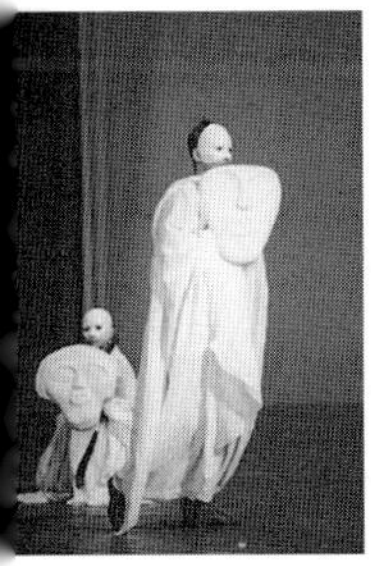
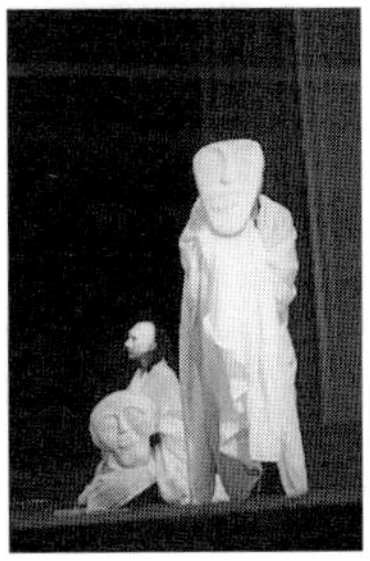
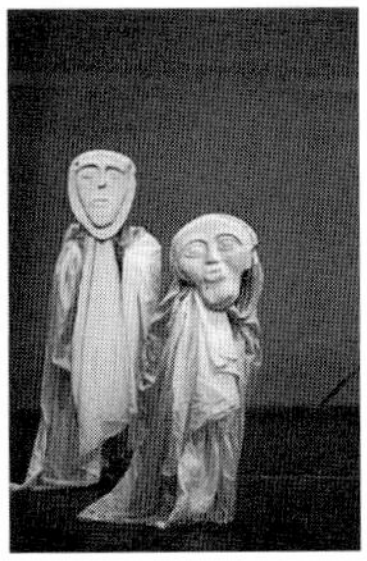
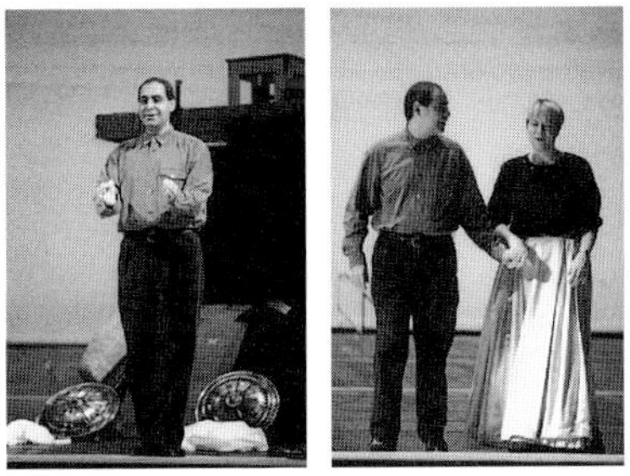
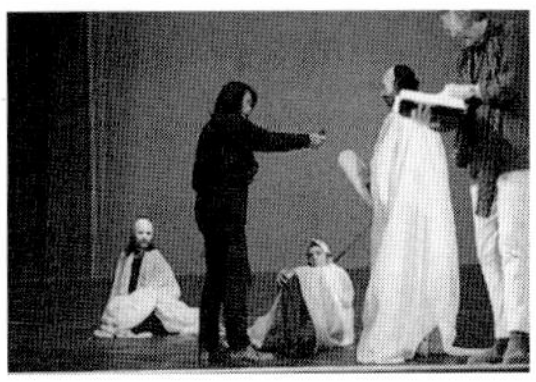

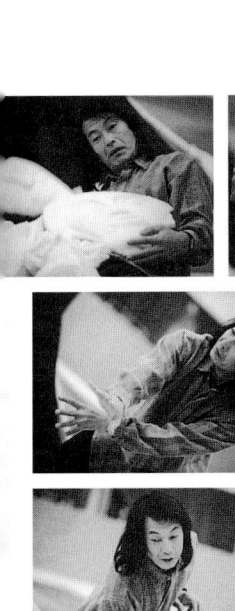

Technik

Technische Direktion

Technischer Direktor und Ausstattungsleiter
Gerhard Zahn

Büro Technik/Ausstattung
Gerhard Rothert (Sachbearbeiter), Dorothee Roger (Sekretariat)

Leiter der Bühnentechnik
Günther Costa

Betriebsingenieur
Jörg Mielchen

Leiter Konstruktion und Produktion
Mathias Kaschube

Werkstättenleitung
Ulrich Franz

Assistent des Technischen Direktors
Joachim Ehrler

Technische Assistentin für Produktion/Probenablauf
Susanne Heckelmann

Ausstattungsatelier
Constance Larcher (Ausstattungskoordination/Assistentin); Andrea Meilhaus, Barbara Kaesbohrer, Susanne Wanner (Ausstattungsassistentinnen)

Technisch-wirtschaftliche Verwaltung Werkstätten
Karl Braun; Ute Goetze, Ruth Wendekamm (Sachbearbeiterinnen)

Bühnenbetrieb

Theaterobermeister
Helmut Gebhardt

Theatermeister
Frank Engelke, Peter Molz, Klaus Peter Müller, Hans Jürgen Turczynski, Karl-Heinz Weber

Seitenmeister
Ludwig Bussmann, Martin Jan Coma, Johann Demmel, Andreas Naujoks, Rudolf Reithmayr, Josef Riedmeier, Gerhard Schmid, Helmut Schmid

Hängemeister
Christian Böhner, Georg Kroneck, Georg Sagmeister, Helmut Schweigert

Galeriemeister
Werner Meister, Franz Xaver Stelzl, Karl-Heinz Wechsler

Galeriepersonal
Ralf Arendt, Klaus Fischer, Gerd König, Karel Kousal, Klaus Lang, Adolf Schmidt, Engelbert Steinmacher, Wilhelm Vornehm

Bühnenhandwerker
Detlef Baierl, Andreas Bauer, Peter Bockhardt, Heinz Böhme, Werner Bosch, Stefan Brandl, Johann Clemen, Ivan Dobrenic, Karl-Heinz Donhauser, Joachim Dreier, Florian Eder, Joachim Eggers, Josef Fischl, Christian Fritsch, Lothar Fröhlich, Ewald Fuchs, Mathias Funke, Norbert Gäth, Theodor Günther, Hans-Jürgen Gürock, Johann Haidinger, Werner Harrer, Jörg Hasler, Egbert Hauck, Axel Herrmann, Josef Herzinger, Helmut Kalin, Eugen Kawszun, Andreas Kirschner, Volker Kleinert, Jens Kornblum, Erich Kraxenberger, Konrad Kutz, Rudolf Lang, Hans Peter Lechner, Maximilian Lorenz, Gottfried Maier, Adolf Mayr, Michael Mayr, Alexander Meier, Günther Meier, Markus Meyer, Ildefonso Perez de la Iglesia, Karl Pichl, Kalmat Pimanow, Andre Richter, Uwe Rinkes, Jürgen Schöll, Josef Staudinger, Rolf Dieter Stude, Uwe Tapper, Dieter Tomaschewski, Siegfried Unruh, Stefan Wagner, Michael Walbrun, Albert Wirth, Hossein Zarrabi

Bühnenreinigung
Ivanka Nuhanovic, Renate Ruffig, Susanne Sowodniok

Bühnenmaschinerie

Leitung
Alfred Reichlmeier (Maschinenmeister)

Maschinisten
Wilhelm Bauer, Ferdinand Berner, Peter Gorofsky, Alfons Mangstl, Herbert Pawliczek, Helmut Schäffler, Adalbert Schmidt, Helmut Schmittner, Josef Staudinger, Siegfried Wiebrodt, Thomas Winter

Beleuchtung

Leitung
Peter Halbsgut

Beleuchtungsmeister
Michael Bauer (Stellvertretender Leiter), Johann Darchinger (Beleuchtungsobermeister), Wilfried Jerasch, Peter Schween

Beleuchter
Paul Alexy, Christian Bittner, Günter Einlechner, Markus Fürbek, Helmut Gröger, Johannes Heiss, Eberhard Heitbrink, Frank Igerl, Karl Jesenko, Heinrich Jüngling, Christian Kass, Winfried Kaufmann, Pasquale Koukos, Manfred Krapf, Dalibor Micic, Himzo Nuhanovic, Günther Nurnberger, Gerhard Ruf, Reinhold Ruf, Felix Soberon-Cotera, Johannes Starkl, Thomas Wendt, Jürgen Wiessmann, Marianne Wirsig, Alfred Zehrer

Einrichtung
der Bühne für
eine Vorstellung
von Händels
Giulio Cesare

Requisite/Dekoabteilung

Leitung der Requisite
Karl Pausch

Requisiteure
Arthur Auer, Marcus Hausen, Karel Krejci, Sandra Lau, Nikolaus Lehner, Heinz Maschinowski, Johannes Schneider, Christiane Zilg

Leitung der Dekoabteilung
Joachim Andreas

Dekorateure
Theodor Hampel, Robert Hitzinger, Constantin Hocke, Rudolf Mandl, Martin Müller, Günther Scharl, Maximilian Schiemann, Amir Suleiman, Mark Weiss, Peter Zöller

Elektroakustik

Leitung
Thomas Rott (Tonmeister), Rüdiger Herrmann (2. Tonmeister)

Tontechniker
Annegret Brehme, Orvil Gesell, Wolfgang Preisler

Klima/Heizung

Leitung
Manfred Scherzer (Heizungs- und Klimameister)

Klimawarte
Leonhard Burgmair, Hans-Peter Eidenschink, Klaus Gellert, Helmut Stieglmeier, Walter Wechselberger

Hauselektrik

Leitung
Stefan Wünschheim (Elektromeister)

Elektriker
Ernst Staller, Axel Adlichhammer, Karl Bestle, Klaus Deuflhart, Günther Löcherer, Andreas Müller, Horst Pichler, Klaus Schneider

Transportwesen

Leitung
Günter Broßmann sen. (Transportmeister)

Transportarbeiter
Christian Broßmann, Herbert Lukas, Adrian Rochi, Klaus Schraml, Stefan Stieglmeier, Thomas Strasser

Fahrwesen

LKW
Günter Broßmann jun., Franz Krenn, Franz X. Muggenthaler, Manfred Rappold

PKW
Albert Gandorfer, Gerd-Ulrich Hartmann, Heinrich Jendryssek, Günter Lehmann

Werkstätten Poing

Leitung
Ulrich Franz

Malersaal

Leitung
Lutz Kugler, Veronika Götze

1. Theatermalerin
Lenke Geber-Kovesdy

Theatermaler
Peter Armbruster, Gabriele Engler, Rudolf Feistner, Isabella Herrle, Wolfgang Köster, Masumi Miura, Robert Skowronek, Annette Standl, Lawrence Trombetta, Adriane Westerbarkey, Christian Wierz

Auszubildende
Christine Hübner, Sebastian Krause

Theaterplastik

Leitung
Peter Pfitzner (Bildhauermeister)

Kascheure
Thomas Wolf (Stellvertretender Leiter), Winfried Bethke, Elisabeth Fuchs-Pfitzner, Esther Glück, Hannes Heindl, Manfred Hiller, Katharina Kempfler, Jasmin Strohmeier

Schlosserei

Leitung
Bernhard Bukowski (Schlossermeister)

Schlosser
Zoltan Geber, Erwin Müller, Jürgen Roth, Siegfried Walbrunn, Hilmar Weber, Rudolf Westermeier

Schreinerei

Leitung
Franz Wurmitsch (Schreinermeister)

Schreiner
Walter Hinterseer, Alfred Hirt, Frank Hubert, Hermann Kellner, Martin Kirmair, Jobst Krause, Theodor Kreutzer, Bernd Müller, Karsten Pendias, Roland Petz, Matthias Pulina, Heinz Rotermund, Josef Schmid, Sebastian Walbrunn, Eduard Wimmer

Auszubildende
Peter Bauhofer, Sebastian Gross

Raumausstattung

Leitung
Peter Kretzschmar (Tapezierer- und Raumausstattermeister)

Tapezierer/Raumausstatter
Peter Geberl, Renée Heinel, Norbert Kain, Heidemarie Neupert, Hilde Peltret-Untereiner, Andreas Stadler, Stefanie Thun

Hausdienste

Hauselektriker
Peter Waldinger

Hausmeister
Manfred Bauknecht

Reinigung
Anna Stimmer, Magdalena Walbrunn

Kantine
Gerlinde Ernst, Elfriede Pohl

Hausinspektion

Leitung
Steffen Werner

Hausinspektoren
Siegfried Gärtner, Rainer Männig, Hans Protz

Mitarbeiter
Horst Eisenhauer, Georg Feichtmair, Clifford Gartside, Diethard Jünke, Alois Kellberger, Michael Rauch, Wilhelm Rehm, Ludwig Saller, Robert Spieske, Helmut Vitek

Garderobenfrauen
Lieselotte Baumann, Marianne Grill, Waltraud Huber, Anneliese Jurka, Elisabeth Ludl, Elisabeth Oberbeil, Ursula Rasmy, Rosemarie Uhlendorf, Franziska Veit, Betty Winkler, Pravda Zierler

Einlaßpersonal
Antonio Alemanno, Karsten Beck, Kurt Bock, Joseph Dula, Juan Arturo Echeverria, Hans Falk, Kurt Freinick, Kurt Wermut Graef, Mladen Hasjok, Peter Held, Steffen Herold, Egon Hoffmann, Gerhard Kapries, Josef Kartje, Alois Kruisz, Eckhardt Kuhtz, Richard Lugmayr, Georg Maier-Breustedt, Horst Michael, Heinz Mücke, Walter Neumaier, Heinrich Neumayer, Ludwig Regler, Karl-Heinz Scheibel, Hans Scheye, Helmut Schostok, Franz Zach

Reinigungsfrauen

Vorarbeiterinnen
Charlotte Müller, Monika Piller

Nongnoi Andrä, Olga Botticella, Stana Cicmic, Ilona Constantinescu, Elene Evangelatou, Bisera Fazlic, Barbara Göllert, Monika Gohlke, Elfriede Harrer, Heide Heine, Gisela Kleyer, Brigitte Krause, Emina Krestalica, Nada Lainer, Maria Litzinger, Nada Malancic, Nongluk Mantey, Katerina Miler, Fuckar Nevenka, Bozika Pantic, Emma Pfandorfer, Maria Posedi, Renate Rausch, Brigitte Rößinger, Mileva Sagadin, Cita Schneider, Heidemarie Schneider, Martha Sieber, Helga Silva, Dragoslava Stefanovic, Ingrid Taubold, Stanka Tesic-Nestler, Maria Thiel, Antonietta Tomasiello, Elfriede Ullermann

Nie zu sehen, aber unentbehrlich: die Souffleusen Christiane Montulet, Helga Korks (im Kasten) und Carmen Sylva Schileru

Personalrat

1. Vorsitzender
Werner Liebl

1. stellvertretender Vorsitzender
Hannes Heindl

2. stellvertretender Vorsitzender
Hans Günter Nöcker

Mitglieder des erweiterten Vorstands
Marietta Lumper, Aldo Volpini

Mitglieder
Helena Jungwirth-Ahnsjö, Johann Bohdansky, Rudolf Reithmayr, Ludwig Saller, Holger Schinköthe, Helmut Schweigert

Vertrauensleute der Schwerbehinderten, der ausländischen Beschäftigten
Reinhold Linka, Thomas Silverbörg

Jugendvertretung
Konstanze Babion, Lena Wabel

Gesellschaft zur Förderung der Münchner Opern-Festspiele

SCHIRMHERR:

Dr. Edmund Stoiber
Bayerischer Ministerpräsident

EHRENPRÄSIDIUM:

Hans Zehetmair
Bayerischer Staatsminister für Unterricht, Kultus, Wissenschaft und Kunst

Erwin Huber
Bayerischer Staatsminister der Finanzen

Dr. Otto Wiesheu
Bayerischer Staatsminister für Wirtschaft und Verkehr

Aufgabe der im Jahre 1958 gegründeten Gesellschaft ist es, die Münchner Opern-Festspiele durch wirtschaftliche und publizistische Maßnahmen zu fördern und so ihre Bedeutung im In- und Ausland weiter zu heben. Dies geschieht Jahr für Jahr insbesondere durch allgemeine Zuschüsse der Gesellschaft zur »Spitzenfinanzierung« hochwertiger Neuaufführungen im Rahmen der Festspiele und durch die Publikation des Jahrbuchs »Oper aktuell – Die Bayerische Staatsoper«, das anläßlich der Opern-Festspiele von der Gesellschaft in Verbindung mit der Intendanz der Bayerischen Staatsoper herausgegeben wird. Die Mittel hierfür werden durch Mitgliedsbeiträge aufgebracht, für Einzelmitglieder DM 350,–, für Doppelmitglieder DM 500,–, für Firmenmitglieder DM 800,–. Die Mindestzuwendung fördernder Mitglieder ist derzeit auf DM 3000,– für Privatpersonen und DM 5000,– für Firmen bzw. Institutionen festgesetzt. Diese Beiträge sind steuerlich absetzbar. Über Einzelheiten informiert Sie die Geschäftsstelle der Gesellschaft (Maffeistr. 14 [Eingang Maffeistr. 5], 80333 München, Tel. 37 82 54 20, Fax 37 82 66 31).

Erhardt D. Stiebner
Erster Vorsitzender

Prof. Dr. h. c. Albert Scharf
Zweiter Vorsitzender

Im Rahmen einer Feierstunde im Königssaal des Nationaltheaters verlieh der Vorsitzende der Gesellschaft zur Förderung der Münchner Opern-Festspiele, Erhardt D. Stiebner, die Festspielpreise 1996 an verdiente Künstler und Mitarbeiter der Bayerischen Staatsoper. Ausgezeichnet wurden der Dirigent Ivor Bolton, die Produktionsleiterin Louise Jeffreys und der szenische Produktionsleiter Helmut Lehberger sowie die Darstellergruppe der Untertanen der *Xerxes*-Aufführung.
Von links: Erhardt D. Stiebner; Regisseur Martin Duncan, der den Preis für Louise Jeffreys entgegennahm; Helmut Lehberger; Staatsintendant Peter Jonas; Ivor Bolton; Naqib Jacoby für die Darstellergruppe der Untertanen.

VORSTAND

1. Vorsitzender Erhardt D. Stiebner
Persönlich haftender und geschäftsführender
Gesellschafter der F. Bruckmann KG

2. Vorsitzender Professor Dr. h. c. Albert Scharf
Intendant des Bayerischen Rundfunks

Schatzmeister Dr. Paul Siebertz
Mitglied des Vorstands der
Bayerischen Vereinsbank AG

Schriftführer Jürgen Wilke
Persönlich haftender Gesellschafter des
Bankhauses Reuschel & Co.

Dr. Klaus von Lindeiner
Geschäftsführer der Wacker Chemie GmbH

Gertrud Papp
Inhaberin der Amtsspedition Balthasar Papp

Dr. Dieter Soltmann
Persönlich haftender Gesellschafter der
Gabriel Sedlmayr Spaten-Franziskaner-Bräu KGaA

Dr. Wolfgang Doering
Ministerialdirigent, Leiter der Protokollabteilung
Bayerische Staatskanzlei

Josef Erhard
Ministerialdirigent, Bayerisches Staatsministerium
für Unterricht, Kultus, Wissenschaft und Kunst

Peter Jonas
Staatsintendant
Bayerische Staatsoper

KURATORIUM

Dr. Karl-Hermann Baumann
Mitglied des Vorstands
Siemens AG

Professor Dr.-Ing. Karl Eugen Becker
Senator E. H.
Vorsitzender des Vorstands
TÜV Süddeutschland Holding AG

Volker Doppelfeld
Mitglied des Vorstands
Bayerische Motoren Werke AG

Dietrich-Kurt Frowein
Mitglied des Vorstands
Commerzbank AG

Dr. Klaus Geiger
Mitglied des Aufsichtsrats
Bayerische Hypotheken-
und Wechsel-Bank Aktiengesellschaft

Dieter Göbel
Mitglied des Vorstands
Münchener Rückversicherungs-Gesellschaft

Dr. Wilfried Guth
Mitglied des Aufsichtsrats i. R.
Deutsche Bank AG

Dr. Stefan Lippe
Vorsitzender des Vorstands
Bayerische Rückversicherung AG

Dr. jur. Otto Majewski
Vorsitzender des Vorstands
Bayernwerk AG

Dr. Klaus Rauscher
Mitglied des Vorstands
Bayerische Landesbank Girobank

Rechtsanwalt Dr. Helmut Röschinger
Geschäftsführender Gesellschafter
Agenta Internationale Anlagengesellschaft mbH

Dipl.-Ing. Christian Schnicke
Vorsitzender des Aufsichtsrats
KPMG Deutsche Treuhand-Gesellschaft

Senator Dr. Manfred Scholz
Geschäftsführer
Haindl Papier GmbH

Dr. jur. Henning Schulte-Noelle
Vorsitzender des Vorstands
Allianz Aktiengesellschaft

Prof. Dr. Christian Seidel
Mitglied des Vorstands
Dresdner Bank AG

Christian Ude
Oberbürgermeister
Landeshauptstadt München

GESCHÄFTSFÜHRER

Adolf Waibel
Abteilungsdirektor der Bayerischen Vereinsbank

EHRENVORSITZENDER

Carl Wagenhöfer
Landeszentralbankpräsident i. R.

EHRENMITGLIED DER GESELLSCHAFT

Herbert Zimmer
Landeszentralbankvizepräsident i. R.

Die 39. Jahresmitgliederversammlung der Gesellschaft zur Förderung der Münchner Opern-Festspiele fand am 4. Dezember 1996 im Cuvilliés-Theater statt. Die Staatsoper sorgte für den musikalischen Rahmen dieses gelungenen Abends.

Autoren des Buches

Udo Bermbach, geboren 1938 in Berlin. Studium der Germanistik, Geschichte, Politischen Wissenschaft und des Völkerrechts an den Universitäten Marburg und Heidelberg. 1966 Promotion zum Dr. phil. in Politischer Wissenschaft an der Universität Heidelberg. Seit 1971 Professor für Politische Wissenschaft an der Universität Hamburg mit dem Schwerpunkt »Politische Theorie und Ideengeschichte«. Veröffentlichungen zur Geschichte des modernen Parlamentarismus, zum politischen Denken und zur politischen Theorie seit dem 16. Jahrhundert sowie zum Verhältnis von Gesellschaft/Politik und Oper. Mehrere Publikationen zu Richard Wagner.

Eugenie Bongs-Beer, geboren 1946 in Hall/Österreich. 1966 Studium der Bildhauerei in Berlin und an der Kunstakademie Düsseldorf (Meisterschülerin von Joseph Beuys). 1972 Studium der Kunstwissenschaft. Lebt und arbeitet in Aachen-Kornelimünster. Ausstellungen in Deutschland, Holland und Ungarn.

Heinz Felbermair, geboren 1956 in Bruck/Mur, Österreich. Ausbildung als Lithograph. Lebt und arbeitet seit 1984 als freischaffender Maler in München. 1992 Gründung der Künstlerinitiative »Die Kunst ist das Verbindende« mit dem Hamburger Bildhauer Frank Radmacher. Initiator der Münchner Ateliertage »Open studios« 1993. Ausstellungen in Deutschland, Österreich und der Schweiz.

Heinz Friedrich, geboren 1922 in Roßdorf bei Darmstadt. Journalist, Kritiker, Rundfunkredakteur, Lektor. Bis 1961 Programmdirektor bei Radio Bremen. Danach Leiter des Deutschen Taschenbuch Verlages (dtv) in München bis 1990. 1983 bis 1995 Präsident der Bayerischen Akademie der Schönen Künste. Verfasser von Essays und Herausgeber zahlreicher Bücher.

Elmar Fulda, geboren 1964 in München. Studium der Germanistik, der Theater- und Musikwissenschaft. Regieassistent an den Städtischen Bühnen Augsburg; anschließend bis 1995 Spielleiter an der Deutschen Oper am Rhein Düsseldorf/Duisburg. 1988/89 Lehrauftrag für Operndarstellung an der Musikhochschule München. Lebt als freier Regisseur in München. Inszenierungen u. a. an der Deutschen Oper am Rhein, in Bremen, Amsterdam, Leipzig, Kassel, Darmstadt, Bern.

Peter Halbsgut, geboren 1954 in Westfalen. Zunächst als Manager für eine deutsche Rockband tätig; für deren Europatourneen 1975 und 1976 Erarbeitung der Lightshows. 1976 Beleuchter bei den Städtischen Bühnen Frankfurt. 1984 Studium der Beleuchtungstechnik und des Light-Designs an der Fachhochschule Hamburg. 1985 Beleuchtungsmeister, 1990 Leiter des Beleuchtungswesens an der Frankfurter Oper. Seit 1993 Leiter des Beleuchtungswesens der Bayerischen Staatsoper. Hier Licht-Design zu Der junge Lord, Anna Bolena, Parsifal, Schlachthof 5 und Die verkaufte Braut.

Peter Heilker, geboren 1972 in Mülheim/Ruhr. Studium der Theaterwissenschaft, der Neueren deutschen Literatur und Sprechwissenschaft in München. 1997 Magisterexamen mit einer Arbeit über die Opern Alfredo Catalanis. Mitarbeiter in der Dramaturgie der Bayerischen Staatsoper.

Siegfried Höfling, geboren 1951 in Floß. Studium der Psychologie an der Ludwig-Maximilians-Universität München. Promotion zum Dr. phil., 1988 Habilitation. Psychotherapeut sowie außerplanmäßiger Professor für Psychologie an der LMU München. Geschäftsführer der Hanns-Seidel-Stiftung.

Peter Konwitschny, geboren 1945 als Sohn des Dirigenten Franz Konwitschny in Frankfurt am Main. Regieassistent in Berlin, danach eigene Opern-Inszenierungen u. a. in Berlin, Graz und Basel. 1988 Kunstpreis der DDR, 1992 Konrad-Wolf-Preis der Akademie der Künste zu Berlin. Inszenierungen in Paris, in Deutschland und Österreich. Vielbeachtete Arbeiten u. a. Un ballo in maschera, Nabucco und Friedenstag (Richard Strauss) in Dresden, Aida und La Bohème in Graz, Eugen Onegin und Abraum (Jörg Herchet) in Leipzig, Parsifal in München.

André Krellmann, geboren 1967 in Düsseldorf. Lebt seit 1982 in München. Studium der Germanistik und Geschichte. Veröffentlichung des Romans Sperrgebiet (Zürich und Frauenfeld, 1993).

Kurt Malisch, geboren 1947 in München. Studium der Geschichte, Germanistik und Politologie; Promotion in bayerischer Geschichte. Seit 1978 Tätigkeit im höheren Dienst der bayerischen Archivverwaltung. Freier Musikjournalist für Rundfunk, Zeitungen und Zeitschriften.

Jochen Missfeldt, geboren 1941 in Satrup/Schleswig. Bis 1982 Fliegeroffizier, danach Studium der Musikwissenschaft, Philosophie und Volkskunde an der Universität Kiel. Lebt als freier Schriftsteller in Nordfriesland/Schleswig-Holstein. Veröffentlichung von Erzählungen, Gedichten und des Romans Solsbüll *(1989).*

Andreas K.W. Meyer, geboren 1958 in Bielefeld. Kompositionsstudium bei Rudolf Mors. Studium der Musikwissenschaft, Germanistik und Kunstgeschichte in Münster. Als freier Autor Schwerpunktarbeiten u.a. über Carl Orff und Allan Pettersson. Seit 1992 an der Kieler Oper tätig, seit 1995 als leitender Musikdramaturg. Verfasser des Librettos zu Wilfried Hillers Oper* Der Schimmelreiter *nach Theodor Storm.*

Jürgen Schläder, geboren 1948 in Hagen. Studium der Germanistik und Musikwissenschaft an der Ruhr-Universität Bochum. 1978 Promotion in Musikwissenschaft mit der Dissertation über* Undine auf dem Musiktheater. Zur Entwicklungsgeschichte der deutschen Spieloper. *1986 Habilitation mit einer Arbeit über das Opernduett. Von 1978 bis 1987 Wissenschaftlicher Assistent an der Ruhr-Universität Bochum. Seit 1987 Professor für Theaterwissenschaft, Bereich Musiktheater, an der Ludwig-Maximilians-Universität München. Veröffentlichungen u.a. im Bereich der Opernforschung.*

Ulrich Schreiber, geboren 1936 in Düsseldorf. Studium der Philosophie und Literaturwissenschaften. Lebt als freier Musik- und Theaterkritiker in Düsseldorf. Verfasser des Schallplattenführers Klassik/Auslese, 1979, 3. Aufl. sowie einer Geschichte des Musiktheaters,* Die Kunst der Oper *(von den Anfängen bis zur Französischen Revolution, Bd. I, 1988; Das 20. Jahrhundert, Bd. II, 1991; Bd. III in Vorbereitung). Zahlreiche literatur- und musikgeschichtliche Aufsätze.*

Gerd Uecker, geboren 1946 in München. Klavier-, Schulmusik- und Dirigierstudium an der Münchner Musikhochschule. 1969 Solorepetitor am Opernhaus Köln, 1970 Lehrauftrag am Rheinischen Musikkonservatorium im Fach Oper. 1973 Musikdirektor und Leiter der Opernabteilung des Südostbayerischen Städtetheaters in Passau. 1979 Direktor des Musikalischen Bereichs an der Bayerischen Staatsoper, 1988/89 Künstlerischer Betriebsdirektor und Stellvertreter des Intendanten, 1993 Operndirektor. Lehrtätigkeiten in Venedig, Stockholm, Warschau, Peking, Helsinki, an der Musikhochschule Stuttgart, an der Bayerischen Theaterakademie sowie an der Hochschule für Musik in München.*

Wolf Wondratschek, geboren 1943 in Rudolstadt, aufgewachsen in Karlsruhe. Studium der Literaturwissenschaft und Philosophie in Heidelberg, Göttingen und Frankfurt am Main. Lebt als Schriftsteller in München. 1968 Leonce-und-Lena-Preis, 1969 Hörspielpreis der Kriegsblinden.*

Nachstehende Persönlichkeiten und Firmen haben
finanziell zusätzlich zum Gelingen dieses Werkes
»Oper aktuell – Die Bayerische Staatsoper 1997/98« beigetragen,
so daß ihnen die Herausgeber zu besonderem Dank verpflichtet sind.

Allianz Versicherungs-AG, München
Bayerische Handelsbank AG, München
Bayerische Hypotheken- und Wechsel-Bank AG, München
Bayerische Landesanstalt für Aufbaufinanzierung, München
Bayerische Landesbank, München
Bayerische Rückversicherung AG, München
Bayerische Rundfunkwerbung GmbH, München
Bayerische Versicherungsbank AG, München
Bruckmann Verlag + Druck, München
Dresdner Bank AG, München
ERC Frankona Rückversicherungs-AG, München
Haindl Papier GmbH, Augsburg
KPMG Deutsche Treuhand-Gesellschaft AG, München
LHI Leasing für Handel und Industrie GmbH, München
MD Papier GmbH, Dachau
Bankhaus Merck, Finck & Co., München
MGK Münchner Gesellschaft für Kabel-Kommunikation mbH, Unterföhring
Münchener Rückversicherungs-Gesellschaft, München
Gertrud Papp, München
Richard Pflaum Verlag GmbH & Co. KG, München
Bankhaus Reuschel & Co., München
Papierfabrik Scheufelen, Lenningen
Druckfarbenfabrik Gebr. Schmidt GmbH, Frankfurt
Siegwerk Druckfarben, Ch. Ganslmeier, Germering
Siemens AG, München
TÜV Süddeutschland Holding AG, München
Vereinte Versicherung AG, München
Winterthur Schweizerische Versicherungs-AG Deutschland, München